www.ingramcontent.com/pod-product-compliance
Ingram Content Group UK Ltd.
Pitfield, Milton Keynes, MK11 3LW, UK
UKHW020131250726
13967UKWH00002B/596

9 781595 846075

عرصه نبرد

این کتاب، برای افرادی که علاقمند به آینده امنیت آمریکا هستند، خواندنی است. کتاب، ترکیبی از دو ژنرال فلین هست. ژنرالی که خاطرات شخصی‌اش را به عنوان یک کهنه سرباز و افسر اطلاعات و امنیت نظامی می‌گوید و ژنرالی که متخصص تدابیر جنگی و رزم‌آرایی است و رمز پیروزی در نبرد جهانی علیه اسلام افراطی و هم‌پیمانان قوی یا حامیان بزرگ را می‌گوید. رهبران دولت آینده آمریکا، از خواندن این کتاب بهره‌مند خواهند شد.

ژوزف سیبرمن، سناتور کنیتکت (۲۰۱۳ - ۱۹۸۹)

عرصه نبرد

(چگونه می‌توان در جنگ جهانی علیه اسلام افراطی و مُتحدانش پیروز شد)

نوشته:
ژنرال مایکل فلین - دکتر مایکل لدین

ترجمه:
عرفان قانعی فرد

شرکت کتاب

عرصه نبرد

(چگونه می‌توان در جنگ جهانی علیه اسلام افراطی و مُتحدانش پیروز شد)

چاپ نخست: ۲۰۱۷ میلادی - ۱۳۹۵ خورشیدی - ۲۵۷۵ ایرانی خورشیدی
ناشر: شرکت کتاب
نویسندگان: مایکل فلین - مایکل لدین
مترجم: عرفان قانعی فرد
موضوع: علوم سیاسی و روابط بین‌الملل - مطالعات امنیت
طراح جلد: رسا باقر (با اقتباس از جلد کتاب به زبان انگلیسی)
خوشنویسی روی جلد برگرفته از تابلوی استاد خوشنویس، اسرافیل شیرچی

The FIELD OF FIGHT
By: Michael T. Flynn
And Michael Ledeen
First Edition - 2017
Published by: Ketab Corp. USA
Translated by: Erfan Q Fard
I S B N: 978-1-59584-607-5

Manufactured in the United States of America
Subject: Politics & Social Sciences

Ketab Corp.
1419 Westwood Blvd.
Los Angeles, CA 90024 U.S.A.
Tel: (310) 477-7477
Fax: (310) 444-7176
www.Ketab.com
Ketab1@Ketab.com

این کتاب، پیشکش به همه چهره‌های امنیتی

که با عشق و رغبت، همه چیز را

برای حمایت و دفاع از ایالات متحده آمریکا فدا کردند.

نویسندگان کتاب

فهرست مطالب

عرصه شطرنج رندان را مجال شاه نیست

سُخن مترجم

پس ازگذشـــت سالیان و ماه‌ها، دوباره دست به ترجمه زدم. انگار «من، ترک خاک‌بوســی این در نمی‌کنم». هر چنـــد روزگارانی رفت و بعد از دانشـــکده زبان، دوباره در دانشگاه لندن[1]، سر کلاس نشستم و «مطالعات امنیت بین‌الملل»[2] خواندم. مدت‌هاست عمرم بدان گذشته و دغدغه ذهنم، خاورمیانه و نزاع‌های آن بوده و هست. در کنار تحقیق میدانی، که با نوشتن خاطرات رسمی جلال طالبانی[3] (رئیس جمهور سابق عراق) شروع شد، گاه‌به‌گاه در خلوت خودم به دور از هیاهو، نشسته و با قلم و کتاب و دفتر، همنشین شده‌ام و رفاقتم با کتاب آن است که «جز صُراحی و کتابم، نبود یار و ندیم» و هر از گاهی هم کتابی را منتشر کردم که شاید مشهورترین آن‌ها، گفت و گویم با مقام عالیرتبه امنیت معاصر ایران، جناب آقای پرویز

---

1 - London University

2 - International Security Studies

۳ - «پس از شصت سال» (۱۳۸۸، نشر علم)

ثابتی[1] بود و البته، چشم بد روزگار به دور باد، بخاطر همان دو کتاب، چه حکایت‌ها، رفتارها، افتراها شـــنیدم، خواندم و دیدم، اما به قول حضرت حافظ: «من ترک عشق و شاهد و ساغر نمی‌کنم، صد بار توبه کردم و دیگر نمی‌کنم»

ترک عادت نکردم و توجهی هم به آن فرمایش‌ها نداشـــتم و با وجدان آسوده، در گوشه‌ای نشستم و «مُحتاج جنگ نبود»... باز هم وسوسه کتاب و نوشـــتن در سر بود. که شاید بتوان به اندیشه جامعه‌ای از هم گسسته و طرفدار سانســـور، تلنگری زد. توجهی هم به بایکوت رسانه‌های ایرانی خارج از کشـــور (تحریک شده از طرف تجزیه‌طلب‌ها و کمونیست‌های طرفدار رژیم مُلایان) که زبانم لال، طرفدار آزادی بیان و بی‌طرف هستند، نداشتم و در گوشه‌ای کار خودم را می‌کردم.

پس از کتاب گفت‌وگو با جنـــاب پرویزخان ثابتی، «در دامگه حادثه»، که جزو افتخارهای زندگی حرفه‌ای من است، کتابی که شرح سیه‌روزی روزگار سرزمینم بود، یعنی علل و عوامل همهمهٔ شورش ۱۳۵۷، خلاصه به طور کلی در اداره سانســـور حضرات وزارت فرهنگ و ارشاد اسلامی، ممنوع‌القلم شدم و شاید اگر جوانمردی و همراهی دوست ارجمندم، بیژن خلیلی نمی‌بود، به این زودی‌ها هم نمی‌توانســـتم کتابی برای دوستداران مطالعـــات خاورمیانه و تاریخ معاصر ارائه کنم و بدان خاطر بدو مدیونم. اواخر تابستان ۱۳۹۱، مدتی پس از دیدن "کابوس اوین" به کلی به آمریکا آمدم اما برای انجام تحقیق دانشـــگاهی، در تابستان ۱۳۹۲ راهی عراق و ترکیه شدم و پس از مدتی که خیالم از پایان جلد دوم «خاطرات طالبانی»، راحت شـــد، یک‌ســـال و نیم هم در لندن ماندم، اما از اول سال ۱۳۹۵ تا اول زمســـتان، یک دوران آوارگی عجیبی شروع شد که ۹-۸ ماهی ادامه یافت تا اینکه وســـیله‌ای سبب ساز شد تا دوباره به ایالات متحده امریکا

---

۱ - «در دامگه حادثه» (۱۳۹۰، شرکت کتاب)

بازگشتم. همنشـــین و مشوق آن ایام، لطف و جوانمردی «بیژن خلیلی و پرویز ثابتی» بود که نگذاشـــتند روحیه‌ام را ببازم. پس از پایان پروژه‌ام در دانشگاه لندن، ایام بی‌خانمانی‌ام در عراق، لبنان، ترکیه و یونان شروع شد و به قول شادروان «داریوش همایون» بهترین فرصت کتاب خواندن بود.

در فرودگاه لبنان، کتاب «جاسوس خوب»[1] را گرفتم و به هتل رفتم. تمام فکر و ذکرم صحنه‌هـــای آن کتاب بود و گاه در بیروت به دیدن جاهایی می‌رفتم که قهرمان کتاب، رابرت ایمز، کارشناس عالیرتبه CIA به آنجاها رفته بود. حتی شبی را هم در آخرین هتل محل اقامت او[2]، خوابیدم. کسی که بطور وحشیانه در انفجار بهار ۱۹۸۳ توسط حزب الله (گروه تروریستی مورد حمایت جمهوری اسلامی) به همراه ۵۳ نفر دیگر، کشته شد. همان کسی که پس از همهمه ۱۳۵۷ به ایران رفته بود و به ابراهیم یزدی و مهدی بازرگان، از دارودستهٔ نهضت مثلاً آزادی، گفته بود که ممکن است صدام به ایران حمله کند، اما کسی نشنید...

خواندن کتاب، روحیه‌ام را عوض کرد، تا اینکه در اواسط ژوئیه ۲۰۱۶ همین کتاب ژنرال فلین منتشر شد. که البته مولف همکار وی، مایکل لدین، را سال‌ها قبل در موسسه انترپرایز واشنگتن[3] دیده بودم و گفت‌وگویی هم با وی داشتم که می‌گفت جمهوری اسلامی از روز اول "فاشیسم مذهبی" است و دیپلماسی‌اش ضدیت با آمریکا و اسراییل است! و فلین را از همان مناسبت‌های رســـمی حکومت عراق، در دوران پس از فروپاشی صدام، می‌شناختم. شاید پنج روز از انتشار نسخه انگلیسی اثر نگذشته بود که در آتن یونان، در رستورانی کنار سفارت آمریکا، خواندنش را شروع کردم و بعد پس از مدت‌ها ترجمه آن را ضروری دانستم. فوراً به ژنرال، خبر دادم

1 - The Good Spy, Kia Bird (The Life and Death of Robert Ames)

2 - May Flower Hotel.

3 - American Enterprise Institute (AEI)

و بنابه مهرش، محبت کرد و با قوت قلب در ۱۶ ژوئیه ۲۰۱۶ صفحه اول آن در لابی هتل[1] ترجمه شد، و صفحه آخر در ۱۱ نوامبر که در سوییس، میهمان جوانمرد بزرگ وطنم، اردشیرخان زاهدی بودم، به پایان رسید که دیگر چند روزی از پیروزی ترامپ[2] در انتخابات ریاست جمهوری آمریکا می‌گذشت.

ایـــام ترجمه این کتاب، با کارزار انتخابات ریاســـت جمهوری ایالات متحده، مصادف بود تا اینکه شـــبی در صـــدای آمریکا[3] دیدم که مجری همیشه دوست داشتنی و بسیار با فرهنگ آن، سرکار خانم نگار محمدی، با ژنرال فلین گفت‌وگو دارد و علاوه بر مرحبا گفتن، شاد بودم از هوشمندی و خوشـــفکری مُجری (ســـابق) برنامهٔ اُفق[4] که ژنرال را به سخن آورد و افکارش بیشـــتر به جامعه ایرانیان معرفی شـــد، گرچه نویسنده کتاب از مدیریت بی‌پایه و اســـاس و معامله‌گر صدای آمریکا - بخش فارســـی، دل‌خونی داشت و دارد!

در دوران ۵-۴ ماهه ترجمه، هر شب این کتاب، مونس و رفیق وفادارم شـــد و همه جا همراهم بود. از هتل، رستوران، فرودگاه و لابی تا تخت، کتاب بالینی‌ام شـــد و نمی‌دانســـتم روزی روزگاری، مولف کتاب بنا به تجربیات ناب‌اش، مشاور امنیت ملی ترامپ، رئیس جمهوری ینگه دنیا، می‌شود و صرفاً برایم خاطره ترجمه‌اش باقی ماند.

و امروز که کتاب به زیور طبع آراسته شده، در خاک آمریکا زندگی نو را آغازیده‌ام و در هوس طی عمر با "بلور هفت رنگ!"... و شاید آن خاطرات تلخ و شیرین سال ۱۳۹۵، "عرصهٔ نبرد" سرنوشت من بود، اما هر چه بود،

1 - Athinais Hotel

2 - Donald John Trump.

3 - Voice of America (VOA).

۴ - از یادگارهای مجری بسیار توانا و مشهور، جناب سیامک دهقانپور

گذشـــت و رفت و تنها امیدم آن است که ترجمه فعلی، مقبول طبع اهل صاحب نظران واقع شود.

آخرالامر، وقتی دست نوشـــته‌ها را از ادارهٔ پست نزدیک دانشگاه ژنو[۱] برای ناشـــرم پست می‌کردم، به یاد شادروان همیشـــه جاودان «داریوش همایون» افتادم که در برخی سفرها، در جای جای شهر ژنو با وی قدم‌ها زده و بحث‌ها کرده‌ام. گاه از صبح تا غروب، سُخنم با وی گل می‌انداخت و گذشـــت ایام را نمی‌دانستم... اما افسوس، سال‌ها پیش، ۱۱ شامگاه ۲۸ ژانویه ۲۰۱۱، (۸ بهمن ۱۳۸۹)، از نزد ما رفت و همیشـــه یادش در قلب و اندیشه من و دوستدارانش باقی است. گرچه بنا به وصیت‌اش، جنازه‌اش سوزانده شد و خاکسترش در خاک ایران زمین، پاشیده شد...

ضمن تشکر و سپاس قلبی‌ام از همراهی، رفاقت و لطف «پرویز ثابتی» و نیـــز لطف و مهربانی «نازی عظیما» که خود اهل قلم و مترجمی بزرگ است و تشویق و مهراش مایه دلگرمی‌ام بود و نیز لطف «دکتر محمدرضا باطنی» که بخاطر انتخاب عنوان اثر با وی مشـــورت کردم و او "رزمگاه" دوست داشت اما در لحظه‌های آخر چاپ باز هم، «عرصه نبرد» را بیشتر ترجیح دادم. از جوانمردی و همراهی دوست نازنین جناب احمد فراستی هم سپاسگزارم.

امیدوارم که نظریات ژنرال فلین، هرچه که هست، در بین جامعه ایرانیان و پارســـی زبانان، مورد بحث و بررســـی قرار گیرد و کتاب برای پارسی زبانان، سخنی تازه برای گفتن و یا تلنگری به اندیشه آنان به همراه داشت باشـــد. بهر حال وی ســـال‌ها در آژانس امنیت دفاعی (DIA) کار کرده، همانجایی که در ۶ مهر ۱۳۵۷ نوشـــت: "انتظار می‌رود که شاه تا ۱۰ سال

1 - Geneva

دیگر به طور فعال، زمام قدرت را در دست داشته باشد"... اما چنین نشد[1] و حکایت روزگار، چیز دگر بود. شروع ایام محنّت و نکبت

یار باقی، صُحبت باقی...

عرفان قانعی‌فرد

---

1 - Report of DIA, 28 Sept.1978; Carter and the Fall of the Shah: The Inside Story; Michael A.Ledeen & William H. Lewis,1980. The Washington Quarterly, Vol 3, ISSUE 2.

سپاسگزاری

بسیاری از افراد هستند که مرا در رسیدن به این مرحله مهم و برجسته از زندگی، یاری دادند و باید سپاسگزارشان باشم.

از "مایکل لدین" سپاسگزارم، پس از چه بسیار بحث‌های طولانی در شب‌های دراز با هم داشته‌ایم که در باره سرشت و ماهیت تهدیدهایی که آمریکا با آن روبروست، بود. مایکل مرا تشویق کرد که اندیشه‌ام را روی کاغذ بیاورم و تایپ کنم. تعهد و الزام او برای انجام این تلاش و حمایت خاص‌اش و نیز جرأت فوق‌العاده، قلم مؤثر و مهارت او در پژوهش، مرا بر آن داشت که میدان جنگ یا "عرصه نبرد" را برگزینم و (نوشتن را) بیاغازم. لدین، اشتیاق و علاقه مرا و هراس و عقاید من نسبت به وطنم و نسل‌های آینده را، با دقت و صراحت توصیف کرد.

همچنین می‌خواهم قدردان خانواده‌ام (همسرم، فرزندانم و عروس‌هایم) باشم که مرا به چند باره خواندن متن و ادیت آن تشویق کردند و حتی در باره بخش‌های مهم از دست نوشته‌هایم که هنوز خام و تصحیح نشده بودند، اظهار عقیده کردند و نیز از برادر و خواهرانم، اقوام، آشنایان و دوستانم ممنونم که با صرف دقت و کمک‌های‌شان، مرا در زنده کردن

خاطره‌های مربوط به برخی وقایع و یا ارائه فکرهای جدید در باره برخی جنبه‌های زندگی‌ام، که با غرور باید گفت بیشتر از سه دهه خدمت به آمریکا بوده، یاری دادند.

بسیاری از دوستان شجاعم هستند که باید از آنان هم یادی کنم و سپاس‌گویم که بخاطر شغل فعلی‌شان در مراکز اطلاعات و امنیت یا نظامی، بنیادهای اداری و حقوقی و... در مملکت‌مان خدمت می‌کنند، اما نمی‌توانم اسم‌شان را (در اینجا) ذکر کنم و یا کسانی که به دور از مشاغل خدمتی و اداری هستند اما در مأموریت‌های حساس و جاهای دیگر با من همراه بوده‌اند و مانند من معتقدند که این کشور، بزرگترین کشور کره زمین است (و البته مهم‌ترین).

اما برای قوی ماندن و در اوج بودن، باید نسبت به حملات بی‌رحم و پیوسته علیه نظام ارزشی و مسیر زندگی‌مان هشیار و مراقب باشیم. همان مسیر و نوع زندگی که همیشه بخاطر آن شاکرم و معتقدم که ما باید دوباره پیروز شدن را بیاغازیم.

سپهبُد مایکل فلین

بسیاری از اطلاعات ذکر شده در این کتاب از کسانی آموزش دیده و حرفه‌ای (ذکر شده) است که سال‌ها در ارتش و نیروهای نظامی آمریکا و سازمان‌های دفاعی کار کرده‌اند و یا در میدان‌های جنگی خارج از امریکا جنگیده و با ژنرال فلین نیز همراه بوده‌اند.

ده‌ها مصاحبه در نیمه دوم سال ۲۰۱۵ انجام شد، البته به مصاحبه شونده‌ها وعده داده شد که نام‌شان (در جایی) ذکر نشود و برخی از منبع‌ها و مأخذها، افسران عالی‌رتبه یا جزء و یا درجه‌داران رسمی و تحلیل‌گران امنیت بودند. از همه آنها بخاطر وقت گذاشتن، خلوص، صفا

و صداقت‌شان سپاسگزاریم.

و همچنین سپاس ویژه از زنده‌یاد، سرهنگ بازنشسته، توماس اکنل[1]، قهرمان بزرگ آمریکا داریم که ناگهان و دور از انتظارمان، در هنگام نوشتن این کتاب، بدرود حیات گفت و البته جایی ویژه در قلب ما دارد گرچه امروزه در قبرستان ملی آرلینگتون[2]، سر به سینه تُراب نهاده و در خاک، آرام گرفته است.

مایکل لدین

1 - Colonel (Ret) Thomas O'Connell.

2 - Arlington National Cementery.

عرصه نبرد

ژنرال مایکل فلین

دکتر مایکل لدین

پیشگفتار

در اواخر سال ۲۰۰۵ در یک عملیاتی[۱]، جنگجویان نیروی مخصوص آمریکا، به خانه امن القاعده در مرکز عراق[۲] حمله کردند. بر این باور بودیم که یک (جلسه) دیدار مهم در سطح رهبری (القاعده) برگزار شده است. نبرد و جدالی خشم‌آلود بود، اما توانستیم بسیاری از تروریست‌ها را یا از بین ببریم یا اینکه دستگیرشان کنیم و حتی آن خانه را هم به تصرف درآوردیم و این سرآغاز آشنایی ما (با ماجرا) بود. گنجینه‌ای از مدارک و وسایل، در میان زباله‌ها و زباله‌دان متعفن، بدست آمد که زمینه آشنایی را فراهم آورد.

در داخل زباله‌ها، اسناد گسترده‌ای از تفکر و اطلاعات دشمنانمان یافتیم. در عین شگفتی و هراس‌مان، متوجه شدیم که آنان تا حد زیادی در باره ما

---

۱ - al Qaeda: تشکیلات نظامی و بنیادگرای اسلامی که در دوران جنگ شوروی در افغانستان توسط اسامه بن لادن در پیشاور تاسیس شد. شاخه‌های مختلف، این شبکه در کشورها و مناطق متفاوتی فعال هستند. در سال ۲۰۰۳ در عراق مجموعه جهادی تحت نام جماعت توحید و جهاد درست شد و در سال ۲۰۰۴ به القاعده عراق مشهور شد و رهبر آن ابومصعب زرقاوی بود که در سال ۲۰۰۶ کشته شد.

۲ - در ۲۸ فوریه ۲۰۰۵ دست کم ۱۱۵ نفر در انفجار خودرو و در جنوب بغداد کشته شدند و آن حادثه، بدترین اتفاق از زمان حمله نیروهای آمریکا به عراق بود. در آوریل ۲۰۰۵ جلال طالبانی به ریاست جمهوری عراق رسید و در دسامبر همان سال، مردم عراق در انتخابات دولت و پارلمان شرکت کردند.

بررسی‌هایی هم داشته‌اند که شامل بسیاری از اسامی افراد، خبرچین‌ها و یا منابع خبری محلی بود. طرح‌های زیادی ریخته و هدف‌های مشخصی در نظـــر گرفته بودند که در صورت حمله به آنان، اگر امکان و احتمال خطر زیاد باشند، چگونه و در چه مقیاس، اقدام‌های متقابل ما را خنثی کنند. در طی دوران آن حمله به خانه امن مربوطه، هیچ شـــناخت و ایده‌ای در باره القاعده عراق[۱] نداشـــتیم و نمی‌دانستیم که آنها به چه درجه‌ای از (سطح) مهارت رسیده‌اند.

مجبور بودیم که دوباره تصویرمان از جنگ را ارزیابی کنیم. دشـــمنی که باید آن را بیشـــتر (از قبل) جدی می‌گرفتیم. شش ماه بعد در عملیاتی دیگر[۲]، به یک خانه امن حمله کردیم. درســـت اندک زمانی پس از دیدار مهم (سران القاعده) به آنجا رسیدیم، که البته در آن جلسه، رئیس القاعده عراق، ابومصعب‌الزرقاوی[۳] هم شرکت داشت.

یک دستگاه کامپیوتر لپ تاپ، با یک CD ویدئو در داخل آن، به‌دست آوردیم که نشان می‌داد، خود زرقاوی در برنامهٔ نرم‌افزار نمایشی پاورپوینت (پرده‌نگار[۴]) به فرماندهانش، چیزهایی را نشـــان داده و درباره دوره جنگ بحث داشـــته، شکست‌ها و پیروزی‌های القاعده را تجزیه و تحلیل کرده، خواهان تغییر در تدابیر و فنون جنگی بوده و سپس مردان جنگی‌اش را با دعا و نیایش هدایت و بدرقه کرده است. ویدئوها، حرفه‌ای‌تر از آن بودند که تحلیل‌گران و اســـتراتژیت‌های ما در باره زرقاوی و خلاقیت او تصور می‌کردند.

این ماجرا، مربوط به ۱۰ ســـال پیش بود[۵]. امروزه پیروان اسلام بنیادگرا

---

1 - Al Qaedas in Iraq.

2 - Objective Larch wood.

3 - Abu Musab al-Zarqawi.

4 - Power Point.

۵- ابومصعب الزرقاوی در ۷ ژوئن ۲۰۰۶ در ۸ کیلومتری شمال شهر بعقوبه در شمال بغداد

(رادیکال) در عرصه بزرگتری با ما و حتی در داخل وطن‌مان، می‌جنگند. البته (رئیس اداره تحقیقات فدرال یا پلیس فدرال آمریکا[1] تصدیق کرد که درباره داعش[2]، جانشین القاعده در عراق، در هر کدام از ۵۰ ایالت آمریکا، تحقیقات ویژه‌ای دارند) اکنون شاهد تعداد زیادی از دستگیر شده‌ها و یا حملات مختلف در شهرهای‌مان و علیه موسسه‌های حقوقی (و اداری) ما هستیم، با زنان و مردان جوانی که توسط اسلام‌گرایان بنیادگرا، شست‌وشوی مغزی شده‌اند(روبرو شده‌ایم). حال وقت آن است که علیه این دشمن بدسگال، شریر و وحشی، جدی باشیم. در جنگی جهانی قرار گرفته‌ایم اما کم شمار از آمریکایی‌ها به این موضوع پی برده‌اند و حتی کمتر کسانی می‌دانند که چه باید کرد تا در این عرصه، پیروز شد.

به مدت ۳۳ سال جنگیده و بیشتر این ایام را هم در سطح عالی امنیت نظامی امریکا حضور داشته‌ام. احساس قوی نسبت به این جنگ و یا «میدان جنگ» (عرصه نبرد) دارم. عنوان کتاب از شاعر حماسی یونان باستان، هومر[3]، آمده است. که ایلیاد[4] را در بارهِ جنگی، «یا عرصه نبرد» شامل آدم‌ها و خدایان، نوشته است.

اکثر دشمنان متعصب (و دارای احساسات شدید و روح پلید) در زمان فعلی ما، در جنگی مشابه با ما قرار دارند. اکثرشان بر این گمان و باور

بدست نیروهای آمریکایی کشته شد. او در چند نوار ویدئویی مسئولیت چندین حمله خشونت بار در عراق از جمله کشته شدن غیرنظامیان و شهروندان را بر عهده گرفت. در ۲۰۰۵ پس از کشتار سنی‌ها، اعلان جهاد کرد و در مناطق شیعه‌نشین، عملیات بمب‌گذاری انجام داد و ...

1 - FBI

2 - ISIS

۳ – Homer: دو اثر مشهور او، ایلیاد و اُدیسه است که منبع تاریخ و افسانه‌های یونان باستان است. این اشعار روایت قصه ایزدان و قهرمانان یونانی را تعریف می‌کنند. اولین بار توسط سعید نفیسی و بعدها میرجلال الدین کزازی آن را به فارسی ترجمه کردند.

۴ – Iliad: داستان اثر مربوط است به ربوده شدن هلن، زن زیباروی یکی از فرماندهان یونان توسط پسر شاه (تروا)، سپاهیان یونان ده سال تروا را محاصره کردند و با رشادت‌های پهلوانان تروا و پشتیبانی خدایانی مانند زئوس و آفرودیت و آپولون به جایی نرسید و ...

هستند که نهضت و جنبش آنان، مبارک و خجسته است و توسط خدا (به عنوان قادر مطلق) مورد حمایت قرار می‌گیرد. (اما) باید به ایشـــان اثبات کنیم که اشتباه می‌کنند.[۱]

این کتاب را به دو سبب (اصلی) نوشتم:

اول: که به شما بگویم جنگی (گسترده) علیه ما برپاست. و دولت فعلی (اوباما) ما را منع کرده تا دشــمنانمان را با صراحت و بطور شایسته بشناسانیم. آنها اسلام‌گرایان بنیادگرا هستند، تنها هم نیستند و شرکاء و هم‌پیمانانی دارند.

در بین کشـــورها و گروه‌هایی که تعهد ندارند، مُتعصب‌های (خشک مغز) مذهبی‌اند، که نفرت‌شـــان را از غرب، خصوصاً در باره اسرائیل و آمریکا، رواج می‌دهند. از هم پیمانان آنها، می‌توان به «کره شمالی، روسیه، چین، کوبا، ونزوئلا»[۲] اشاره کرد.

دوم: برای طراحی خط مشی پیروزی: هر خواننده این کتاب، قضاوتی (جداگانه) درباره قابلیت اطمینان (و موثق بودن سخنان) نویسنده کتاب خواهد داشت. درباره خود، به شما خواهم گفت و آنگاه می‌توانید با اطلاع (کافی)، تصمیم بگیرید و قضاوت کنید. من در آن تصور قالب (در ذهن) اکثر مردم از یک افســـر نظامی نمی‌گنجم. دوران خدمت موفقی را در ارتش ایالات متحده داشـــته. اما همواره مستقل بوده‌ام. شاید یک شخصیت غیرمعمول و فراتر از هنجار و قاعده متداول در جامعه‌ام[۳] باشم، همانطور که دوستانم و منتقدانم نیز به آن اذعان دارند (و گواهی می‌دهند).

---

۱ - تبلیغات ایدئولوژیک مشابه آن در همهمهٔ شورش ۱۳۵۷ در ایران هست که آن را نظام مقدس جمهوری اسلامی بر اساس اسلام ناب محمدی نامیدند!

۲ - کشورهایی که جز هم‌پیمانان رژیم جمهوری اسلامی هستند

3 - Square peg in a round hale.

مسیر اســـتقلال من، به روزگارانی باز می‌گردد که بسیار از حال و روز فعلی‌ام، جوانتر بودم. از نظر جسمی و اداری در عرصه جنگ، فعال بوده و جنگیده‌ام. از افعانستان، عراق، جنگ‌های آفریقا تا عالی‌رتبه‌ترین مراحل امنیت و نظامی ایالات متحده، قدم به قدم جلو رفته و تا مقام‌های عالی راه را پیموده‌ام. از بسیاری از کارشناس‌ها و صاحبنظران، دشمنان‌مان را بهتر می‌شناسم و به قدر کفایت هراسیده‌ام.

ممکن بود (هر آنچه هست را) ببازیم، در واقع امر، اکنون هم شکست خورده و باخته‌ایم. برای وخیم‌تر کردن اوضاع، رهبران سیاسی (فعلی) ما اصرار بر آن دارند که بگویند جنگ در مســـیر درســـتی پیش می‌رود و یا دسته دسته تحلیل‌گران حرفه‌ای که بهتر از همه می‌دانند که وقتی حقیقت و واقعیت را به مافوق خود می‌گویند، سانسور می‌شوند.

قصه دســـت اول (و شرح ماجراها) را می‌دانم. در سال ۲۰۱۴ به عنوان (مدیر) آژانس اطلاعات دفاعی[۱]، از کار برکنار شدم. درست پس از آنکه به کمیته کنگره (با صراحت) گفتم که وضع امنیت و ایمنی ما مانند ایام سابق نیست، دیگران هم اگر بخواهند در باره جنگ، زبان به حقیقت بگشایند، باید علیه سانسور، بجنگند.

در اواخر تابستان ۲۰۱۵، چه بسیاری از تحلیل‌گران نظامی بطور رسمی اعتراض کردند که (مقام‌های) مافوق آنان در ستاد فرماندهی مرکزی ایالات متحده آمریکا[۲]، برای جنگ در خاورمیانه - راه ارسال گزارش‌های ایشان

۱- Defence Intelligence Agency : در سال ۱۹۶۱ توسط وزیر دفاع آمریکا، رابرت مک نامارا (Robert Mcnamara) تدوین شد. این آژانس بخش اطلاعاتی و حسابرسی دنت گرین در داخل و خارج از آمریکاست. ژنرال توسط اوباما برکنار شد.

۲ - CENTCOM: نام یکی از ۶ ستاد فرماندهی کل ارتش ایالات متحده آمریکاست. در ۱ ژانویه ۱۹۸۳ تاسیس شد. عملیات مین‌گذاری ایران در خلیج فارس و واکنش آمریکا در چند عملیات نظامی علیه ایران، منجر به اولین درگیری فرمانده «سنت کام» شد. این مرکز در پایگاه هوایی مک ویل - فلوریداست. مسئولیت آن شامل فرماندهی کل نیروهای ارتش آمریکا در خاورمیانه، شرق آفریقا و آسیای مرکزی می‌باشد. لذا اهداف آن ارتقاء توسعه و

(درباره مسیر درست حوادث و رخدادها) را یا مسدود و سانسور می‌کنند و یا تغییر می‌دهند. البته آن ادعا، زمانی مطرح شـــد که بخش تجسس در بازرسی کل پنتاگون، اطلاعات مقدماتی را بدست آورد و (حکایت) ماجرا فاش شد و آنگاه نشست استماع دعوی کنگره برگزار شد.

این کتاب نشان می‌دهد که "سانسور، پدیده‌ای نو نیست". از سال‌های پیش، همواره بوده و هســـت اما توان ما را در پیروزی، با مخاطره روبرو می‌کند. همچنین گفته‌های زیادی در باره (جمهوری اسلامی) ایران دارم که مسئول اصلی کشتار و قتل و عام صدها آمریکایی در لبنان[۱]، شرق آفریقا، عراق، افغانستان و ... است[۲].

به فعالیت‌های شرورانه و جنایت‌آمیز (جمهوری اسلامی)[۳] ایران در این سالیان سال، آشنایی داریم و نیز نیک می‌دانیم که چگونه اطلاعات مربوطه، توسط دو دولت آمریکا، پشت سر هم، توقیف (و سانسور) شده بودند.

همکاری بین‌المللی و تقابل با تجاوزات و پاسخ به بحران است در جهت استقرار امنیت و پایداری منطقه‌ای جنگ‌های خلیج فارس، افغانستان و عراق از جمله جنگ‌هایی است که تحت فرماندهی این ستاد رهبری شدند و از فرماندهان مشهور آن می‌توان به ویلیام فالن، ژنرال دیوید پترایس و ... اشاره کرد.

۱ – مانند بمب‌گذاری مقر تفنگداران دریایی آمریکا در بیروت (1983 Beirut barrack bombing) در ۲۳ اکتبر ۱۹۸۳ در بیروت که ۲۴۶ نظامی آمریکایی، ۵۸ نظامی فرانسوی و ۶ غیرنظامی جان باختند و حدود ۱۰۰۰ کیلو مواد منفجره با ۲ کامیون به داخل مقر منتقل و سپس منفجر شد. جهاد اسلامی (سازمان آدم‌ربا و تروریست لبنان در دهای ۱۹۸۰ و ۹۰ در لبنان) مسئولیت را بر عهده گرفت اما اکثر منابع انگشت اتهام به سوی حزب الله لبنان و سپس ایران و شخص خمینی دراز کردند که فرمان از تهران به سفیر وقت ایران در سوریه (علی اکبر محتشمی‌پور) و فرمانده سپاه قدس (حسین دهقان) بوده. در سال ۲۰۰۴ خبرگزاری‌های ایران نوشتند که ستون یاد بودی در قطعه جهان اسلام (گورستان بهشت زهرا) به نام شهدای عملیات مار نیز نصب شده است. و در انفجار بمب (1983 US Embassy bombing) در ۱۸ آوریل ۱۹۸۳ که توسط عماد مُغنیه و به دستور تهران صورت گرفت، ۶۳ نفر از جمله ۱۷ آمریکایی در این انفجار کشته شدند از جمله رابرت ایمز بهترین کارشناس خاورمیانه CIA.

۲ – بمب‌گذاری برج خوبر – عربستان (Khober tower bombing) در ۲۵ ژوئن ۱۹۹۶، که پایگاه آمریکا با TNT مورد حمله قرار گرفت و ۲۰ نفر کشته شدند.

۳– در متن اصلی، بخاطر خلاصه کردن، نوشته ایران اما در ترجمه فارسی به جمهوری اسلامی ایران بدل شد، تا حساب رژیم از مردم ایران جدا شود.

اطلاعات زیادی درباره نقش (جمهوری اسلامی) ایران در این زمینه‌ها داریم و حتی در دیسک‌های کامپیوتری در پاکستان، مخفیگاه اسامه بن لادن، هم چیزهای بیشتری (در این باره) به دست آوردیم.

الان هم (در آمریکا) سانسور حکمفرماست. برخی از آن اطلاعات - و شاید کسر کوچکی - از طبقه‌بندی (محرمانه)، خارج شده و انتشار یافته‌اند اما قسمت بزرگی هنوز در مُهر و موم رسمی و حالت محرمانه باقی است.

افرادی مانند ما که اسناد محرمانه اسامه بن لادن را مطالعه کرده‌ایم، می‌دانیم که این نوع مسائل چقدر اهمیت اساسی دارند و تا جایی که بتوانم، (بطور مقدور که مجاز هم باشم)، به شما خواهم گفت.

اطلاعات دیگر در باره (جمهوری اسلامی) ایران از میدان جنگ بدست می‌آید، جایی که حکومت ایران، سربازان آمریکا را کشتند و یا نقص عضو کردند و هنوز هم این قتل‌وعام و ضرب و جرح باقی است[1]. به شما خواهم گفت که چگونه شبکه (مخوف) ایرانیان را در عراق کشف کرده‌ایم. اکثراً با استفاده از جاسوسانی که در بین دو کشور در رفت و آمد بوده و حقیقت را برای ما گردآوری کرده‌اند.

البته گروه‌های ترور (بیشتر داعش و القاعده) هم وجود دارند. تاکنون اعمال وحشتناک و ددمنشانه زیادی از آنها دیده‌ایم. از سر بریدن تا مصلوب ساختن و زنده زنده سوزاندن اسیران (در قفس) که مردم (جامعه) را متوجه (این امر) ساختند که این گروه‌ها، (صرفاً) جزو وحشیانند.

و بطور قطع، وحشی‌اند اما توسط یک تفکر روشمند هدایت می‌شوند که چگونه جهان را فتح کرده و آنگاه ایدئولوژی یا مسلک مذهبی خود را به همه ما تحمیل کنند.

---

۱ - ر.ک به مقالهٔ "جمهوری اسلامی، بازار تروریسم": نوشت: عرفان قانعی‌فرد، آژانس خبری ایرانشهر،کالیفرنیا.

می‌دانستید که داعش، سال‌ها با جدول زمانی مدون برای فتح جهان کار کرده؟

و این «نبرد من»[1] با اسلام رادیکال است. که توسط یک زن روزنامه‌نگار جوان آمریکایی در پاکستان سال ۲۰۱۵ کشف شد. جزئیات مرتبط را (در کتاب) بازخواهم گفت.

با گروهی قوی از تروریست‌ها و کشورهای دشمن روبرو هستیم. و باید آمادگی بیشـــتر و بهتری روی این اقدام‌های خصمانه داشته باشیم و یا (با تلاش و جدیت) آماده نابود ساختن آنان باشیم. وجود نوعی استراتژی یا راهبرد بهتر ضروری است و همچنین اطلاعات بیشتر (که من تمام فکر و ذکر خود را بدان اختصاص داده‌ام) و همچنین اشتیاق و علاقه شدید، آن هم به مدت طولانی، واجب است.

آموخته‌ام که چگونه اطلاعات درست را کسب کرد که با راهبرد پیروزی، همســـو شود. چون هر دوی اطلاعات و استراتژی از خود مردم جامعه به دست می‌آید. مردم کشورهایی که خود در این جنگ گرفتارند.

بایـــد با آن مردم از نزدیک کار کنیم. چون اطلاعات تعیین کننده‌ای در اختیار دارند و آنها مشخص خواهند کرد که چه کسی، برنده میدان است در عراق سال ۲۰۰۴ و در افغانستان در اوایل ۲۰۱۰، روش‌هایمان را تغییر دادیم و کارساز هم بود.

امیدوارم بتوانم شما را قانع کنم که با یک چالش نهانی، مُخرب و مهلک روبرو هستیم که باید (و می‌توان) بر آن فائق آمد.

همانطور که این عبارت‌ها را می‌خوانید، به یاد داشـــته باشید که لزوماً

---

۱ - Mein kampf نبرد من، کتاب آدولف هیتلر، بیانگر اندیشه‌های سیاسی هیتلر و ناسیونال سوسیالیسم. که به زبان فارسی توسط عنایت الله شکیباپور و همچنین داود منشی‌زاده به فارسی ترجمه شده‌اند.

نیازی نیست یک افسر نظامی باشید تا (صحنه) جنگ جهانی را مشاهده کنید.

(قبلاً یک) دوستدار صُلح، پاپ فرانسیس[۱]، در باره شدت و جدیت شرایط ما، هشدار داد «حتی امروز هم، پس از دومین شکست در جنگ جهانی دیگر، شاید کسی سخن از جنگ جهانی سوم براند که یکی به‌تدریج با جرایم و جنایات، با قتل‌وعام، تخریب بجنگد!»[۲]

و او، نتایج و پیامدها را می‌داند. «جنگ، همه چیز را نابود می‌کند، حتی پیوند بین برادران را. جنگ، بی‌معنی و غیرعقلانی است. طرحی است که ره‌آوردش، نابودی است. رشد و توسعه آن هم با نابودی، توأمان است.» عده کمی از آمریکایی‌ها - در حقیقت حتی تعداد معدودی از رهبران غرب - که گاه و بیگاه، از واژۀ جنگ استفاده می‌کنند و وعده پیروزی هم می‌دهند - تشخیص داده‌اند که یک جنگ (تمام عیار و در سطح) جهانی علیه ما برپاست.

حتی آن عده اندک که نبرد واقعی را دنبال می‌کنند، تمایل به بررسی حوادث (به صورت جداگانه) دارند. در جنگ‌های سوریه، عراق، یمن، و شبه جزیره سینا. تروریست‌ها در تمام این مناطق، مشغول فعالیت‌اند و ما در تلاش هستیم تا بدانیم با هر کدام از آن‌ها، چه رفتاری (و واکنشی) باید داشت. آمادگی و تدبیر لازم، وجود ندارد. به قول استراتژیست چینی، سون تزو[۳] «پیروزی در جنگ، مستلزم آن است که شما دشمن‌تان را بشناسید».

رهبران (فعلی) ما نمی‌خواهند که دشمنانمان را شناسایی کنیم. و همین امر ما را در مسیر شکست (و مغلوب شدن) می‌گذارد. بسیاری از

---

۱ - Pope Francis: خورخه ماریو برگولیو، رهبر سریر مقدس، حکومت مرکزی کلیساهای کاتولیک جهان است. در سال ۲۰۱۳ به جای بندیکت شانزدهم به عنوان پاپ انتخاب شد و لقب فرانسیس را برای خود برگزید.

2 - War is madness, USAToday.com

3 - Sun Tzu

آمریکایی‌ها، اشتباهاً، معتقدند که صُلح، شرایط عادی نوع بشر است. وقتی که جنگ، خطا و انحرافی مرموز و غریب است.

در حقیقت، موضوع چیز دیگری اســت. بسیاری از بخش‌های تاریخ، بیشــتر با جنگ یا آمادگی بــرای آغاز جنگ بعدی توأم بوده اســت اما مــا آمریکایی‌ها، برای جنگ بعدی، آماده نمی‌شــویم و همواره وقتی که (مشکل) فوران می‌کند، شگفت‌زده می‌شویم چون وقتی از روی احتیاط قدم برنداشــته‌ایم، آن هم در زمانی که براحتی می‌شد غالب آمد اما کاری نکردیم، نتیجتاً جنگ با دشمنان، بالطبع، مشکل‌تر و پرهزینه‌تر خواهد بود.

تعداد معدودی هم ایده و فکر چگونه پیروز شــدن را دارند. (شــاید) در موقعیت بهتری نسبت به بقیه، در بطن این موضوع، قرار گرفته باشم. صحنه‌های تیر خوردن، دستگیر شدن، بازجویی شدن دشمنان را دیده‌ام. و روی دشمنان هم بیشتر مطالعه کرده‌ام.

می‌شناسمشــان، و مرا ترسانده‌اند، آن هم کســی که اغلب و براحتی نهراسیده. اما مرا ترسانده‌اند، ولو اینکه هر بارهم شکست‌شان داده‌ایم و هر بار با جدیت با آنان جنگیده‌ایم.

القاعده و ایرانیان را در عراق و طالبان و هم پیمانانش را در افغانســتان شکست داده‌ایم. با این وجود، آن‌ها جنگ را ادامه دادند اما ما (خودمان از صحنه) خارج شدیم[۱].

صادق باشیم، اکنون شکســت خورده‌ایم و من درباره جنگی بزرگ‌تر ســخن می‌گویم، نه اینکه فقط در باره جاهایی مانند ســوریه، عراق و یا افغانستان حرف بزنم.

ما در جنگی (بزرگ و) جهانی، علیه حرکت توده‌ای مردمانی شرور قرار

۱ – منظور فرمان اوباما برای خروج نیروهای آمریکایی از عراق که پس زمینهٔ ظهور داعش در عراق را فراهم کرد.

داریم، برخی از آنان از مسلک حکومت مطلقه و دیکتاتوری الهام گرفته‌اند: یعنی «اسلام رادیکال». اما ما مجاز نیستیم که درباره دو واژه مرکب «اسلام - رادیکال» سخن بگوییم و یا بنویسیم، چیزی که بالقوه، برای فرهنگ ما مُهلک و مخرب است.

نمی‌توانیم آنها را مغلوب کنیم، اگر آنها را درک نکنیم و نشناسیم، و یا از تعریف (درشت) آنان بهراسیم؛ اما رهبران سیاسی ما، آن را مجاز نمی‌دانند. اجازه نداریم بگوییم «اسلام رادیکال، یا اسلام تندرو» باید تغییر کند...

وقتی آنها را درک کردیم و شناختیم، آنگاه می‌توانیم آنان را مُنهدم کنیم. اما چگونه؟

- باید تمام نیروها و قوای ملی خود را سازمان بدهیم که البته چندان هم ساده و ارزان نیست و شاید چند نسل، از نیروهای نظامی و اقتصادی، امنیتی تا دیپلماسی و فکری بطول بیانجامد.
- باید از کشورهایی که حامی پناهگاه و یا بهشت امن آنان هستند، تبری بجوئیم[۱] و تنها گزینه‌ای بی‌رحمانه در اختیار داشته باشند که یا اسلام رادیکال را نابود کنید و یا خود خطر جنگ مستقیم با آنان را بپذیرید.

بله، کشورهایی خارجی هستند، که حتی اگر بخواهند، نمی‌توانند اسلام گراهای بومی خود را شکست دهند و نتیجتاً به کمک و یاری (ما) نیاز دارند. آنها نباید دوبار مجازات شوند، اول بخاطر اسلام‌گراها و دوم از طرف ما و هم‌پیمانمان. بلکه باید از حضور آنان در صفوف خود (و جبههٔ مشترک‌مان) استقبال کنیم.

از دیگر سو، برخی از این کشورها، قبلاً برای ما به عنوان شریک و یار ملاحظه می‌شدند، اما در واقع امر چنین نبودند. نمی‌توانیم فریب

۱- شاید منظور عربستان سعودی است (القاعده، طالبان، سپاه صحابه، داعش، جیش العدل، بوکوحرام، الشباب، احرارالشام و...) و یا ترکیه و قطر و...

دروغ ساخته و پرداخته برخی کشورهای خارجی را بخوریم که علناً دوستی‌شان را (با ما) اظهار می‌دارند، اما عملاً با دشمنان ما، همدم‌اند و تبانی دارند[۱].

- باید حمله به اسلام‌گراهای (رادیکال) را، در هر جایی که هستند و به هر طریقی که هست، آغاز کنیم. اکثراً شامل حمله به دکترین شیطانی آن‌ها (آیین و اصول شـــر) است و اینکه شکست‌های بی‌شمار آنان را به تفصیل شرح دهیم.
- آیا ما حق داریم که حقایق را در بارهٔ آنان بگوییم؟ در جنگ سرد، بارها شکست کمونیسم را افشا کردیم. چرا نباید در بارهٔ القاعده و داعش، چنین امری را تکرار کنیم؟

همانطور که می‌بینید، من مرید و هواخواه - به اصطلاح - «سنجیده‌روی سیاسی»[۲] نیستم. باور ندارم که همه فرهنگ‌ها، اخلاقاً برابر هستند. و تصور می‌کنم، غرب، خصوصاً آمریکا، از نظر اخلاقی و نژادی، متمدن‌تر است. در قیاس با سیستم فکری دشمنان ما که می‌خواهند، (به زور) به ما (خود را) تحمیل کنند، این عرصه نبرد، چیز جدیدی هم نیست.

بلکـــه (این اوضاع) جهان ما را پدید آورده اســـت. من جرأت دارم که بگویم آن اغلب آمریکایی‌هایی که تشـــخیص نمی‌دهند. دگردیســـی و استحاله سیاسی-مذهبی اروپا که ما آن را اصلاحات می‌نامیم، صدها سال جنگ خونین را بهمراه داشت. مردم مذهبی که آمریکا را در قرن‌های ۱۷ و ۱۸ بنیان نهادند، از آن خونریزی وحشتناک گریختند.

جهان امروز، بســـیار به اصلاحات اساســـی نیاز دارد و ما نباید تعجب کنیم اگر خشـــونتی وارد می‌شود، امری طبیعی است. نکته مهم، شکست اسلام‌گرایان است و ما باید روشن سازیم که چرا آنان، علیه ما جنگ را برپا

---

۱ - احتمالاً مانند ترکیه، عربستان، قطر و ...

2 - Political Correction.

کرده، باید به روشنی بدانیم که چرا باید دکترین و آموزه آنان را نپذیریم.

نباید بیشتر از این، خودمان را، در باره نیت و تمایل حامیان غیردولتی و قصد و منظور کشورهای مدافع اسلام‌گرایی جابرانه و قاهرانه، چه در زمین، چه در مسجد یا اینترنت، مسخره کنیم.

سخن ما از آزادی است اما، آنها آن را تقبیح و خُرد می‌کنند و این بدان معناست که ما (درست) به هدف زده‌ایم و باید هیچ احساس گناهی در بارهٔ نامیدن و شناساندن آنان به عنوان آدم‌کش‌های دیوانه و دارای روح پلید به‌خود راه ندهیم که رفتار و عمل‌شان نشأت گرفته از یک تمدن شکست خورده، است.

همچنین تمسخر بیشتر خودمان را هم کنار بگذاریم که ممکن است دشمن‌های ما قابلیت فکری و عقلانی داشته باشند. آن‌ها دیوانه یا مجنون‌اند، اما احمق یا دبنگ نیستند. مدارک بدست آمده از بن لادن و یا جدول زمانی داعش برای پیروزی، نشانگر آن بود که آنها به‌دقت درباره ما بررسی و مطالعه داشته‌اند، حتی در شناخت و تشخیص نقاط ضعف ما، برتری داشته‌اند.

وقتی که آنان بیاموزند که چگونه از نقاط ضعف ما بهره‌برداری کنند، طبعاً آن را ادامه خواهند داد. حملات دیگر و چند گانه علیه افراد و مراکز ما، از نیویورک تا پاریس، از بمبئی تا بیروت و بروکسل تدارک خواهند داد، چون مرتب و مداوم در این زمینه، کار می‌کنند.

آخر الامر، آنها می‌خواهند - حتی مشتاق‌اند - که برای رسالت جهانی‌شان کشته شوند اما ما چگونه باید مسلط باشیم؟

اگر می‌خواهید که یک حرفه‌ای موفق در اطلاعات (و امنیت) باشید، باید بیاموزید که چگونه در ذهن مردم نفوذ کنید. غالباً اگر شما در ذهن و فکر دشمنان‌تان نفوذ کنید، باید حس مشابه آن‌ها با عقاید و حتی هراس‌هایی

که محرک آنهاست، داشته باشید. ضمناً شرایط مشابه، شامل حال مردمان جامعه خودتان هم هست. باید در ذهن و فکر کسانی که رهبری و مدیریت آن‌ها را برعهده دارید، نفوذ کنید و یا حتی کسی که باید دستورات و فرامین‌اش را اجرا و اطاعت کنید، حال چه غیرنظامی و چه نظامی باشند، شرایط یکسان است.

باید قادر باشید که اشتباهات آدم‌ها و افراد خود را حدس بزنید و یا اعمال و حرکات دشمن‌تان را پیش‌بینی کنید و بدانید که مافوق شما چه توقع و خواسته‌ای از شما خواهد داشت.

شخصاً کارها و تکلیف‌های اول را خوب انجام می‌دادم، که می‌توانید از نتایج به دست آمده در میدان‌های جنگ و کارزار هم بسنجید و یا به روند مقام‌هایی که در بالاترین سطح به عنوان ارشد افسر ارشد امنیتی در دولت آمریکا منصوب شده‌ام، توجه کنید.

پیش خودتان قضاوت کنید که چگونه به‌خوبی در این زمینه‌ها با رؤسا و مافوق خود تعامل کرده‌ام، خصوصاً در پایان شغل و مأموریت‌ها، که گاه یکسالی زودتر از موعد هم به پایان رسانده‌ام. سال‌ها کوشیدم و تلاش بسیار نمودم تا در ذهن دشمنانمان، چه بسیاری از آنهایی که کشته‌ایم یا دستگیر کرده‌ایم، نفوذ کنم و به عبارتی فکرشان را بخوانم.

اما بسیاری از آنها هم که مانده، اما به بیراهه کشیده شده و همچنان خواهان نابودی ما بوده‌اند. بدان خاطر است که آن روحیات، عقاید و هراس‌ها که من در ذهن و فکرشان یافتم، امروزه روز اهمیت دارد. اگر آنها را بشناسی و درک کنی، شکست‌شان (به مراتب) سهل‌تر است، که مأموریت اصلی نسل جدید است.

باید بیاموزیم که چگونه می‌توان مثل یک مرد یا زن شرور و پلید، فکر کرد که حقیقتاً اهمیت دارند - گذشته از قاتل‌ها و بمب‌گذارهای انتحاری

جدید - که با القاعده و داعش بیعت کرده و یا به دیگر گروه‌های جهادی پیوسته‌اند و یا عهد اُخوت با رهبران رژیم‌های افراطی و تندرو مانند (جمهوری اسلامی) ایران بسته‌اند[۱]. بهرحال، آنها این کارهای وحشتناک را همچنان علیه مسلمانانی که دکترین‌شان را نمی پذیرند، علیه مسیحیان (به‌زعم آن‌ها، کافر و ملحد)، علیه یهودیان، علیه زنان، در واقع علیه جهان غرب، دنبال خواهند کرد و نیز جنگ‌شان را علیه ما گسترش خواهند داد. اما ما باید آنها را نابود کنیم، قبل از آنکه بخواهند، (ماموریت و) سیاست شوم‌شان را به اتمام برسانند.

یک لحظه هم به ذهن‌تان خطور نکند که آنها در آنچه که انجام می‌دهند، ضعف دارند و یا قوی نیستند. یک سبک جدی دارند - انباشته از احساسات قوی، عقاید و هراس‌ها - و می‌خواهند بر کل جهان چیره شوند.

یک جنبش ترسناک بر اساس نوعی اعتقاد راسخ به‌راه انداخته‌اند. آنها گمان می‌برند که پیروز خواهند شد و من همچنین تصوری از پیروزی دارم. جنگجویان زبده‌ای هستند. هم شجاعت و هم مهارت‌شان را نشان داده‌اند. سریع می‌آموزند، از تاکتیک‌های ضعیف و ناقص، فوراً عقب‌نشینی می‌کنند، در تکنیک‌های اینترنت کارآزموده هستند، به تبلیغات و هک کردن سایت‌ها، آشنا هستند. فکر عداوت و دشمنی در مُخیله آنها را می‌شناسم و سال‌هاست آموخته‌ام که در عرصه‌های مختلف نبرد چگونه با آن‌ها بجنگم. باید بهتر از موقعیت فعلی باشیم. امروزه روز، به آن مقام عالی نرسیده‌ایم. هنوز، راه زیادی در پیش است. دلیل عمده هم آنست که هنوز در فکر و اندیشه آنها، نفوذ نکرده و مغزشان را نخوانده‌ایم. همچنین مدارس، رسانه‌ها و شبکه‌های اجتماعی ما در کمک به فهم درست امریکا از دشمنان‌مان در جهت شکست آنان، کار عمده‌ای انجام نداده‌اند.

بهرحال، وضع دولت فعلی ما (اوباما) چنین است.

---

۱ - ر.ک: مقاله «اندیشه جهادیسم، شارلاتانیسم ایرانی» عرفان قانعی‌فرد آژانس خبری ایرانشهر

فصل اول

دوران افسری اطلاعات و امنیت

پسری خوش‌شـــانس بودم. هر چند، زندگی، برای خانواده بی‌قرار ۱۱ نفره و پر جنب و جوش من، نوعی جنگ بود. در خانه‌ای محقر در وسط شهر میدل‌تاون، رُد آیلند[1]، بزرگ شده‌ام.

به هر سو گشتن، برای یافتن بالینی که شب سرت را روی آن بگذاری و بخوابی، در میان چند رختخواب بچگانه و تخت‌وخواب تاشـــو، شاید جزو تلاش بی‌پایان شبانه‌ام در ایام نوباوگی بود. و یا خوردن صبحانه که به‌آســـانی به نوعی معامله و گاه جنگیدن برای آخرین لیوان شیر و یا تکه نان برشـــته مبدل می‌شد. یک مدتی هم، من این آشفتگی مُدام را آشفته‌تر می‌کردم.

در نـــگاه به گذر ایام، این غوغا و پریشـــانی و رفتار پرخطر من در ایام نوجوانی، به کسب توانایی من به خواندن فکر و مغز دشمن، منتهی شد.

یکی از آن بچه‌هایی بودم که فکر خراب داشت، مُنحرف و مهار گسیخته بود، با آدرنالین بالا[2] که سفت و سخت کارش را انجام می‌داد و توجهی هم به عواقب آن نداشت.

با این سیســـتم فکری گمراه و پریشان خاطری و ارتکاب برخی اعمال خـــلاف و کردار غیرقانونی که به همراه دو تا از بچه‌های لوطی محله، که

1- Middle Town, Rhode Island.

۲ – Adernaline: هورمون غده فوق کلیوی؛ انتقال دهنده عصبی. باعث افزایش ضربان قلب و انقباض عروق.

با هم دوســـت بودیم، عاقبت به دستگیری هم منجر شد. جریمه و حکم مرتبط، گذراندن شبی ناگوار در دارالتأدیب یا کانون اصلاح پسران بزهکار[1] بود. و البته یک‌سال نظارت کانون اصلاح و تربیت را هم به همراه داشت.

«نجات پیدا کردم!»... عبارتی بود که در آن هنگام به ذهنم خطور کرد. در آن ۱۲ ماه، پاک و آرام ماندم و آن سابقه من هم حذف شد. سرنوشت و تقدیر آن شد که این دستگیری و مشت آهنین پدر و چشمان نافذ مادرم که حکایت از ناامیدی داشت، مرا از مسیر سرپایینی و سقوط به استفاده از مجموعهٔ فرصت‌های زندگی برگرداند. از آن هنگام به بعد، زندگی‌ام تغییر یافت.

خوش شانس بودم، گرچه در آن هنگام، قطعاً چنین به نظرم نمی‌آمدم. آن دوران ابتذال رفت، خودم بهتر از هر کس دیگر می‌دانم. مانند یک هکر ارشاد شده که در امنیت سایبری[2] که کارهای شگرف و چشمگیری انجام داده، یا مانند خبیث‌های بی‌وجدان در فیلم مشـــهور دوازده مرد خبیث[3]، مربوط به جنگ جهانی دوم که از راه‌های نامتعارف می‌جنگیدند (می‌توان گفت لااقـــل)، من هم بطور مختصر، جزو قمـــاش همان رذل‌های پس فطرت و نامربوط بودم. من هم مانند بسیاری از بهترین چهره‌های امنیتی ما، تجربیات زندگی، بیشتر توجه را روی این نکته متمرکز می‌کرد که جهان و دیدگاه بزهکاران و تبهکاران چگونه است.

پدرم، چارلی[4] یک مرد مرتب و منظم و جدی بود. بیش از بیست سال در

---

1 - Socko.

2 - Cyber Security.

۳ - The Dirty Dozen: یک فیلم بریتانیایی به کارگردانی رابرت آلدریچ (۱۹۶۷). موضوع فیلم آن است که در ایام جنگ جهانی دوم، سال ۱۹۴۴، سرگرد رایسمن، افسر آمریکایی مستقر در انگلستان ماموریت می‌گیرد که با استفاده از ۱۲ سرباز محکوم (به دلیل قتل و تجاوز و دزدی و ...) قوی در فرانسهٔ اشغال شده (محل گرد آمدن تعدادی از امرای ارتش آلمان) را منفجر کند.

4 - Charlie.

ارتش آمریکا خدمت کرده بود و در دو جنگ جهانی دوم[1] و کره[2] حضور داشت. با درجه استوار دومی بازنشسته شده بود. واقعاً مانند همه همسالان خود، چارلی، انسانی اصل انضباط و سخت کوش بود. پس از ارتش، به کار در یک بانک مشغول شده بود، اوایل با تحویلداری شروع شد و عاقبت نائب رئیس بانک شد، که در باره استعداد و بلندپروازی‌هایش، سخن‌ها برای گفتن داشت.

مُدام سیگار کشیدن، امری معمول و مرسوم در بین هم‌نسل‌هایش بود و چارلی، چه دوست داشته باشم یا نداشته باشم، بنابه اصل و نسب ایرلندی (به سلامتی این و آن) باده نوشی می‌کرد و شاید (بیشتر از آنچه که باید می‌بود) افراط هم داشت.

بعد از گذراندن دو بار سکته قلبی شدید و شش بار گرفتگی رگ قلب، به دیابت هم مبتلا شد و ناگهان هر دو پایش را از دست داد. جنگجویی که عاقبت تسلیم مرگ شد، سیگار کشیدن، نوشیدن، دیابت، نارسایی قلبی و... مجموعه‌ای بود که او را از پای درآورد. روز مرگ او برای من سخت و ناخوشایند بود. موجی از خاطرات کودکی در ذهنم زنده و مواج بود (و هر لحظه از برابر دیدگانم می‌گذشت). و درس‌هایی که از او آموختم را به یاد آوردم. از قبول نکردن آنکه گروهبان شوم و یا عکس‌العمل‌های روزانه او (نسبت به رفتارهای ما).

مادرم، هلن، فردی محکم‌تر بود. در یک خانه با ۹ بچه قد و نیم قد، که هر کدام از آنها می‌خواستند، در آن واحد بیرون بروند، نظم را برقرار کرده بود. یک شلوغی و بی‌نظمی روزانه را به نظم نسبی مبدل کرد و امور را سروسامان داده بود. اول بچه نخست وارد می‌شد، و بعد دیگری تا بچه آخر به ترتیب، کلاً همین نظم برقرار بود.

---

1 - World War II (Sept 1.1939 - Sept 2.1945)

2 - Korean War (June 25.1950 - July 27.1953)

و شاید آن نظم، تمرین و ممارست خوبی برای زندگی در سربازخانه‌ها و آسایشگاه‌ها بود که بعدها گذراندم. در حقیقت، رشد کردن و زیستن با برادرها و خواهرهایی، که مانند یک تیم بیس‌بال بود، از یک نظر فوق‌العاده پربها بود، اینکه به من آموخت، چگونه می‌توان نظم را در چیزهای مختلف، به خوبی برقرار کرد.

هلن، دانش‌آموز ممتاز فارغ‌التحصیل شده از دبیرستانش بود. او زیرک و با استعداد بود. و چنان شخصی با دل و جرأت باقی ماند که من تاکنون مثل او (ندیده و) نشناخته‌ام. گرچه او از کالج پمبروک در دانشگاه براون[1] بورسیه تحصیلی زنان داشت.

وقتی که پدرم، چارلی، از جنگ جهانی دوم بازگشت و از او تقاضای ازدواج کرد، پذیرفت و درس و دانشگاه را رها کرد و با معشوق دبیرستانی خود، ازدواج کرد و پس از مدتی، بچه‌هایش، یکی پس از دیگری، به دنیا آمدند. بعدها، (دوباره) به دانشگاه برگشت و تحصیلاتش را در حقوق ادامه داد. همه ایام کار می‌کرد و هم اواخر هفته به مدرسه شبانه می‌رفت و هم بچه‌های قد و نیم قدش را می‌پروراند.

کسی نبود که بسادگی بشود فریبش داد. و هر کسی به او سر می‌زد، فوراً در یک بحث سیاسی داغ گرفتار می‌آمد. خانه پدری را مانند یک پایگاه نظامی، اداره می‌کرد که تا سال‌های سال، منزلگاه و مأمن من بود.

پس از بازنشستگی؛ هلن و چارلی، به یک خانه کوچک در ساحل اقیانوس اطلس[2] در همان میدل تاون، رُدآیلند نقل مکان کردند. همان جایی که در اوان نوباوگی، رفتار بی‌کنترل داشتم و اسباب زحمت فراهم آورده بودم تا شاید جلب نظر کنم اما این دو بُت بزرگ زندگی‌ام، مرا نجات

1 - Brown University's Pembroke College

2 - Atlantic Ocean.

دادند.

یک شـب در آن دارالتأدیب یا کانون اصلاح و یکسـال نظارت کانون اصلاح و تربیت، اصلاً قابل قیاس با تنبیه و گوشمالی‌های داخل خانه، نبود. اصلاح و تربیت من، یکی از سـریعترین نوع آن در نوجوانی بود. (شاید مسـتحق بودم) و آموختم که اصلاح رفتار هم ممکن است. و در آن ایام، دست از همه بزهکاری‌ها شُستم.

اما همیشـه انگیزه‌هایم برای به چالش کشیدن قدرت را نگه داشتم و هر زمان که ممکن و مقدور است، چنانکه می‌اندیشم، عمل می‌کنم. البته چنین مراکز مشابهی برای حبس انضباطی در داخل ارتش ایالات متحده هم هست.

سخت به ارزش زنان و مردان آزاد از قیود و رسوم و رنگ تملق، معتقدم. آنان، مبتکران و نوآورانی هستند که خطر را می‌پذیرند.

اپل[1]، یکی از شـرکت‌های موفق و خلاق تکنولـوژی برتر و نوین، با اندیشـهٔ تغییر و دگرگونی در استثناءها زیسـته است. اپل، در شعارهای تبلیغاتی - رقابتی، می گوید که: «(از) غیرمتجانس‌ها، یاغی‌ها، مشکل‌سازها، ناجورها، ناسـازگارها، متفاوت بین‌ها، قانون گریزها، معترض‌ها به وضع موجود و ... می‌توانید (از آنها) ایراد بگیرید، مخالفت کنید، (حتی) تجلیل یا بدگویی کنید... اما تنها چیزی که نمی‌توانید انجام بدهید، نادیده گرفتن آنهاست. (چون) آنها تغییر ایجاد می‌کنند. آنها نوع بشر را برای به سمت جلو رفتن تشویق می‌کنند، و وقتی بعضی‌ها، آنها را دیوانه و مجنون فرض می‌کنند، ما آنها را نابغه می‌دانیم، چـون آدم‌هایی که بقدر کافی دیوانه و مجنون باشند و تصور کنند می‌توانند جهان را تغییر بدهند، افرادی هستند که خواهند توانست!

1- Apple

اگر (هم) شما با همقطاران و همکاران من صحبت کنید، به شما خواهند گفت که من از هر قماش بُریده‌ام و آزادم (از هر چه رنگ تعلق پذیرد).

تاریخچه (زندگی) نظامی من، چندان جالب شروع نشد. اولین سال کالج با معدل (بسیار) پایین[1] و با تیره‌بختی مواجه شد.

اســـمم در لیست غایب‌های تفنگداران نیروی دریایی درج شده بود، به عنوان گارد نجات غریق در یک ســـاحل محلی مشغول کار بودم، سپس اولین، معجزهٔ شـــگفت‌انگیز رخ داد و آن هم کمک هزینه تحصیلی نظام[2] بود، اندک چیزهایی که به یاد دارم آن اســـت که، تمرّد و سرکشـــی من، مانند کلاس جهشی و اشتباه‌های مختلف و متفرقه دیگر، موجب شد که با مُربی‌ام، که چیزهایی در من می‌دید، بسکتبال بازی کنم (ورزشی که در آن وضعم خوب بود) و البته، شوق و حرارت و ابتکار عمل (هم) داشت.

در اوایـــل اوت ۱۹۷۸ به خانه پدری‌ام آمد و پیشـــنهاد کرد، اگر کمی آمادگی پیدا کنم و نمرات بهتری بگیرم، بورس ۳ ساله شامل من خواهد شـــد. و او گاهی با نیروی تفنگداران دریایی ایالات متحده آمریکا[3]، کار می‌کرد، که من به اردوگاه تعلیمات نظامی نیروی دریایی نروم. (که البته تا امروز هم نمی‌دانم او چگونه این مساله را سر و سامان داد) اما علناً خطر را پذیرفت و بعد آشکارا تاوانش را هم داد. آرزو داشتم بدانم، که امروزه روز کجاست (و چه می‌کند).

پس از پایان دانشـــکده، به عنوان افسر (امنیت و) اطلاعات وارد ارتش شدم و در زمینهٔ اطلاعات سیگنال و میدان رزم الکترونیک کارم را شروع کردم. اما چرا باید این بخش باشد و نباید به رسته پیاده نظام بروم؟

---

1 - GPA 1.2

2 - Army ROTC Scholarship (The reverse officers Training Corps= ROTC)

3 - USMC: United States Marine Camps.

استاد علوم نظامی ما، سرهنگ دوم اوگرادی[1]، افسر نیروی مخصوص با تجربه ویتنام و اکثر اوقات در جایی به نام فورت برگ[2] بود، جایی که نیمه عمر کاری‌ام در آن گذشـــت. روزی مرا نشانید و گفت: می‌دانم در یگان رزمی، کارت را خوب انجام داده‌ای، اما بخش اطلاعات (و امنیت) جایی است که تو باید آنجا بروی.

صریحاً، اشاره کرد که این میدان رزم الکترونیکی با تجهیزات پیشرفته از اوائل ۱۹۸۰ ظهور کرده است.

در رسته و قســـمت مربوطه خودم تلاش کردم، که تقاضای مأموریت را بفرستم و عاقبت چنین شد. طبعاً کسی که ترک تحصیل می‌کند و بعد چنین خبری دریافت می‌کند، حس شادی خاصی خواهد داشت و من نیز چیزی را به دســـت آورده بودم که هرگز تصورش را هم نداشتم و بدان خاطر، شادمان بودم.

اولین مأموریت من بعد از آمـــوزش اولیه اطلاعات و امنیت در پایگاه نظامی فورت هاوچوکا، در آریزونا[3] و بعد در فورت دونس - ماساچوست[4] بود و عاقبت به دوره آموزشی رنجر پیوستم - که بخش ۸۲ هوابرد (گارد افتخار آمریکا) بود.

در آنجا، مأموریت‌های مختلفی داشتم، که مهمترین و طولانی‌ترین آن، فرماندهی دســـته[5] بود. در خلال آن سال‌های سازنده، به آرایش قشون در پاناما، هندوراس و دیگر بخش‌های آمریکای مرکزی پرداختم. در آن ایام،

---

1 - Lieutenant Colonel O'Grady.

2 - Fort Bragg.

3 - Fort Huachuca Arizona.

4 - Fort Devens, Massachusetts.

5 - Platoon Leader.

آمریکا، با ساندینیستا[1] و سومازاها[2] و دیگر شورشیان آمریکای مرکزی و جنوبی، مبارزه می‌کرد.

اتحاد جماهیر (شوروی) و هم پیمانانش هنوز هم دشمنان ملت ما هستند و جنگ‌های فی‌مابین[3] در پیرامون ما به شدت طغیان کرده است.

یکی از آن جنگ‌های نیابتی، در یکی از جزایر کوچک به نام گرانادا برقرار بود. گرچه من مأموریت‌های عملیاتی را در پاناما و هندوراس تا مرزهای نیکاراگوا انجام داده بودم اما گرانادا[4] اولین مأموریت نظامی در آرایش قشون بود که انجام داده و شاید هم تجربه برای جنگ بود.

به عنوان فرماندهٔ دستهٔ پشتیبان، تیپ ۲، در بخش ۸۲ هوابرد برای عملیات علیه کوبا بودم، کشوری که بخش اعظمی از گرانادا را اشغال کرده بود[5]. با همان نیروهای متشکل از شورشیان چریک در جزیره، عامل تهدید

---

۱ - جبهه آزادی‌بخش میهنی ساندینیستا - حزب سیاسی - سوسیالیست - در نیکاراگوئه که سال ۱۹۶۱ توسط کارلوس فونسکا تأسیس شد. در سال‌های ۱۹۸۰ آمریکای مرکزی دوره‌ای از انقلاب‌ها و ضدانقلاب‌ها را گذرانید. در ۱۹۷۹ شورشیان ساندینیست موفق شدند، آناستازیو سوموزا، دیکتاتور نیکاراگوئه، مشهور به مهره آمریکا به‌زعم آنان - را سرنگون کنند. فرانکلین روزولت در سال ۱۹۳۹ پدر سوموزا را حرامزاده خواند و هنری کیسینجر بعدها پسر سوموزا را حرامزاده خواند. خاندان سوموزا از ۱۹۳۶ - ۱۹۷۹ حکمفرمایی کردند. در واقع آن زمان، جنگ سرد بطور نیابتی در کشورهای آمریکای مرکزی جریان داشت. امروزه دانیل اورتگا رئیس جمهور نیکاراگوئه است که از دوستان جمهوری اسلامی ایران می‌باشد.

۲ - Antastasio Somoza Garcia: (که دولت در انقلاب ۲۵ ژوئیه ۱۹۷۹ سرنگون شد. گارسیا استعفا داد و از کشور تبعید شد.)

3 - Prony Wars.

۴ - Granada: یا (Usle of spia) کشوری جزیره‌ای در مشرق دریای کارائیب. از سال ۱۷۶۲ تا استقلال آن در ۷ فوریه ۱۹۷۴ مستعمره آمریکا بود. در ۱۹۸۳ در پی ترور نخست‌وزیری کمونیست، مارئویس بیشاپ امریکا به این جا حمله کرد.

۵ - تهاجم آمریکا به گرانادا با رمز عملیات خشم اضطراری در سال ۱۹۸۳ انجام شد. آمریکا به جزیره‌ای حمله کرد و در عرض چند هفته پیروز شد، محرک این حمله، یک کودتای خونین نظامی بود که منجر به بقدرت رسیدن یک دولت انقلابی به مدت ۴ سال شده بود (متمایل به کوبا). پس از حمله، یک دولت قانونی سر کار آمد. چپگرایان شورشی «جنبش جواهر نوین» در کودتایی در ۱۹۷۹ قدرت را به دست گرفتند و پس از کشمکش قدرت درون حکومتی، در ۱۹۸۳ منجر به برکناری و کشتن نخست وزیر انقلابی، موریس بیشاپ شد (بامداد ۲۵ اکتبر

منطقه و همسایه‌های ما شده بودند و نیز تهدید بزرگی برای دانشجویان آمریکایی به شـــمار می‌رفتند که در یک دانشکده پزشکی داخل جزیره، مشغول تحصیل بودند.

وقتی که انواع مختلف مأموریت‌های جنگی در جریان بود، آنچه رخ داد این بود که: من اولین فرمانده دسته بودم، گروهان آلفا، گردان امنیت نظامی ۳۱۳، لشکر هوابرد ۸۲ هم حضور داشتند. دسته اول، جمع‌آوری اطلاعات سیگنال و میدان رزم الکترونیک ارسال پارازیت بود. در آن ایام، تجهیزات و لوازم در سطح بالا (مشکل و پیچیده‌ای) بودند.

هوابُرد ۸۲، به داخل گرانادا رفت و گردان امنیت بخشـــی از آن نقل و انتقال بود. لنگرها را کشـــیدیم، در آغاز روزهای آشـــفته «عملیات خشم اضطراری[1]»، افراد گردان را به ســـکوی سبز «توقف هواپیما در فرودگاه» و نقش آن‌ها در پایـــگاه هوایی پاپ[2]، حمایـــت از مأموریت واحدهای مختلف درگیر در جنگ گرانادا بود. چندین وظیفه داشتیم، خلع ید کردن کوبایی‌ها، کمک به حکومت (که ماریس بی‌شـــاپ[3] تازه ترور شده بود[4]) بیرون راندن نفوذ کمونیسم به خارج از کارائیب، حفظ ایمنی دانشجویان پزشکی آمریکایی در جزیره که برخلاف اراده و خواست‌شان، نگه داشته شده بودند.

بسیاری از افراد در مجموعه من و دسته پارازیت، بطور استثنائی (مانند مسئول بررسی و جمع آوری اطلاعات، تحلیل‌گر سیگنال، زبان شناس‌ها)

۱۹۸۳). این نخستین عملیات بزرگ آمریکا پس از جنگ ویتنام بود.

1 - Operation Urgent Fury.

2 - Green ramp pope Air force Base.

3 - Maurice Bishop

(که خود را نخست وزیر حکومت انقلابی خلق گرانادا می‌نامید.)

4 - 19 Oct 1983

اسپانیایی زبان بودند. خیلی‌ها اهل پورتوریکو[1]، برخی اهل لس‌آنجلس و یا دو نفر هم اهل نیویورک بودند.

یگان چترباز بی‌مانندی داشتیم. مردان جوانی (شامل خودم) که خوب دوره دیــده و آماده جنگ بودند، آنها جــزو هوابرد ۸۲ بودند و هنوز هم هســتند. آماده هر نوع مأموریتی بودیم، اما گرانادا مانند بسیاری از دیگر جنگ‌ها، موجب شــگفتی (همگان) شــد. گرچه در گرانادا، نظامی‌های کوبایی بطور قابل توجهی حضور داشته، ولی (بیشتر) شبیه ایام مرخصی بود. با یکی از زیباترین سواحل جهان، اما حکایت وقتی جدی‌تر شد، که تحت محاصره قرار گرفتیم و تقاضای کمک کردیم. چند ساعت بعد، افراد گردان من، آرایش گرفتند.

بی‌پرده و صریح باید گفت، نوعی هرج و مرج و آشــفتگی در قسمت مربوطه برقرار بود که قطعاً ستاد فرماندهی هم حال و روز مشابهی داشت.

گروه فرماندهی ما، تحت نظارت سرهنگ دوم تام اوکُنل[2] - در جهان به OC و به عنوان یک رهبر بزرگ شناخته شده است - آرایش گرفته بود.

به عنوان یگان قرارگاه عمده، افرادی را به جلو فرســتاد و اوضاع برای حمایت از دیگر بخش‌های فرماندهی نیروی هوایی تاکتیکی (در گرنادا) به کنترل درآمد. از من خواسته شد تا افراد دسته خودم را آرایش بدهم و به مأموریت بفرستم، نزد فرمانده گروهان رفتم و خواستم افراد باقی مانده را اعزام کند، که در عملیات فعلی، جزو نیروی کمکی باشند و هم اعزام‌شان ضروری بود.

اما گزارش رســیده از گرانادا، کمی نامربوط بود و شــرایط (تا حدی) آشفته به نظر می‌آمد. اوضاع (از قرار معلوم)، بر وفق مراد نبود. بسیاری از

1 - Puerto Rico.
2 - Tam O’Cannell.

فرمانده‌ها هم تأیید کردند. و در آن مرحله، من به گردان خودم برگشتم، که همگی آماده اعزام به مأموریت بودند.

آنگاه، مراحل انتقال سکوی سبز توقف هوایی در فرودگاه (پایگاه هوایی پـــاپ) را تدارک دیدیم به طوری که خودمان جزو بخش بعدی نیروهای اعزامی به گرانادا، باشـــیم. کل این ماجرا (نقل و انتقال) در یک روز اتفاق افتاد و عاقبت در یک طیاره، نزدیکی‌های سپیده‌دمان، به گرانادا رسیدیم.

وقتی که تازه رســـیدیم (و هنوز هوا بطور کامل روشن نشده بود)، همه تجهیزات لازم و ضروری (شـــنود الکترونیـــک[۱] و دیگر تجهیزات لازم اختصاصی) را مســـتقر کردیم و سپس به تپه مشرف به فرودگاه که محل گُردان فرماندهی بود، حرکت کردیم.

و با سرهنگ دوم، اوکُنل روبرو شدم. او، به‌درستی از ورود ما آگاه نشده بود، اما فوراً ملتفت شـــد و دستور داد که (تیم ناظر بر) دستگاه رهگیری صدای ارتفاع پایین[۲] در نقاط اصلی پیرامون پایگاه هوایی را مستقر کنیم. و نیز به گروه رهگیری مخابراتی ما دستور داد که به سمت شهر و جاهای تحت کنترل، مانند شرکت مخابرات بروند و در شبکه مخابرات (دشمن) نفوذ کنند تا ببینید چه اطلاعاتی را کسب و جمع‌آوری می‌کنند.

در اواخر عصر، من و درجه‌دار مُتصدی، به سمت شرکت مخابرات در وسط شهر سن جورج[۳] روانه شدیم.

به شـــبکه مخابرات در داخل جزیره وصل شـــدیم و شنود ارتباطات کوبایی‌ها آغاز شد که (اکثراً) در تلاش بودند تا از جزیره بگریزند و یا به دیگران خبر دهند! چه رخ داده است. زمان و اوضاع خیلی گیج کننده‌ای

---

۱ – SIGINT: (= عملیات شنود اطلاعاتی، جمع‌آوری اطلاعات، بررسی، رمز گشایش، طبقه‌بندی)

2 - LLVI = Low Level Voice Intercept.

3 - St. George’s.

بود، ولی با نگاه به گذشته، استفادهٔ درست از جمعی یگان چترباز بود که در مخیله نمی‌گنجد و ما قادر بودیم که اطلاعات بسیاری برای دایره و رسته مربوطه و تیپ ۲ در بارهٔ کوبایی‌هایی که قصد ترک جزیره از موقعیت کرانه‌ای داشتند، به‌دست بیاوریم - بعدها متوجه شدم که ناوگان دریایی، می‌توانست کشتی مورد نظر برای فرار را متوقف کند.

بعد از قرار گرفتن در محیط این شهر، به کاوش و تحقیق بیشتر پرداختیم. در مناطقی که به نظر می‌آمد جنگ است و یا در برخی مدارک و عکس‌های بدست آمده و یا بطور شفاهی «در بین ساختمان‌ها و ویلاهای اطراف پخش شده بودند. البته چیز با ارزشی هم پیدا نکردیم، اما متوجه شدیم که چه چیزهایی را از دست دادیم وقتی که به این نوع از اطلاعات اعتنایی نکرده بودیم که ممکن بود در برخی اسناد به دست می‌آمد، اما تصور می‌کردیم بدست آوردن آنها در برخی خبرها، حداقل ارزش جنگی داشتند.

پس از ۵-۴ روز، به مرکز هوایی برگشتم و اطلاعات جمع‌آوری شده تیم اطلاعات سیگنال را بررسی می‌کردم. خودم و یکی از افراد تیم در گوشهٔ منتهاالیه غربی فرودگاه بودیم.

مکانی عالی بود که می‌شد شهر را بطور کامل دید، و بر بخش‌های غربی و جنوبی جزیره هم مسلط بود. توانستیم، بطور اساسی، از نظر الکترونیکی، ارتباط‌ها را بشنویم و ببینیم.

در این مکان، که در بالای صخره (کنار دریا) قرار داشت، به من اطلاع داده شد که در نوار ساحلی دو نفر با مشکل جدی روبرو شده‌اند. به سمت صخره رفتم و دیدم دو سرباز که یک کلک (با الوار شناور) را از ساحل برداشته و به قصد شنا رفته بودند، اما جریان شدید آب آنها را پرت کرده و وحشت‌زده بودند.

فقط چند ساعت از روشنایی روز باقی مانده بود. سال‌ها نجات غریق بودم و همیشه از زمانی که به یاد دارم، در مسابقات شنا رقابت کرده و یا در موج سواری با تجربه بودم. همیشه هم اقیانوس را دوست داشته‌ام. موقعیت‌های حساس را در بعضی از طوفان‌های دریایی و گردبادها و موج‌ها تجربه کردم و همچنین بارها از صخره‌ها و پل‌های مرتفع، شیرجه زده بودم.

یک بار، در ایام خودسری و تمرد (جوانی) که تندرو و افراطی هم بودم، نظامی سربازبر رُدآیلند به زیر همان پل آمد که من از آن به داخل آب می‌پریدم. وقتی به سمت کرانه شنا می‌کردم، نظامی سربازبر به من گفت: که کشتی‌بان گفته «یکی از پل پرید پایین و فکر کنم که من مرتکب یک قتل شدم!»

(اصلاً) جای تعجب نداشت، چون آن پل خیلی مرتفع بود - شاید حدود ۷۰ فوت (۲۱/۵ متر) ارتفاع داشت - خلاصه به من گفت که از این کار (ماجراجویانه) دست بکشم و به خانه‌ام بازگردم. (البته) همین کار را هم کردم، ولی آن روز در گرانادا به ذهنم خطور کرد که از آن مهارت مفید، استفاده کنم.

در این حین، متوجه شدم که آن دو سرباز واقعاً در موقعیت بدی قرار گرفته‌اند، و یکی از آنها هم شناگر قابلی نبود، به سرپرست تیم همراهم گفتم که به گردان اطلاع دهد که من برای نجات آنها می‌روم، و نیروی کمکی را فرا بخوانند.

از بالای صخره که درست در نقطه جنوبی فرودگاه قرار داشت، و شاید از حدود ۴۰ فوت (۱۲/۲ متر) ارتفاع داشت و آب هم گرداب‌وار، می‌چرخید شیرجه زدم. بعد به سمت سربازها شنا کردم. به آنها گفتم که الوار شناور بر آب را (محکم) بگیرند، که البته باد آن هم خالی شده بود

و دیگر قابلیت شـــناوری و غوطه‌وری در آب را هم نداشـــت که کمکی برای آنها باشد. به آنها گفتم که هر کدام‌شان را جداگانه به سمت صخره می‌آورم، تا در لبه آن که از داخل آب هم معلوم بود، قرار بگیرند.

فوراً، تصمیم گرفتم نفر اول را هدایت کنم و طبعاً با آن کسی که شنایش خوب نبود، شروع کردم، حدود ۵۰ متری شنا کردم تا به صخره رسیدیم. با استفاده از جزر و مد و موج‌هایی که روی صخره شکسته می‌شد، به جایی بُردم که بتوانند بنشینند و منتظر نیروهای کمکی باشند.

هیـــچ راه دیگری نبود که هر کدام از ایـــن دو نفر، بتوانند انجام بدهند و خودشـــان به تنهایی به ســـاحل بازگردند، (دیگر) توان شنا کردن هم نداشتند. هر دو درمانده و خسته بودند و اوضاع بخش عقبی جزیره، بسیار قاراشمیش و متغیر بود.

هر دو را به صخره رساندم و توانستند بیرون از آب قرار بگیرند و کمی آســـوده باشـــند. اما خودم، همه آن زمان را داخل آب بودم و راه می‌رفتم تا نیروهای کمکی از راه رســـیدند و دیگر هوا رو به تاریکی می‌رفت. در شامگاه، هلیکوپتر امدادی از راه رسید و هر سه نفر ما را نجات دادند.

به مناســـبت، هر دو ســـرباز از واحد هلیکوپتر بودند که آن زحمت و دردسر را برای همه ما ساخته بودند. چون من هنوز داخل آب بودم، اول مرا بالا کشیدند، بعد، بطور باور نکردنی عضو تیم نجات دوباره برگشت و آن دو سرباز دیگر را نجات داد و کل ماجرا، نیم ساعتی طول کشید.

وقتی صحیح و ســـالم داخل هلیکوپتر رفتیم، مـــا را به فرودگاه منتقل کردند و ســـپس به چادر امداد بردند و پرستاری کردند. من فقط چند تا ســـوزن تیغ (لعنتی از سنگ‌های کف ساحل) داخل پاهایم فرو رفته بود، که با شستشو و ضد عفونی، درد آن کاهش پیدا کرد و پانسمان کردند، و دوباره چکمه‌هایم را به پا کردم و به نزد آن دو سربازی رفتم که آنها را از

دریا نجات داده بودم، حالشـــان را پرسیدم و هر دو از من ممنون بودند. و سپس من به سمت تیم مرکز استراق سمع بازگشتم که در انتهای فرودگاه قرار داشت.

حدود ساعت ۱۱-۱۰ شب بود که به آنجا رسیدم. و چه روز طولانی را پشت سر گذاشته بودم. سرهنگ اکُلنل، روز بعد، سر و کله‌اش پیدا شد و از من خواســـت، که برایش توضیح دهم که چه اتفاقی افتاده است، ظاهراً از شـــبکه رادیویی یکی از بخش‌ها ردیابی کرده بود و طُرفه این که افراد خودمان، رد خود ما را گرفته بودند!

چند روز بعد هم عملیات داشتیم، تا اینکه، بسرعت و با رعایت همان اوج انضباط که واحد به مأموریت اعزام شده بود، به خانه و خاک وطن بازگشـــتیم. درســـت، یک ماه را در جزیره گذرانیده بودم. خود عملیات، آشفته بود اما (بر این نکته) اشاره داشت که چقدر ضرورت دارد تا نیروهای نظامی ما عملیات مشترک بهتری را به منصه ظهور برسانند. بهرحال نکات بسیاری را آموختم.

- و این که چقدر اطلاعات جزئی در این نوع از عملیات، باید مورد توجه قرار بگیرد.
- یا اگر از این نوع عملیات داشتید، یا باید کلاً در آن اندیشه فضای عملیات غرق شوید و یا اینکه در خانه بمانید.
- عملیات مشترک، آشفته بازار است. دستورات خاص خودمان را دادیم و مشکل کنترل در هوابرد ۸۲ داشتم، که البته یکی از بهترین‌های ما هم بود.
- ســـربازان به خود متکی باشند و رهبران و فرماندهان به آنها باور داشته باشـــند. ما این بخت را داشـــتیم که اعتماد زیادی مابین افراد گردان ما وجود داشت.

همچنین آموختم که صبور باشم و همکاران خودم را درک کنم. چندان ساده نبود، اما هرگاه، خواسته‌ام کسی را شماتت کنم، که مثلاً اسباب دردسر باشـد، نفسی عمیق کشیده و به یاد اُکنل در ۱۹۸۳ افتاده‌ام (که رفتارش با من چطور بود).

وقتی از اُکنل شنیدم که چگونه مأموریت‌ها به وی اطلاع داده شده است، البته فقط به داخل هواپیما پریدم بدون آنکه دستوری به من رسیده باشد، که طبعاً می‌توانستند من را آناً از ادامه خدمت مرخص کند!

با خوشحالی، دوباره بررسی می‌کرد و آنچه را می‌دید که دوست داشت ببینـد. تجربهٔ صبوری و پندار او و رهبری بی‌نظیرش تحت فشـارهای مختلف را نداشـتم، من فقط، در میدل تاون، رُد آیلند، تخته موج سواری کرده بودم.

وقتی به جوان‌ها مشـاوره می‌دهم، همیشه جمله‌ای از وی را یادآوری و ذکر می‌کنم «که رهبر، مسـئول کمک به دیگران است که چیزی را در خودشان می‌بیند و سپس آن استعداد نهانی و بالقوه‌شان را بحد اعلا برسانند»

خودش برای من چنین بود. به قول مشـهور، مبادا چنین برداشت شود که شـخصی ضعیف و سسـت عنصر است و چه بسـیار سرزنش‌ها و زخم‌زبان‌هایی که از وی شنیده‌ام که مطلقاً در خانه پدری هم نشنیده بودم!

آیا یک چیزی خاص مربوط به اهالی رُد آیلندی است که آن هم مختص استقلال و سختی آن منطقه باشد؟ مانند برخی از حکایات، حکایت گرانادا (هم)، غیر قابل کنترل بود. برخی می‌گویند که من از دستورات، سرپیچی کرده‌ام، اما هرگز چنین نکردم. اگر این کار به داخل هوا پریدن و به جنگ رفتن، اسمش را تخطی می‌گذراند، بله چنین کرده‌ام!

اگر برای نجات یگان چترباز نمی‌بود، احتمالاً به دادگاه نظامی فراخوانده می‌شدم... هر چند شک دارم... باور کنید، توبیخ اُکنل (به مراتب) بدتر از

دادگاه نظامی بود، که بارها مرا توبیخ کرده بود.

هر چند، دسته ما در گرانادا، خوب ظاهر شد. فقط چند هفته آنجا بودیم و کوبایی‌ها در هیچ چیزی فعال و موثر نبودند. کلاً، افسانه و اسطوره ماموریت فلین به گرانادا، در مابقی دوران خدمتم همچنان با من زیست اما وقتی به عقب می‌نگرم، این آنچه بود که می‌شود از یک فرمانده جوان دسته توقع داشت. هم نتایج موفقیت‌آمیز بود، هم تجربه به من آموخت که به افسران جزء و درجه‌داران باید فرصت اثبات مانور و عرض اندام داد.

آنها کلید پیروزی در جنگ‌های مدرن بودند، که بعدها خود را در جنگ‌های عراق و افغانستان اثبات کردند. یک نکته بارزتر، ایدئولوژی و مسلکی است که کنترل برخی رژیم‌ها و جنبش‌ها را بدست می‌گیرد و فهم و درک آن در جنگ و نبرد امروزه ضروری است. به اسناد زیادی در گرانادا دسترسی پیدا کردیم. البته به واشنگتن منتقل شدند، و امروزه در مرکز آرشیو ملی[1] نگهداری می‌شوند.

آنها با توجه زیاد به جزئیات، خصوصاً در باره تلقین فکری به توده مردم و ساکنین آن محل، و رابطه نزدیک با مسکو، (که البته بسیار مرتبط با هم بودند) حکایت از یک داستان سحرآمیز و مهم دارند.

مانند جماهیر شوروی، کمونیست‌های گرانادا، به پیروزی غایی خودشان باور داشتند، حُکم تاریخ آن را تضمین کرده است - و آنها می‌خواستند مطمئن باشند که سهم آنها در حکایت ماجرا، بطور شایسته بازگو خواهد شد.

امروزه روز، اسلامی‌های رادیکال (و تندرو) همان اعتقاد راسخ را دارند، و بطور مشابه کوشش می‌کنند تا نیت و رفتارشان را متکی به مدرک و

---

1 - National Archives

ســـند نشان دهند. همانطور که به نشریه آلمانی اشپیگل[1] در اواخر ۲۰۱۵، که بحث‌مان درباره دولت اسلامی (یا داعش) بود گفتم که: «آنها همه چیز را مُستند می‌کنند. خیلی هم در این زمینه، فوق‌العاده هستند. در استخدام و جذب نیروهای‌شـــان، درباره سابقه‌شان می‌پرسند، اینکه با رسانه‌ها چه رابطه‌ای دارند، با سلاح چطور؟ این نوعی از توانایی سازمان‌دهی است که به یک نیروی خیلی غیرمعمولی و خلاف عرف مبدل شده».

تشـــابه‌های زیادی بین این رادیکال‌های خطرناک، تبهکار و شـــرور و جنبش‌های حکومت مطلقه دیکتاتوری در برخی کشورها وجود دارد و تعجبی ندارد که ما با یک ائتلاف بین اسلام‌گراهای رادیکال و رژیم‌های هاوانا، کره شـــمالی (پیونگ یانگ)، مسکو و چین روبرو هستیم: هر دو (قشـــر) باور دارند که "تاریخ و الله" تلاش‌های آنها را می‌بخشاید، چون می‌خواهند اطمینان داشته باشند که این حکایات مجلل و باشکوه به دقت (و البته با اغراق و بی‌عیب) بازگفته می‌شود[2].

گرانادا به نقطه غیرقابل بازگشت در جنگ سرد مبدل شد. چون اولین جایی که امپراطوری روس بخاطر شکست رژیم کمونیستی وارد و سپس خارج شد.

طبق دکترین برژنف[3]، دکترین مشهور شده به نام دیکتاتور سابق شوروی لئونید برژنف[4]، وقتی کشـــوری، کمونیسم (یا مرام و مسلک اشتراکی) را پذیرفت، حکم و قانون تاریخ، چنین اســـت که هرگز سیســـتم سیاسی، نمی‌توانـــد اثر آن را تغییر دهد. اما گرانادا، ثابت کرد که این دکترین، غلط

1 - Der Spiegle (29.Nov.2015)

۲ - پرویز ثابتی، ایرج آرین‌پور: کمونیست‌ها و اسلامی‌ها، دو روی یک سکه‌اند رفتارهای مشابهی دارند و هر دو در تلاش برای تسلط، انکار و خودبزرگ‌بینی‌اند.[کتاب: ۱۳۵۷ و شبکه فراملیتی ترور، قانعی‌فرد، شرکت کتاب]

3 - Brezhnev Doctrine

4 - Leonid Brezhnev.

از آب درآمد!

پس از گرانادا، به یکی از ۳ مرکز مأموریتی آموزشی رفتم و دور دوم در فورت هاچوکا (مرکز اطلاعات نظامی) بود. به عنوان یکی از مدرس‌های اطلاعات (در نزاع‌های کم حجم) و عملیات چند ملیتی منصوب شـــدم. جدول زمانی آن که با اشـــغال افغانستان توســـط شوروی[1] مصادف بود، همراه شد و ما هم مانند شاهین، عملیات آنها را نظاره می‌کردیم. تا جایی که توانستیم، دربارهٔ ضربه خوردن آنها، توسط دشمن و حریف نه چندان منظم خود، یعنی مجاهدین، بررسی می‌کردیم تا شناخت پیدا کنیم. البته مجاهدین هم، ۲۰ سال بعد، جزو دشمنان ما شدند. سپس من در پاسیفیک[2] - رســـته پیاده نظام ۲۵ - مأموریت یافتم. نسبت به انواع دشمنانی که در کناره اقیانوس آرام و آسیا چشمانم را گشود. دشمنان بسیاری بودند و هنوز هم وجود دارند.

یک مأموریت سازنده و از نظر اطلاعات تاکتیکی، مهم و آموزشی بودند، ســـپس من ترفیع گرفتم، و به (پایگاه) فورت برگ[3] (جایی در کارولینای شـــمالی - که ۱۶ ســـال از مجموع ۳۳ سال خدمتم را در همه درجه‌ها از سرهنگی به تیمسار سرتیپی، در آن‌جا گذراندم)، بازگشتم.

دیگر تابستان ۱۹۹۴ شـــده بود، و در کارائیب و دیگر جزیره‌ها، دوباره مأموریت‌هایی پیش آمد. و بعد به هائیتی رفتم، آن هم در یک عملیات که برای حمایت از دمکراســـی بود. من مسئول طراحی جنگ بودم. فرمانده عملیات، در لشگر هوابرد ۱۸، شدم و سرانجام با دان مک نیل[4] که به ژنرالی ۴ ستاره رسید، همکاری کردم.

1 - Soviet - Afghan War (Dec.24.1979-Feb.15.1989)

2 - Pacific S. Tropic - Lightning

3 - Fort Bragg.

4 - Dank. Mcneill.

بـــه اندازه کافی بخت با من یار بود که برای ســـومین بار در زمان‌های حســـاس و مأموریت‌های خطیر در اواخر دوران خدمتم، با وی همراه و همکار باشم. اگر افسری در دوران خدمت من، بیشترین تأثیر و نقش مفید را در موفقیت‌هایم در ارتش داشته باشد، قطعاً آن شخص "مک نیل" است، و لاغیر.

هنوز هم به عنوان، یکی از رهبران ارشد، قابل و توانای رزمی، مطرح و در بین نیروهای مشترک قابل احترام است. ۴ ستاره را در خارج از پنتاگون[1] بدست آورد. و الگویی از یک رهبر عالی با (صفات خوب) و روحیه قوی است فرماندهی کل نیرو در آن زمان، سرتیپ هوگو شلتون[2] بود، بعداً که به ریاست کل ستاد ارتش منصوب شد. یک فرمانده با وقار (و عالی) بود. آخرین مرحله عملیات را برای تســـخیر هائیتی طراحی کردیم. و متعاقباً جنگ با نیروی نظامی هائیتی بود، (یک گروه درجه ســـه از آدم‌کش‌ها و جانی‌ها) و همچنین گروهی از کوبایی‌ها که در جزیره حضور داشتند، اما اولین تجربه من در عملیات مشترک و غیرمعمولی و چند ملیتی (در سطح نیروی مأموریت مشـــترک از نیروهای مسلح) به شمار می‌رفت. هائیتی جایی مملو از بدبختی و سیه‌روزی بود. ولی تجربه زیادی اندوختم.

مقدار زیادی از نحـــوهٔ توجه به عملکرد امنیت در مأموریت جنگی را آموختم، بیشتر از آنچه به عنوان فرمانده دسته در گرانادا تجربه کرده بودم.

آموختـــم که چگونه می‌توان اطلاعات و عملیات را با هم همراه کرد و آموختم که چگونه نیروی شورشـــی کوچک، می‌تواند، برای یک نیروی نظامی منظم و بزرگ‌تر، بخاطر شناخت بومی و فیزیکی از زمین جنگی، مزاحمت و مانع ایجاد کند و نیز آموختم، تا چه اندازه جامعه اطلاعاتی – امنیتی آمریکا، بطور غیرکافی در حمایت از جنگ عمل می‌کند. از اطلاعات

---

1 - Pentagon.

2 - Lieutenant General Hugo Shelton.

(نظامی) ملی[1] اندک آموخته بودیم، چیزی که سال‌های بعد در جایی به نام عراق، به چشمان خویش دیدم.

پس از بازگشت از مأموریت هائیتی، به یک دیدار با مک نیل دعوت شدم که تصور کردم دیداری عادی و دوستانه است. اما شگفت اینکه، به من گفت به فورت پولک[2] در لوئیزیانا مأموریت داده‌اند. جایی که برای بومی‌ها، بخاطر فراوانی حیات وحش، به آن مرکز مار می‌گویند. در آن زمان، یک چیز خیلی غیرمعمول بود.

هنوز ۶ ماه، از بازگشتم از «برگ» نگذشته که دوباره به من مأموریت جدید خورده بود. گفتند به سرپرستی نیروی انسانی خودم را معرفی کنم و اطلاعات مربوطه و لازم را در اختیارم قرار خواهند داد. حس می‌کردم تبعید شده‌ام!

در فورت پولک سخت احساساتم تحریک شد. یک مربی اطلاعات نظامی ارشد، از خدمت مرخص شده بود و من به جای او تعیین شده بودم. وقتی بیشتر دقت کردم، متوجه شدم که دو نکته غیرمعمول وجود دارد اول اینکه آن شغل به طور معمولی در اختیار یک سرهنگ دو و فرمانده گردان سابق قرار می‌گرفت، که تجربیات به مراتب بیشتری از من داشتند، (و من هنوز برای آن کار، درجه پایین‌تری داشتم، و دوم آنکه در کمتر از یکسال، از یک پایگاه به پایگاه دیگر در داخل خاک آمریکا، انتصاب مجدد می‌گرفتم و به طور طبیعی مأموریت‌های یکساله کمتر به جاهایی مانند کره تعلق داشت).

ولی این امر عجیب و شگفت‌انگیز رخ داده بود و وقتی به خانه رفتم تا به همسرم اطلاع بدهم که به فورت پولک مأموریت گرفتم، نزدیک بود

1 - National Intelligence.

2 - Forth Polk - Louisiana.

مرا بکشد!

مجدداً، چیزهای دیگری از دورهٔ جدید خدمت آموختم! برای من، این تجربه آموزنده، چیزهای دیگری در بـــارهٔ خودم، خانواده‌ام، توانایی‌هایم آموخت و اینکه در حس اعتماد خودم نسبت به ارتش و نهادهای خودمان تجدید نظر کنـــم. این ادراک و فهم من بود، در آن زمان، تصور می‌کردم، دورهٔ خدمت من پایان یافته و باید روزهایم را در «مرکز مارها» بگذرانم.

هر چنـــد با مأموریت در پولک، بازی تغییر یافت. افتخار و مزیتش آن بود که برخی از بهترین رهبران نظامی ما (و دریغا، برخی از بدترین‌شان) را ببینم و در کنارشان کار کنم. در بین بهترین‌شان افرادی مانند ستان مک کریســـتال[۱]، دیوید پترایس[۲]، جی آر وینس[۳] (بازنشسته ۳ ستاره و فرمانده نیروی بین‌الملل کمک به امنیت[۴] در افغانســـتان) بودند. ممکن نبود که با چنین غول‌هایی کار کنی بدون آنکه تعهد و الزام جدی نسبت به انجام هر کار ممکن نداشته باشی و چیزهایی به آنها عرضه نکنی که برای پیروزی نیاز داشتند و این از دیدگاه من، آشکار و مشهود بود که اطلاعات نظامی (در دســـترس) و در کل، همه آن چیزهایی که آنها می‌خواســـتند، تأمین نمی‌کرد.

با قدرت بسیار تمرکز کرده بودیم و هنوز می‌خواستیم درباره شوروی فرو پاشـــیده، نکات بیشتری بدانیم، روی جنگ تانک‌ها و... مطالعه کنیم همان دشـــمنی را جســـتجو کنیم که با ما در میدان‌های دیگر می‌جنگند. ارتش ما مشـــکل داشت، این که سیستم اطلاعاتی را تغییر بدهد. ما برای جنگ‌های زمینی بزرگ در جنگ جهانی دوم آن سیستم را طراحی کرده

1 - Stan Mc Chrystal.

2 - David Petraus.

3 - J.R. Vines.

4 - ISAF.

و آموزش داده بودیم و تعییر چندانی هم نکرده بود، حتی در جنگ ویتنام بخاطر شبکه درست ســـازمان یافته شده، ضربه خورده بودیم. چه بسیار بحث‌هایی طولانی، شـــبانه در پولک در بـــاره موضوع «چگونه باید علیه نیروهای پارتیزان و جنگجوهای غیرنظامی بجنگیم؟»، می گذشت و اینکه «چگونه باید رابطها و وسایل ارتباطی که شبکه موثر را تشکیل داده‌اند، از بین ببریم و سپس قطعه به قطعه، آنها را نابود کنیم؟»

این (نقطه)، آغاز توســـعه یک سیستم مؤثر واقعی برای پیروزی در بین جنگ‌هایی بـــود که به فن‌آوری جدیدتر و بهتری نیاز داشـــتیم، افزایش سرعت نیروهای ما از نظر زمانی مهم بود نه از نظر عملیاتی.

افسران اطلاعاتی زرنگ و دانا و دارای مهارت داشته، و اینکه رهیافت و روش نوین جنگی داشته باشیم. تصمیم‌گیری درست در جهت عدم تمرکز قرار دادن استعدادها بخاطر افزایش حداکثر تأثیر سربازان آمریکایی، اتخاذ شود و ... خلاصه کلام آن بود که سیستم اطلاعات، اهمیت قابل توجهی دارد و من هم چنین نظری داشتم و بدان خاطر هم آنجا بودم!

این روش نوین، شـــکل جدید به خود گرفت و تحت فرماندهی مک کریســـتال در عراق، یک دهه بعد، اجرا شد. موجب رشد توانایی نیروی اجرای عملیات ۷۱۴ شد.

اما به سرعت، این رشـــد، رُخ نداد. و تا زمان اجرای عملیات در عراق متوجه اهمیت آن نشدیم یعنی تا در آن جا درگیر نشدیم، متوجه نبودیم که در حال از دست دادن خیلی چیزها هستیم، حالت اجرایی و عملی به خود نگرفت. قطعات لازم در مقتضی به هم وصل شدند. در بین چیزهایی که من برای سیســـتم اطلاعاتی برای نیروهای مشترک به یادگار گذاشتم، و برای آن دســـته از فرماندهانی که در مراکز آموزشی نخبگان در فورت پولک می‌چرخیدند، به ندرت مورد اســـتفاده قرار گرفته بود که به نتیجه

مطلوبی برســد و برای دو دههٔ جنگ‌های بعدی هم تعیین کننده باشد. به طور ساده‌ای آن را «الگوهای تحلیلی» نامیدم.

ایــن «الگوهای تحلیلــی» از نوع مفصل - بغیــر از جزئیات - در کار اطلاعاتی، نیازمند، خرابی کامل ساختار خانهٔ دشمن است. تقریباً مانند یک دکتری که برای یافتن علاج به یک بیمار آسیب می‌رساند.

در بررســی آن ایام، ۲ سال آموزش و ۲۰ تیپ جنگی در فورت پریک، می‌بینم که این کار، عاقبت به نتیجه نهایی رســید، خصوصاً آن وقتی که جنگ علیه القاعده و یا از آن قماش را شروع کرده بودیم. نکته دیگر در این مأموریت، مرکز آموزشی آمادگی مشترک در فورت پولک بود که آموختم چگونه چقدر اطلاعات انســانی و سیر بازپرسی و بازجویی ما بی‌فایده و غیرموثر است.

اساساً، وجود خارجی نداشــتند، به طور (خیلی) ناچیز عمل می‌کرد. و باید بــه آموزش عملی که ما انجام می‌دادیم، مبدل می‌شــد (و یا بعد بصورت متن تهیه می‌شد). من مشکل را حل کردم. اما این نوع از اطلاعات به صورت جدی اخذ نمی‌شــد تا زمانی که ما عراق را اشــغال کردیم، و اشتباهات فاحشی در قضاوت در جایی مانند ابوغریب[1] رخ داد. که هنوز هم تأثیرات آن باقی است.

یک راه طولانی در بر داشــتیم. اما مهم نبود، چنانکه هدف برجسته و مهم باشــد. ما می‌توانیم خودمان را سازماندهی کنیم، مهم نبود که چقدر در تمرکز روی موضوع‌ها دقیق هستیم، نیاز اساسی برای اطلاعات درست وجود داشت. و الزام کلی به واقعیت بود. می‌دانم که شاید خیلی مشهود و مشخص به نظر می‌رســد و هر آمریکایی معقولی تشخیص بدهد که اطلاعات غلط، خودبخود به تصمیم نادرســت اســتراتژی غلط و حتی

---

1 - Abu Gharib.

شکست منتهی می‌شود. هنوز هم بسیاری از افسران اطلاعاتی مشهور ما، چه نظامی و چه غیرنظامی، به دنبال شیوه‌هایی در جهت تفسیر و توجیه با استدلال عقلی هستند، یا برای سیاستگذاران ما یک مجموعه اطلاعات نادرست را منطقی جلوه بدهند و یا عقلاً توجیه کنند.

اگر می‌خواهید که متوجه باشـــید چگونه کار می‌کند، شاید با جزئیات بیشتر از آنچه وقت شـــما اجازه می‌دهد، کتاب شاهکار کوچکی دربارهٔ اطلاعـــات مربوط به ایام جنگ ویتنام را مطالعه کنید که در کتاب «جنگ ویتنام[۱]، جنگ ارقام» نوشتهٔ تحلیلگر CIA، که بطور شایسته و با مسمایی، اسمش سام آدامز[۲] هســـت، آمده است. آدامس به‌دقت اطلاعات ما را در ویتکنگ[۳] مطالعه و بررسی کرد، و دریافته که اگر آمار و ارقام درست باشند. برخی چیزها نادیده گرفته شده، از ارقام مربوطه به مرگ و میر و غیبت و فرار خدمت وظیفه، که فراتر از ارقام نفرگیری است. احتمالاً اشتباه باشد و آدامس، بی‌رحمانه، مهملات بی‌معنی از ۱۰ سال بعد به نمایش گذاشته، که هیچ سود و فایده‌ای ندارد به ما نشان داده است.

سازمان سیا و ارتش، ارقام و اعداد مربوط به خودشان را دارند، و ارقام نشانگر آن است که ما در جنگ پیروز شدیم و آن را هم تغییر نخواهیم داد. البته اگر حق ما آدامز باشد، و اما تعداد افسران بارها و و بارها تأیید شده. حالا چطور این مساله قابل حل است؟

بخشـــی از پاسخ این است که ادعای جامعه اطلاعاتی، در بارهٔ دستاورد و بهره‌وری لیندون جانسن[۴]، رئیس جمهور آمریکا، و فرماندهان کل - که وست ویلیام و وست مورلند[۵]، مشهورترین آنها هستند - در افکار عمومی

1 - Vietnam War, War of Numbers.
2 - Sam Adams
3 - Vietcong
4 - Lyndo - Johnson
5 - William Westmoreland

صادقانه نیست، که ویت‌کنگ، پیروزی آمریکا را کوچک جلوه بدهد. پس هر وقت امثال آدامز و دیگران، اطلاعات دقیق‌تری ارائه بدهند - و نشان بدهند که دشمن قوی‌تر از ما بوده - کنار گذاشته می‌شود.

امروزه ما این مسأله را سیاسی کردن اطلاعات[۱] می‌نامیم، اما قدیمی‌تر آن است که «اخبار بد را به مافوق خود نرسان». لابد شما هم نمی‌خواهید آن قاصد خجل و بد باشید. و به این دلیل، سکوت اختیار می‌کنید. این، آن چیزی است که ظاهراً امروزه در جنگ ما علیه اسلام رادیکال، رواج دارد و از بلندپایه‌ترین جای دولت ما شروع می‌شود. رئیس جمهور به رنگ مطلوب درمی‌آورد و به اولویت‌هایش توجه دارد. برای من، البته جای تعجب و شگفتی نیست. سیاست‌گزاران در هر دو دولت جرج بوش[۲] و باراک اوباما[۳]، خواهان شنیدن اخبار بد نیستند. خصوصاً در جریان نقش مُخرب (جمهوری اسلامی) ایران در جنگ (مربوطه)، مشهود بود!

در بازبینی ایام قبل، لااقل جرج بوش در همین اواخر، این نکته را تشخیص داد که ما در جنگ علیه القاعده در عراق در شرف شکست هستیم و تصمیم گرفت که استراتژی را تغییر بدهد. علاوه بر دیگر خطاهای استراتژیک و راهبردی در قضاوت که توسط هیات اجرایی دولت او رخ داد، این تغییر رویکرد و دگرگونی مهم در تعویض رهبران، ما را به پیروزی در عراق رسانید. اما فایده نداشت، چون پیروزی موقت است، اگر شما موفقیت‌تان را نگه ندارید (و راه درست را ادامه ندهید)! هر کسی که اندک توجهی به وضعیت غیرقابل حل خاورمیانه داشته باشد، تشخیص می‌دهد که امروزه، اشتباه فجیع در قضاوت، آن هنگامی بود که اوباما، تصمیم نادرست و شوم بیرون کشیدن نیروهای آمریکایی از عراق

1 - Politicization of intelligence.

2 - George Bush

3 - Barack Obama

را در سال ۲۰۱۱ اتخاذ کرد. تصمیمی که به ظهور دولت اسلامی یا داعش منتهی شد و کل عراق را گرفتند. و نیز رشد خطرناک جنگ نیابتی در عراق که کل منطقه را گرفتار کرد گرچه کار امنیت، کار فکری است. بسیاری از اطلاعاتی که من به فرماندهان در سال‌های خدمتم به عنوان افسر امنیتی ارائه داده‌ام، خبر بد بوده‌اند.

ممکن است به رشد جهندگی توجه کنید و یا اینکه ابتکار و مهارت را در تعیین یک تیم بالا ببرید، اما با احترام، من با رهبران بی‌نظیری در ایام خدمت کار کرده‌ام، که قضاوت و توصیه‌های مرا ارج نهاده‌اند.

به قولی، من از کسانی که حقیقت و واقعیت را تحریف می‌کنند، به خاطر اینکه مافوق‌شان را خوشحال نگه دارند، نفرت دارم. حتی خودم، با همکارانم، این بازی را نداشته‌ایم.

آخر الامر، ما می‌توانستیم که اسباب پیروزی و استراتژی درست علیه القاعده عراق را فراهم کنیم، به شرطی که با واقعیت روبرو می‌شدیم، حتی اگر تلخ و ناخوشایند بود. اما همانطور که در آغاز گفتم، همیشه اینگونه راحت بوده‌ام که یک شخصیت استثنایی باشم و در قالب معمول یا عرف موجود در جامعه قرار نگیرم.

همواره مستقل بوده‌ام و چنین خواهم ماند.

فصل دوم

جنگیدن

جنگ عراق، نوعی قالب یا الگو بود برای آنچه که (بعدها) در افغانستان و سوریه گذشت.

گرچه ما (از نظر زمانی) اول در افغانستان بودیم و در ابتدای (امر) پیروز شدیم، اما سعی و تلاش اصلی ما در جنگ، بیشتر روی عراق متمرکز بود و حتی شاید می‌توان گفت از نظر اولویت، عراق مد نظر بود.

وقتی که جنگ آغاز شد، ما چشم‌انداز و یا حتی می‌شود گفت، در افغانستان دیدگاه‌مان را نسبت به آنچه نیاز داریم، از دست دادیم. بر خلاف فرماندهان کبیر و سربازان تنومندی که به صحنه جنگی فرستاده بودیم، به سرعت، همه چیز ما صرف عراق شد.

عملاً تمام منابع ما، و لااقل بهترین تسلیحات را، برای جنگ با دشمن در عراق فرستادیم، دشمنی که در حملات تروریستی ۱۱ سپتامبر، کاری نکرده بود.

و دشمن ما یک ارتش خارجی در نوع جنگ معمولی نبود. یک جنگ پارتیزانی بود. دشمن، یک شبکه گسترده از جنگجویان و عناصر درگیر در جنگ داشت که ضمناً مأموریت‌شان کُشتن ما بود.

ما با یک شبکه جنگی، شامل جنگجویان خارجی اصولاً از قبایل محلی کشورهای عربی بودند و آدمکش‌های جمهوری اسلامی ایران و عملیات اطلاعاتی - امنیتی که آموزش، تأمین مالی و کمک تسلیحاتی را

به دوستان‌شان در عراق داشتند، روبرو بودیم.

مـــا برای این نوع جنگ انقلاب گونه، آمادگی نداشـــتیم، فرمانداران و ســـربازان، باید از جزئیات مطلع می‌شـــدند، که چه کسانی علیه ما به پا خواســـته‌اند. به یک فهم درســـت و روشن نیاز داشتند تا فعل و انفعال و عکس‌العمل متقابل دشمن را درهم بشکنند. آیا ما با آثار و بقایای دولت بعثی صدام حسین می‌جنگیدیم؟

آیا با یک قیام ملی علیه خودمان روبرو بودیم، و یا با یک نیروی خارجی اشغالگر دست و پنجه نرم می‌کردیم؟

آیا رهبران ملی یـــا قبایل، قومیت‌ها، مذاهب و بخش‌های بومی منطقه در داخل کشور بودند که ما (سریعاً) نیازمند نوعی تاکتیک‌های (جنگی) مختلف برای برقراری نظم بودیم؟

در میدان رزم سنتی، ارتش‌ها تصمیم می‌گیرند که بازنده و برندهٔ میدان جنگ چه کسی است. یک طرف برنده و طرف دیگر بازنده است. پیروز و مغلوب داریم. نه فقط در جنگ‌های پارتیزانی، بدون درک مستقیم و یا از راه بُرهان خُلف، تا شما بهتر باشید - دشمن‌های بسیاری را از بین ببرید و یا دستگیر کنید - ولی اتفاق‌های ناگوارتر در راه خواهند بود.

فقط به روس‌ها در افغانستان نگاهی بیندازید. تا توانسته‌اند، افغان کُشتند و بی‌شـــمار افراد افغانی و جهادی خارجی را تارو مار کردند. وقتی که به پایان رسید، تعداد دشمنان خارجی به مراتب بیشتر از قبل شده بود. چرا؟

جهادی‌ها می‌گفتند، که اگر شـــما یکی از آنها را بکشید، ده جنگجوی جدید به سرعت، جای خالی آنان را پُر خواهند کرد.

هرچند جنگ عراق غیرمنظم‌تر و غیرمعمولی‌تر بود، ما اشراف بر امور داشـــتیم. قصه افغانســـتان، چیز دیگری و کاملاً متفاوت (با عراق) بود. می‌دانستیم که شوروی، افغان‌های بی‌شـــماری را کشته است. اما در ایام

عقب‌نشینی، آنها شورش و یاغی‌گری بیشتری را به جا گذاشتند.

بطور واضح، ما به آن ســـادگی دشمنان‌مان را می‌کشتیم، حتی رهبران ارشد آنان را بدان صورت از بین نمی‌بردیم. فرانسوی‌ها آن را در الجزایر[۱] آموخته بودند. و ما چندین تجربه قبلی مانند فیلیپین و ویتنام، داشتیم که تایید کننده آن درس بود.

اصل اساسی جنگ پارتیزانی، آن است که افراد روی زمین نتیجه جنگ را تعیین می‌کننـــد و وقتی من می‌گویم که «افـــراد روی زمین»، منظورم تروریست‌ها نیست. روی سخن من به جمعیت ساکن در ماجرا است.

این مردمانی هستند، که عاقبت تعیین کننده بازنده و برنده میدان هستند. تصمیم آنان هم بر اساس جمع‌آوری اطلاعات مورد نیاز...، از خود آنان بود که آن را در اختیار سربازان‌مان قرار دهیم و حمایت آنها را بدست بیاوریم. و گزینه انتخاب آنها به چند عامل بستگی دارد که تعیین می‌کند آنها کدام راه را برگزینند.

اول از همه و در درجه نخســـت، مردم تمایل ندارند که به جنگ وارد بشوند. تا جایی که بتوانند بیرون از کارزار می‌ایستند، تا زمانی که تصمیم‌شان را بگیرند که (و بخواهند) کدام طرف برنده میدان باشد. تنها در آن هنگام است که جنگ آنان، خطوط را ترسیم می‌کند. به دو نکته باید توجه کرد:

تصمیم آنها، اساســـاً سیاسی نیست. در بارهٔ اخلاقی بودن هم سخنی به میان نمی‌آوریم، ترجیحاً تصمیمی تعیین کننده است. بخاطر آنکه، آنها راه خودشان را برگزیده‌اند، بعد تصمیم می‌گیرند چه کسانی برنده‌اند. آنها اول در مسیری که به آن معتقدند، حمایت خواهند کرد. و آن جهت هم طبعاً سود بی‌نظیری از حمایت آنها بدست خواهند آورد. مانند اطلاعات مهم و ضروری و نیروی انسانی که برای پیروزی و بردشان نیاز است.

---

۱ - جنگ فرانسه در الجزایر

نه تنها که هیچ عنصر سیاسی در این تصمیم تعیین کننده دخیل نیست، بلکه واقعیت‌هایی بی‌رحمی از جنگ، ارجحیت‌های سیاسی آنها را هم از بین می‌برد. بسیاری از عراقی‌ها، خصوصاً رهبران قبایل سُنی در استان الانبار، به ما پیوستند زیرا آنها، از وحشیگری القاعده متنفر و بیزار بودند. به طعنه باید گفت، که ترجیح نمی‌دادند کشته بشوند، و بدان خاطر از یک جهت مورد دلخواهشان، حمایت می‌کردند. وقتی قانع شدند که طرف آنها پیروز میدان است، آنگاه اطلاعات باور نکردنی و حمایت‌های اساسی بدست می‌رسد.

ماکیاولی[1] درست می‌گوید، آن زمان که وی این نوع از محیط‌های غرب را بررسی کرد، گفت «اگر نمی‌توانید هر دوی آنها باشید، بهتر است از شما بترسند تا اینکه دوستتان باشند».

علاوه بر این، عرصه یا زمینه برای طرف انتخابی بومی و محلی و ضد ملی است. مگر اینکه توسط یک حکومت منطقه‌ای آن طرف انتخابی، در نظر گرفته شود. تصمیم هم توسط قبایل، طایفه، دارو دسته و شبکه‌ها اتخاذ می‌شود.

واقعیت امر اینکه، مردم (یک منطقه) در یک موقعیت، گاه مستقیماً تصمیم می‌گیرند و تصمیم‌شان بر خلاف مثلاً همسایه آنهاست که در آن طرف جاده (و منطقه دیگر) هستند.

عملاً، می‌تواند به معنی حمایت سنی‌ها در یک منطقه و حمایت شیعه‌ها در منطقه دیگر باشد.

بنابراین، شاید تا به حال به این شیوه و رویکرد و عمل نیاندیشیده‌ایم. باید رویکردمان را در استراتژی مربوط به عرصه نبرد یا میدان جنگی تغییر بدهیم. علاوه بر همه این‌ها، جور شدن و رفاقت با افراد بومی و محلی

---

1 - Machiavelli.

ضروری اســت. در عمل، بی‌معنی اســت که توجه اولیه و تمرکز اصلی در جنگ، گاه به تغییر مســیر از میــدان جنگ به عرصه نبرد در عملیات اطلاعاتی - امنیتی مبدل می‌شود.

البته، چنان نیست که کشت و کشتار (مخالفان و دشمنان) کنار گذاشته شود، بلکه نیاز ساده آن، در پی گرفتن شیوه کاملاً متفاوت اما مختصرتر و مفیدتر برای میدان رزم است.

جنگ سرد[1]، مدل قابل قبولی برای پیروزی جنگ در خاورمیانه نبود. در ایام جنگ سرد، شوروی نفوذ کرده بود و طبعاً جذب خبرچین یا جاسوس خطرناک بود. اما در جنگ عراق و با درجه و مقیاس پایین‌تر، در افغانستان، ما در همه مناطق آرایش گرفته بودیم و می‌توانســتیم با هر کسی روبرو شویم.

البته، به عملیات اطلاعاتی فوق‌العاده‌ای مبدل شــد، در واقع با شــبکه اطلاعات غیرقابل نفوذ، و عاقبت در شــبکه‌های دشمن، نفوذ کردیم. هم جاســوس و خبرچین داشــتیم، هم عملیات فریب نیز در عملیات ضد اطلاعات داشتیم. همچنین بازپرس و بازجویی‌های فوق‌العاده‌ای را انجام دادیم. همه این عملیات‌های متفاوت به یک تکنولوژی ساده اما هوشمند نیاز داشــت. هر چند که، باید گفت شهامت فکری و توانایی جسمی و قدرت تحلیل قوی اطلاعات مهم بود، اما درک و فهم درســت مهم‌تر از همه بود.

یک زیرکی در عملیات خاص، یعنی درک درست از جغرافیای انسان آنکه متوجه دشمن باشی، تا (بطور موثر) در آن زمان) با آنها روبرو شویم. اما در استان الانبار عراق، شکاف پدید آمد، که یک مدل برای واکنش سریع

---

۱ - Cold War: جنگ سرد، دوره تنش‌ها، کشمکش‌ها و رقابت‌های آمریکا و شوروی و هم‌پیمانان آنها در طول دهه‌های ۱۹۴۰ - ۱۹۹۰ است که با سقوط کمونیسم و فروپاشی شوروی در سال ۱۹۹۱ به پایان رسید. (۱۹۸۹ - ۱۹۶۷)

نیروهای آمریکا بود، و بعدها استراتژی ما را در افغانستان تشکیل داد.

در جنگ، همه چیز در هر زمان تغییر می‌کند، و گاه از تغییرات شگرف و اساسی، اغلب چشم‌پوشی می‌شود، این آنچه بود که در عراق سال ۲۰۰۶ رخ داد.

در تابستان ۲۰۰۶، تفنگداران (دریایی) گزارشی را در باره شرایط و وضعیت الانبار تهیه کردند، که از سوریه چگونه تعداد زیادی جنگجویان خارجی به داخل عراق رخنه کرده‌اند. گزارش آنها را در زمانی نوشته بود که الانبار دارای خونین‌ترین تلفات در بین کل استان‌های کشور عراق بود و شهر رمادی[1] هم بیشترین تلفات را داشت. در یک گزارش که من هرگز فراموش نمی‌کنم، تروریست‌های القاعده عراق، فقط در ماه ژوئیه، حدود ۱۵۰۰ نفر را کشتار کرده بودند!

در نگاهی به گذشته؛ در اواخر بهار ۲۰۰۶، خصوصاً بعد از اینکه تقاضای تفنگدار و تکاور (دریایی) بیشتر از سوی وزارت دفاع پذیرفته نشده بود، تغییر شرایط بسیار مشکل به نظر می‌رسید.

طبق تحلیل جزئی و دقیق «درس‌های آموخته شده» که توسط نیروی تفنگداران دریایی تهیه شده بود، که شامل فرمانده‌های رده بالای آمریکا، مانند ستاد فرماندهی مرکزی ایالات متحده آمریکا (سنت کام[2]) و فرمانده کل جان ابی‌زید[3]، نیروهای چند ملیتی عراق[4] و فرماندهی جرج کیسی[5] (رئیس ستاد ارتش) بودند.

به این باور رسیدیم که حضور نیروهای آمریکا، علت آن بلواها و

1 - Ramadi.

2 - CENTCOM

3 - John Abizaid.

4 - Multinational-Force Iraq (MNFI)

5 - George Casey.

شـــورش‌ها بوده اســـت. این باور و بعد دســـتور فرماندهان ارشد برای عقب‌نشینی نیروها از شهرها و بعد در پایگاه‌های عملیاتی منتظر دستورات بعدی ایشان، موجب فراهم شدن زمینه‌ها و آمادگی برای خروج از عراق شد.

ژنرال، ابی‌زید و کیســـی، نیروهایشـــان را برگردانده بودند، و گزارش اطلاعاتی مربوطه الانبار، موقعیت آنها را کاملاً منعکس ساخته بود.

وقتی بخش‌هایی از این گزارش را واشنگتن پست، افشاء کرد، ژنرال‌ها، آن اســـتان را دیگر «از دست رفته» تلقی کردند! واقعیت امر آن بود که با وجود داشتن، پیچیده‌ترین سیستم نظامی در تاریخ میدان جنگ، ما عرصهٔ نبرد را در تابســـتان ۲۰۰۶ تســـلیم کرده بودیم. ما این واقعیت (تلخ را) می‌دانستیم، اما برخی‌ها حاضر به پذیرش آن (شکست) نبودند.

رهبری ارشـــد، متوجه امر شد و من هم که در برخی جلسات توجیهی (مانند جلسه سران در مقر فرماندهی نیروهای چند ملیتی عراق (در اواخر تابستان ۲۰۰۶) که دعوت می‌شدم، احساس مشابه را داشتم (که جنگ را باخته‌ایم).

برخی تصمیمات اصلی در اواخر تابســـتان و اوائل پاییز (همان سال) اتخاذ شد مبنی بر اینکه جهت و مسیر جنگ را تغییر بدهیم که تاریخ آن را ثبت کرده و نیازی به بازگفتن آنها در اینجا نیست.

اما برای شخص من، مهم‌ترین نکته، تصمیم کاخ سفید[1] و شخص رئیس جمهور وقت، جرج بوش[2]، بود. جرج بوش تشـــخیص داد که جنگ به مســـیر بدی کشیده شده است و وضعیت مطلوبی ندارد، و ما با شکست روبرو شده‌ایم و استراتژی واحد، نیازمند تغییر است.

---

1 - White House.

2 - George W.Bush.

حقیقت (محـــض) آن بود که وی (به عنوان رئیس جمهور آمریکا)، به اصل موضوع پی برد و عاقبت تصمیم ســـختی گرفت که جزو مشخصهٔ ویژهٔ شخصیت رهبری است که البته رئیس جمهور فعلی ما (اوباما) فاقد آن است.

بوش، هم خط مشی نظامی - سیاسی (و طرح نقشه جنگی) را تغییر داد و هم رهبری قوا در عراق را جابجا کرد و ژنرال دیوید پترایس[1] را تعیین کرد. و مهم‌تر از همه، دکتر رابرت گیتس[2] را به عنوان وزیر دفاع برگزید. دو شخصیت (کلیدی) که سمت و سوی جنگ را تغییر دادند و شرایط در عرض دو ســـال (کاملاً) برگشت. برخی از رسانه‌ها، از این تغییر ناگهانی و سیاست معکوس، شگفت‌زده شده بودند. خبرنگار آسوشیتیت پرس[3]، مایکل فمنتو[4] نوشت:

> چطور ممکن است که از پارسال، القاعده عراق، از آن استان گریخته و ما هم اختیار نظامی الانبار آرام، به نیروهای عراقی سپرده‌ایم.
>
> آیا همانطور که خبرگزاری آسوشیتت پرس، توصیف کرده، این تغییر شگفت‌انگیز، جزو سرنوشت بوده؟
>
> علاوه بر آن، چگونه این امر رخ داده اســـت، آن هم دو ســـال پس از آنکه تفنگداران نیروی دریایی، گزارش محرمانه مبنی بر اینکه عملیات نظامـــی انبار، را پذیرفته بودند، که «تقریباً نیروی نظامی آمریکا دیگر نمی‌تواند کاری در جهت پیشـــرفت اوضاع سیاسی - اجتماعی آنجا انجام بدهد» و ما «بیشتر از این، قادر به دفاع در مقابل رواج القاعده و

1 - General David Petraeus.

2 - Robert Gates.

3 - Associared Press (AP)

4 - Michael Fumento.

دیگر شورش‌ها و یاغی‌گری‌ها نیستیم[1]»

تقریباً بسان یک شکســـت اطلاعاتی بود. در اینجا سخنانی از سرگرد ارتش، آلفرد کانبل[2]، می‌آورم که نشـــان می‌دهد تفنگداران نیروی دریایی چگونه، به این مسیر قهقرایی نگاه کرده‌اند:

در اواســـط سال ۲۰۰۶، رمادی مثل اســـتالینگراد شده بود. توپ‌ها را وسط شهر گذاشته بودیم... فاجعه بود. گفته بودم که جمعیت مردم، در انهدام اولین جنبش دوبـــاره به حالت اول درمی‌آیند، و با (ورود) القاعده به اوج می‌رسد.

تعداد آنها با القاعده به حداکثر رسید و نیروی کافی در اختیارشان بود.

البته اکنون مردمانی را حتی در سطح گسترده، در اختیار داریم. هر چند همه مردم نیست.

اما مردم، بخش اعظم جمعیت مردم انبار، آمادهٔ تغییر هستند. بسیاری از آنها تمایل دارند به سمت ما بیایند و البته می‌توانید این تغییر جهت را ملاحظـــه کنید، من این تغییر را حس کرده و دیده‌ام، چون هر روز عبور و مرور آنها را دیده، و با آنها در ارتباط هستیم.

افرادی که سال ۲۰۰۶ می‌گفتند: «از شهرها بیرون بیایید، کنترل شهر را (بعداً) در دست خواهیم گرفت، باید در شهرها اول امنیت برقرار کنید، ســـپس آنجا را ترک کنید. اما الان اکثریت همین مردم، علیه القاعده شده‌اند».[3]

منصفانه خواهد بود اگر بگوییـــم، در صورتی که بخش‌های بزرگی از مـــردم انبار آماده تغییر بودند، بایـــد آن را می‌دیدیم، و بر طبق آن حرکت

1 - http://fumento.com/military

2 - Alfred R. Connable.

3 - www.marines.mil/portals/59/

می‌کردیم.

به جای آن، به ارزیابی و سنجش موقعیت انبار پرداختیم که گمراه کننده بود. بعضی ها به شما خواهند گفت که اطلاعات تفنگداران دریایی، قدیمی بود. اگر گزارش‌ها را چند ماه بعد می‌نوشتند، به واقعیت‌های موجود روی زمین نزدیک‌تر می‌بود. من هیـــچ تردیدی در این باره ندارم. اطلاعات را درست جمع‌آوری کردند.

افســـران (ارشـــد) اطلاعات (و امنیت) آمریکا، و متصدیان ما بیرون از کارزار بودند، که با مردم ســـخن بگویند و حس و فهم درســـت از آنچه می‌گذرد را به دست بیاورند. شکست (ما)، شکست سیاسی بود.

اطلاعات بسیاری در اختیار داشتیم، اما تصویر کلی و واقعی از حقیقت ماجرا نداشـــتیم به عقیده من، یک شکســـت تحلیلی نبود - همانطور که برخی از شکســـت‌های تحلیل هم چنین‌اند - بلکه یک شکست سیاسی از طرف مقامات ارشـــد ما بود و بدان تحمیل شده بود. افسران و مقامات ارشد ما به غلط متوجه شـــده بودند که ما عامل اصلی شورش و بلوا در عراق هستیم.

به‌دلیل آن، وقتی که تفنگداران نیروی دریایی، خواهان اعزام سرباز بیشتر بودند، مقامات ارشد ما - اساساً ژنرال کیسی، افسران ارشد ستاد فرماندهی و نیز نیروهای مشـــترک و بسیاری از مشاوران دانلد رامسفلد[1] در وزارت دفاع - مستعد پذیرش آن خواسته نبودند.

تنها افرادی که اصرار به اعزام نیروی بیشـــتر برای تغییر اوضاع داشتند، خود تفنگداران نیـــروی دریایی بودند، نه کس دیگر. چون آنها (واقعیت صحنه) را می‌دانســـتند. شکست مشابه آن هم، امروزه در مقابله با داعش و القاعده پدید آمده است. اطلاعات زیادی جمع آوری شده و در اختیار

1- Donald Rumsfeld

هست، اما حکایت مشکل عمده با سیاستگزاران‌مان، همچنان باقی است.

وقتی که سیاستمداران ما، در جهت اقناع خود و یا در هدف خود، با یک مُشت داستان‌های غیرواقعی درگیر می‌شوند، اطلاعات هم، متوقف می‌شود یا اینکه کلاً کنترل شده (و بلااستفاده) خواهد بود.

یک پیامد مصیبت‌آمیز و عاقبت خطرناک، از این نوع تصمیمات خودسرانه، موجب خلق رسوایی امنیتی در فرماندهی ایالات متحده در تامپا[1] افتاد. این رسوایی، که مقامات ارشد نظامی و سیاسی به چشم‌پوشی، حمایت و یا دوباره‌نویسی تحلیل‌های امنیتی در بارهٔ افغانستان متهم شدند، در واقع، یک هشدار و نشانگر برای نوعی سیاست (نامربوط) گسترده شده و فراتر رفته، در داخل سیستم ما بود که می‌بایست واقعیت و حقیقت برای قدرت مرکزی باشد (اما نیست). شاید هیچ اغماضی، یا تأثیری نیاز نباشد. اما باید همواره حقیقت تلخ را بازگو کرد.

آن پرسنل اطلاعاتی که تسلیم ضعف شخصی می‌شوند و بیش از حد محتاط هستند، زیرا هراس دارند که افتضاحی بدتر به بار بیاورند، از نامسئول و وظیفه‌نشناس هم فراتر هستند. (زیرا) در جنگ، پیامدهای ضعیف آنان، به از بین رفتن نیروی انسانی و شکست بعدی منتهی می‌شود.

وقتی در عراق این تغییرات رخ داد، اول در الانبار و سپس در سراسر عراق، وضع‌مان بهتر شد. پایگاهی در مرز سوریه، القییّم[2]، داشتیم، که نیروی تکاوران دریایی، در پی مسدود کردن ورود نیروهای خارجی جنگی به داخل عراق بودند، زیرا برای کشتن ما می‌آمدند. و یا درصدد عدم ارسال نفت عراق به سوریه بودند که موجب رشد ثروت و قدرت رژیم استبدادی بشار اسد می‌شد.

---

1 - Tampu

2 - al-Qaim.

اجازه عبور از مرز و حرکت به سمت سوریه را نداشتیم حتی اگر مشوق و انگیزهٔ اصلی ما تعقیب تروریست‌ها می‌بود و ما سرانجام به این نتیجه رسیدیم که بهتر است با قبایل محلی همکاری کنیم. طبعاً افراد قبیله محظورات و محدودیت‌های ما را نداشتند. در هر دو طرف مرز کار می‌کردند. در آن زمان، افراد بومی منطقه متوجه شدند که کارکردن با نیروهای آمریکایی بهتر از تقابل با (اطلاعات و امنیت) سوریه است. به آنها پرداخت بهتری داشتیم، و نتیجتاً کار و بار ما رونق گرفت.

ما اسلام‌گرا نبودیم و در محیط قبیله هم نیاز نبود که دکترین انعطاف‌ناپذیر و سفت و سخت سیاسی و یا ایدئولوژیک را به ما تحمیل بکنند.

علاوه بر آن، نیروی تفنگداران دریایی به مراتب جنگجویانی بهتر بودند، برای افراد بومی منطقه هم پرواضح بود که ما شکست‌ناپذیریم. و تنها شاخص اولیه آن مربوط به شب ۲ نوامبر ۲۰۰۶ بود و نشان از وضع خوب ما در آن زمان داشت. نیروهای اجرایی عملیات ما یک مقام ارشد القاعده عراق را دستگیر کرده بودند. او برای ما، فرمانده قوای شمال، آشنا بود.

معنی آن دستگیری مسئول بخش شمالی عراق بود (که شامل بخش عمده‌ای از منطقه انبار و همه شمال بغداد و همه مناطق که به شهر بزرگ موصل هم می‌شد).

برگ برنده مُهمی بود... هم بخاطر برخی اطلاعات فردی خاص و بازجویی‌های شدید و دقیق، و نیز مدام بخشی از تحلیل‌گران اطلاعاتی و امنیتی ما و نیروهای اجرای عملیات ما توانسته بودند که وی را دستگیر کنند. مثل بیشتر رهبران القاعده عراق، فوراً مُقر آمد و حرف زد!

در این لحظه، بازجویی‌ها (که تخصصی‌تر شد) و به طور استثنایی آن اطلاعات در بین نیروهای عملیاتی و سیستم اطلاعاتی ما رد و بدل شد، که کاری خیره کننده بود. فرماندهی، حیرت کرد مخصوصاً وقتی که به شرح

زندگی او و فعالیت‌هایش را بیشتر و بیشتر پی بُرد. در ظرف چند شب او از یگان خارج شد تا ۱۸ نفر از رهبران القاعده جای وی را بگیرند.

فقط در چند شب بازجویی، با یک مجموعه اطلاعات عالی بدست آمده از اشخاص مورد نظر، تصمیم گرفته شد تا در عملیات گسترده‌ای از دستگیری‌ها، همه رهبران جانشین، اعدام شوند.

در اواخر نوامبر (۲۰۰۶)، حدوداً شاید شب شکرگزاری[1] در یک زمان تاریک، نیروهای عملیاتی، یک سری از آن تک ناگهانی را آغاز کردند. نتیجهٔ این حملات سریع و کمین‌ها دستگیری همان ۱۸ نفر از رهبران القاعده بود. متصدی مخصوص ما از نتیجه عملیات، هاژ و واژ شده بود اما جنگاوران سلحشور و شجاع ما کاری کارستان انجام داده بودند.

میزان دقت آنها، (و البته در واقعیت امر هم کسی عملاً ضد برنامه ما در دستگیری فرماندهان القاعده نبود) و نیز اطلاعات بدست آمده از این عملیات، این حس پرقدرت را به ما داد که اگر ما قادر به حفظ فشار علیه شبکه القاعده باشیم، می‌توانیم به آنها ضربه بزنیم و ... و مرتب این شیوه موفق به دورهٔ بعد انتقال پیدا کند.

به محض رشد سطح همکاری با ما قبایل محلی، آنها متوجه شدند که نسبت به قصد و نیت ما (آمریکایی‌ها) در کشورشان، چه دروغ‌هایی گفته‌اند و چه دروغ‌هایی شنیده‌اند. به آنها، این گونه تلقین شده بود که ما، امپریالیست (یا استعمارطلب) هستیم و یا ما برای تشکیل مستعمره به عراق آمده‌ایم. اما وقتی که با هم (از نزدیک) کار کردیم، متوجه شدند که ما هیچ قصدی و نظری برای ماندن در آن جای ویران و متروک نداریم و وقتی مأموریت‌مان هم تمام شود، به وطن‌مان باز خواهیم گشت. از دیگر سو، ما تصمیم به پیروزی داشتیم، و قصد پشت کردن ناگهانی و یا ترک آنها و رها

1 - Thanks giving.

کردنشان (به سرنوشت‌شان) نداشتیم. (یا به اصطلاح، به امان خدا رهایشان کنیم). هر دو اعتقاد راسخ برای همکاری موثر، مهم بود.

دیگر ما را به عنوان اشغالگر موقتی می‌دیدند، نه مستعمره‌چی و بعد آنها قانع شدند که باید در کنار هم بجنگیم تا با هم پیروز شویم. یک رابطه همکاری موثر با سنی‌ها در انبار درست کردیم. هم شیخ‌های سرپرست قبایل، اما مردم دیگر باورشان شد که ما صرفاً برای کمک به آنجا رفته‌ایم و منافع و عقایدمان نیز مشترک بود.

البته اهمیت نباید داد که وقتی افرادمان را به پایگاه‌های عملیاتی نسبتاً امن آنها می‌فرستادیم البته افسران ارشد ما هم خواهان آن بودند، ما برعکس آن را انجام می‌دادیم. در واقع، ما در پی کوتاه کردن زمان جنگ بودیم. می‌بایست با تهدید عراق و بعدها افغانستان به عنوان یک جنگ اطلاعاتی، ارزش عملیات نظامی و اطلاعاتی را برمی‌گرداندیم.

قبل از مأموریت احتمالی ژنرال مک کریستال[1]، من از عراق و افغانستان در اوایل ۲۰۰۴ بازدید کردم، و خواستم یگان فرماندهی او (نیروی اجرای عملیات ۷۱۴)[2]، تیم او، و سبک عملیاتی در حال اجرای آنها را ببینم. نکته‌ای کافی بود اما موثر نبود. و ژنرال آن نکته را می‌دانست.

پس از چند هفته، تشخیص دادم که این سازمان یک ترفندهایی قوی را دارند، اما اطلاعات مورد نیاز را ندارند. البته آن‌ها به درجه اهمیت آن واقف نبودند و یا توجهی به اهمیت آن نداشتند.

تمرکز آنها روی اهداف سنتی و گروه‌های تروریستی رده بالا – مشهور به اهداف قیمتی – بود. دستگیری و کشتن رهبران رده بالای تروریست‌ها، روحیه ما را بالا برد اما خط مشی و راهبرد موفقی نبود.

---

1 - General Mcchrystal.

2 - Task Force 714.

ما یک شب در بگرام[1]، افغانستان، گفتگوی دو نفره داشتیم. ستان (مک کریستال)، تصمیم گرفت که تیم مرکز فرماندهی خودش را و نیروی اجرای عملیات را از افغانستان به عراق منتقل کند، که البته تصمیم کوچکی نبود، و این دیگر آوریل ۲۰۰۴ بود و اولین جنگ فلوجه[2] شدت داشت و بعد ما شکست خوردیم.

اسامه بن لادن، هنوز (در آن زمان) در جاهایی در پاکستان، بهرسو دوان بود (و مخفی می‌شد). اوضاع در افغانستان تقریباً پایدار بود، اما در زیر آن آرامش فریب‌آمیز، یک شورش و یاغی‌گری در حال طغیان، در آستانه ظهور بود، یک تصمیم اصولی گرفته شد و بنابه هوش و شعور "ستان"، مثل همیشه، به کاری موفق ختم شد.

آن عصر، من به وی گفتم: «عملیات اطلاعاتی شما بخش کوچکی از سازمان شماست و باید ۸۰٪ از آنچه را که شما به عنوان سازمان تشکیل می‌دهد، تشکیل بدهد.

ضرورتاً، باید جزو اکثریت نیروی اجرای عملیات باشد، بطور صریح و صادقانه اگر بگویم نسبت به آنچه که روبرو می‌شدیم، نمی‌توانستیم دست به زانو بنشینیم. مجبور بودیم که بخش‌های یک معمای تو در تو را کنار هم بچینیم، راهنما هم نداشتیم تا (به اشارت نظری) حل معما کنیم.

معمای فشرده و عظیمی بود و در منطقه‌ای از جهان دیدیم که ضد عقیده و مسلکی بودیم که درک و فهم درست از آن نداشتیم. بیشتر تلاش می‌کردیم که دشمن را در یک قالب نوعی و یا اُلگویی بگنجانیم، با هیچ چیزی سازگار نبود، بیشتر تغییر می‌کردند.

و هر چه بیشتر سعی می‌کردیم، که انواع تکنیک‌های قدیمی، شیوه‌های

1 - Bagram, Afghanistan.

2 - Fallujeh.

مدرن قرن ۲۱، را به کار ببریم و رویه و طرز عمل این دشمن را بفهمیم، و بیشتر با آنها تطبیق شویم. باید نسبت به آنها، با سرعت بیشتری عمل می‌کردیم و تنها راه موفق‌آمیز آن بود که فکر و ذهن آنها را بخوانیم.

وقتی یک افسر اطلاعاتی - امنیتی بگوید که فکر و ذهن دشمن را خوانده است، دروغ می‌گوید اگر، او را با دشمن قبلی که به طرف ما جذب شده، تعامل نکرده باشد، و یا مستقیماً با وی سخن نگفته و عامل تحریک و انگیزه او را کشف نکرده باشد. امری بسیار مهم بود که نمی‌توانستم فقط کار را محول بکنم. شخصاً، حتی زودتر از موقع، در بسیاری از بازجویی‌ها و بازپرسی‌ها (بعد از شناسایی) درگیر شدم.

می‌خواستم تصور کنم که در جایگاه او هستم و آیا درک و فهم درست از این دشمن شرور به قدر کافی دارم یا نه؟ به عنوان یک افسر اطلاعاتی (امنیتی) با سال‌ها تجربه، همیشه معتقد بوده‌ام که خود را در جای آنها تصور کنم، که چگونه فکر می‌کنند تا بعد بتوانم دریابم که چگونه می‌شود فکر و ذهن آنها را خواند.

گاهی به بسیاری از چیزهای شرورانه کوچک فکر می‌کردم، شاید راهی بود تا ذهنم را پرورش دهم و فیلم‌هایی هم می‌دیدم و شاید در این بخش، کمی هم استعداد غریزی همراه بود.

اما با دشمنی خوار و زبون روبرو بودیم، دشمنی پست که می‌توانست به زنان و کودکان تجاوز کند، پسران و دختران را غارت کند، برای سرگرمی و خوشی، سرشان را قطع کند، و کامپیوترهای لپ تاپ آنها هم صحنه‌های مملو از هرزه نگاری و الفیه و شُلفیه[1] بود. در واقع، از یک جهت، ۸۰٪ فایل‌ها و اطلاعات داخل به لپ تاپ‌های این افراد، مربوط به همان عکس‌های الفیه و شُلفیه و فیلم‌های سکسی بود.

1 - Pornography.

این دشمن‌های دارای اختلال روانی، هم بیمار جنسی و هم به طرز باور نکردنی، فاسد و پست بودند و در عین حال حیله‌گر، مزور و مکار. اگر می‌خواستیم آنها را بزنیم، به سنگر خارجی نیاز داشتیم و هم باید سخت‌تر کار می‌کردیم و هم گول‌شان می‌زدیم. اما چگونه؟

مثلاً شخصی را دستگیر می‌کردیم که می‌دانستیم دارای اطلاعات مهمی است. آن اطلاعات، اول به شخص مربوطه و نیروهای اجرای عملیات ارائه داده می‌شد، و به ترتیب در اختیار، تحلیل‌گران، بازجویی، پرسنل شنود الکترونیک، و افراد درگیر در صحنه جنگ قرار می‌گرفت، آن وقت به هر کسی می‌توانست یک رابطه یا پیوند را در داخل شبکه ترور، پیگیری کند که به دستگیری‌های جدید، کشف و ضبط و سبک جدید، کامپیوترها و از همین قبیل چیزها منتهی می‌شد.

سریعتر و سریعتر، این روند کشفیات به حلقه تصمیم‌گیری، ارائه شد. بعد تصمیم گرفتیم با این حجم اطلاعات، چه باید کرد و بازجوها توانستند اطلاعات مهم در بارهٔ زمان واقعی برخی از عملیات از افراد زندانی‌شان دریافت کنند، و اگر اطلاعات چیز جدیدی در بارهٔ عملیات جدید داشت، آنها به متخصص‌های جنگ و جنگجوها منتقل می‌شد.

بدون تکنولوژی ارتباطی پیشرفته، این امر، ممکن نبود. به طرز دوگانه و مبهمی، القاعده و دیگر گروه‌های تروریستی، این موضوع را خوب متوجه شده بودند. و از ابتکارات جدید استفاده می‌کردند، و برای ارتباط با همدیگر از اینترنت کمک می‌گرفتند.

باید تحرک بیشتری (برای جبران عقب ماندگی) می‌داشتیم، البته امروزه وضع‌مان به مراتب بهتر از آن روزهاست و سپاسگزاری در برابر آنچه که اول در عراق و بعد در افغانستان، انجام دادیم، اقدام کوچکی است. این اقدام‌ها و مهارت‌ها، اگر به طور مداوم، مورد استفاده قرار نمی‌گرفت، طبعاً

خراب شدنی و از بین رفتنی می‌بود.

همانطور که گفته شد، نوعی همکاری دسته جمعی بود، تقسیم شفاف اطلاعات، به سریع‌ترین شیوه ممکن، حتی سریعتر از آنچه در دوران‌های جنگ مرسوم بود. ژنرال ستان مک کریستال، گردانندهٔ اصلی این سیستم انقلابی اطلاعاتی بود. و بدین گونه بود، که نیروهای اجرای عملیات ۷۱۴، به وسیله بی‌نظیر و بی‌سابقهٔ اطلاعات مدرن جنگی مبدل شد.

ژنرال به من و تیم اطلاعاتی (امنیتی) من خودمختاری کامل داده بود، تا با مهارت‌ها و تکنیک‌های ابتکاری، رویه ما به انتقال سریع آگاهی‌ها منجر شود، آن هم در یکی از پیچیده‌ترین و خطرناک‌ترین میدان‌های جنگی که تا بحال در طی دهه‌ها، تجربه کرده‌ایم.

هدف ما کسب اطمینان از آن بود که وقتی یکی از تیم‌های عملیات بخصوص، کسی را دستگیر می‌کند، آنها فوراً بازخورد لازم را دریافت خواهند کرد.

وقتی من رسیدم، افراد دستگیر شده به خواب رفته بودند، کیسه‌های بزرگ مملو از خنزر پنزرهای دستگیر شده‌ها در یک گنجه روی هم تلنبار شده بود، هیچ نوع بهره‌برداری اطلاعاتی از آنها نمی‌شد. و ما خیلی ساده می‌توان گفت که، سست و کُند بودیم. واقعیت هم همین بود.

و آن مسیر، به ما اجازه نمی‌داد که همه ابعاد مربوط به عرصه نبردی که در آن قرار گرفته بودیم را (به درستی) درک کنیم. می‌خواستیم که اطلاعات زیادی علیه دشمنانی که در میدان جنگ دستگیر کرده بودیم، گردآوری کنیم. تنها راه برای شکست آنها، این بود که آنها را از خودشان بهتر بشناسیم و همین کار را هم کردیم.

وقتی ما با چند زندانی حرف زدیم - که اکثر آنها جزو اعضای ارشد القاعده عراق و یا مربوط به القاعده‌های دستگیر شده در افغانستان و یا از

کشورهای دوست، مانند اردن بودند، به رمزگشایی معمای هزارتوی این دشمن بسیار موثر پرداختیم.

در عراق، آنها را گرفتیم که در باره همدیگر حرف می‌زدند. سپس با آنچه در میدان جنگ به دست می‌آوردیم، مقایسه و بررسی می‌کردیم. ما از هواپیمای تجسس بدون سرنشین برای کنترل آنچه که ما از اتاق‌های بازجویی را به دست آورده بودیم استفاده می‌کردیم.

و سپس، منابع انسانی را که هدایت می‌کردیم که بروند و آنچه را از این زندانی‌ها بدست آورده‌ایم، (در صحنه) بسنجند. همه این دستاوردها، به سرعت بیشتر و حرکت هوشمندتر (نسبت به کارهای قبلی) مُنجر شد، آمیختگی و ترکیب اطلاعات در مراحل بازجویی یا ارتباط‌های تکنولوژیکی پیشرفته و عملیات موثر در میدان جنگی بود.

در پایان، اطلاعات عملیاتی شده، به افزایش سطح تلاش و نگاهی برای سیاست‌گزاران رزم‌آرایی (و تعیین کننده خط مشی سیاسی نظامی) انجامید.

این نوع از اطلاعات میدان جنگ به جز سازندهٔ نابودی اسلام رادیکال امروز و آن دشمنان که در آینده با آنها روبرو خواهیم شد، مبدل شده است.

همانطور که می‌بینید، بازجویی‌ها و بازپرسی‌ها اهمیت فراوانی داشتند، و وقتی یک سیستم رشد یافته (و راه‌گشا) به کار گرفتیم، (در واقع) کمیت و کیفیت بازجویی‌هایمان را افزایش دادیم.

همه تلاش‌های سخت (و شبانه‌روزی ما) به نوعی سیستم جدید و مدرن در نظام اطلاعاتی مبدل شد که بطور پیوسته با عملیات ما هماهنگ و در هم تنیده است. اطلاعات محرک، به خاطر اینکه تروریست‌ها خیلی سریع عمل می‌کنند، (در صورت امکان) حتی در طی تنها یک روز هم که باشد، (گرداننده و) محرک عملیات است.

برای ما، که در پی تسلط بر میدان جنگ هستیم، تیم جنگی ما باید

دسترســـی به مهم‌ترین و جدیدترین اطلاعات داشته باشد، چون خواهند توانست، حملات منطقی و آنی خود را با دقت تعیین کنند. برای به واقعیت تبدیل شدن آن هدف هم، نمی‌توانیم با شیوه قدیمی با اطلاعات برخورد کنیم، زمان و دقت کافی برای انتقال اطلاعات از مراحل مختلف سیستم اداری وجود ندارد، و هم جنگجویان با نمی‌توانند منتظر کسب راهنمایی باشند.

باید کاری متفاوت انجام داد. کارشناس اطلاعاتی در طی عملیات ما باید به هم مرتبط باشند و نتایج جنگ ما را برای تجزیه و تحلیل فوراً دریافت کنند.

البته هنوز راه زیادی در پیش اســـت. باید از شر این تنگناها و گره‌های اداری و در داخل نیروی اجرای عملیات ما و در سطح وسیع‌تر، در داخل نیروهای مختلف نظامی ما، و شاید ســـخت‌ترین و مشکل‌ترین‌شان در بین آژانس‌های اطلاعاتی سه حرفی ما که کار می‌کنند، تحلیل می‌دهند و می‌جنگیدند، خلاص شویم.

(مانند سازمان سیا[1]، آژانس امنیت ملی ایالات متحده[2]، آژانس اطلاعات دفاعی[3] و از این قبیل سازمان‌ها که هر کدام ساز خودشان را می‌زنند).

و این بدان معناســـت که شیوهٔ سلسله مراتب دستوری را انجام ندهیم، زیرا نیروهای ما در میدان جنگ باید قادر باشند بر اساس اطلاعات (بدست آمده) عمل کنند. تروریست‌ها، سریع هستند و ما باید سریع‌تر باشیم. ذکر دو مثال، ما را به ضرورت وجود سرعتی معادل سرعت نور، خواهد رساند.

مثال اول: استفاده از جواهر ملی مشهور به سازمان بهره‌داری رسانه ملی[4]

---

1 - CIA: Central Intelligence Agency.

2 - NSA: National Security Agency.

3 - DIA: Defense Intelligence Agency.

4 - NMEC: National Media Explanation Center.

که واقع در واشنگتن است. این سازمان، کارهای شگفت و عجیبی انجام داده است.

عکس و فیلم از مناطق مختلف تهیه می‌کردند و با سرعتی که در توان داشتند در اختیارمان می‌گذاشتند، (در روزها و هفته‌هایی در آن زمان، این سریعترین راه بود، اما امروز باید سریعتر هم بشود).

بین من و مدیر آن سازمان، یعنی «روی آپسلوف»[1]، قرار شد که یک پل الکترونیکی مستقیم بین سازمان آنها در واشنگتن و نیروهای اجرای عملیات ما در ستاد فرماندهی نیروها، واقع در بغداد عراق، درست بشود. وقتی ما بر روی منظور «پل» توافق کردیم بطور نمایی و تشریحی، روز استفاده و استخراج را هم سرعت بخشیدیم و اطلاعات رد و بدل می‌شد، امروزه در دقیقه و ساعت ، به جای روز و هفته، این روند طی می‌گردد. توافق ما خارج از رویه‌های مختلف سیستم اداری و بدون دستورات و طی روند طولانی اداری یا کسب مجوزهای مربوطه بود و همین موضوع کمک کرد که ماموریت‌مان را تکمیل کنیم. صرفاً این امر، بنا به روابط شخصی، صورت گرفت. متأسفانه، طی کردن آن مراحل، خودش یک جنگ تمام عیار است.

در کنار دستگاه‌های سنتی، سیستم اداری (فرسوده)، در همه مراحل و سطح‌ها، بطور دیوانه کننده‌ای در هر موقعیتی و فرصتی، هر نوع توافق و ابتکاری را از بین می‌برد.

مثال دوم؛ از نظر نظامی مربوط به فن جنگی است اما مثالی درخور توجه و موثر است.

در روزهای اول بازجویی، نقشه‌های کاغذی به اتاق‌های بازجویی می‌آوردیم و نقشه‌ها توسط زندانی‌ها مورد استفاده قرار می‌گرفت و به

1 - Roy Apselof.

اماکن مورد نظر و مشخص اشاره می‌کردند.

یک روز، ما دور هم نشسته بودیم و در باره استفاده از نقشه‌های سایت گوگل[1] توسط برخی از گردانندهها و متصدیان واحدهای جنگی بحث می‌کردیم، زیرا، برای پاسخ به نیازهای ما، استفاده از سیستم تصویری (عکس هوایی)، چندان سرعتی نداشت اما نقشه‌های گوگل نسبتاً تکنولوژی جدیدتری بودند و همراه نرم‌افزاری مربوطه، در بازار (آزاد) قابل دسترسی بود.

یکی از بازپرس‌های ارشد ما پرسید: چرا ما از این تکنولوژی در طی بازجویی استفاده نکنیم؟ و ما هم به جای چرا؛ پرسیدیم که چرا نه؟ بنابر این چنین کردیم و از آن استفاده کردیم. و در قدم اول، از گوگل ۱۰۱ استفاده کردیم و ما شفاهاً به زندانی می‌گفتیم که چگونه از ابزار ماوس[2] و لپ تاپ استفاده کند.

و بعد ما به هالیوود[3] رفتیم و طرحی بزرگتر گرفتیم و صفحه نمایش مسطح را هم در اتاق‌های بازجویی سر هم کردیم. شبانه، به طور تشریحی، درستی و صحت اماکن که مورد نظر ما و یا مرتبط به اهداف ما بود را بررسی می‌کردیم و هنوز هم، زندانی‌ها استفاده از آن را می‌پسندند.

برای آنها نوعی سرگرمی بود. هراس و شک آنها را تقویت می‌کرد که آمریکایی‌ها همه چیز را می‌دانند و می‌توانستند همه چیز را ببینند. و به همین دلیل روندهای بازجویی را سریعتر می‌کرد. اطلاعات به دست آمده از اتاق بازجویی، به صورت دیجیتالی و الکترونیکی ردیابی می‌شد.

درست نزدیک به سطح تحلیلی، در داخل فلش‌های دیجیتالی[4]، در

1 - Google Map.

2 - Mouse.

3 - Hollywood.

4 - Digital Flash

دسترسی متصدیان و گردانندگان میدان جنگ قرار می‌گرفت.

این کارها، یک کاربرد جالب توجه از تکنولوژی بود و به شما نشان می‌داد که این نوآوری واقعی می‌توانست، به همراه سرعت، دقت، هوش، و روحیه بالای سربازان آمریکایی در میدان‌های جنگ معجزه کند.

در جنگ، تلاش و حرف عمده ما این است که جان نیروهای خود را حفظ کنیم، دشمن‌مان را از بین ببریم و در جنگ لعنتی پیروز میدان باشیم.

به همین منظور، شبکه ما باید سریعتر، فرزتر و بی‌رحم‌تر از شبکه دشمن باشد که با آن روبرو شده‌ایم و (البته همواره) چنین بوده‌ایم، بدان خاطر است که ما سرانجام پیروز بوده‌ایم.

در کل، نیروی اجرای عملیات ۳۱۷، بطور موثر و قوی‌تری تغییر کرد برای موثرتر کردن نیروی عملیات، واحدهای عملیاتی باید با توانایی قوی اطلاعات در هر یک از این سه آژانس سه حرفی در جامعه هماهنگ باشند، اطلاعات (قابل تعقیب قانونی) به راهی برای جنگ علیه القاعده منتهی شد و هم اکنون هم آن پرونده به قوت خود باقی است.

به طور قابل توجهی، تصمیم‌مان را به افسران سطح متوسط منتقل کردیم و آنها بازتاب دهنده استراتژی ما هم در پایگاه‌های امن، و هم در جامعه بودند. ما از تلاش‌مان برای دستگیری رهبران ارشد تروریستی، فروگذاری نکردیم. مثل زرقاوی که جزو مشهورترین افراد فهرست بود و عاقبت هم توانستیم نابودش کنیم. البته سخت‌تر و اساسی‌تر کار کردیم تا شبکه ترور را نابود کنیم. و این نکته، بدان معنی است که رهبران میانه ما توانستند افسران عملیاتی را در هسته اصلی شبکه القاعده عراق دستگیر کنند.

وقتی که آموختیم، چگونه با آن شیوه فعالیت کنیم، دیگر هیچ اعتراضی و تردیدی در این باره وجود نداشت. هر چند تروریست‌ها پیشرفت کرده بودند، افراد ما به مراتب مجهزتر بودند و رشد بیشتری داشتند و یا جزیی

از شبکه‌ای بهتر، سریع‌تر و حتی نابود کننده‌تر بودند.

گاهی فوق‌العاده خوش‌شانس بودیم و افرادی را دستگیر کردیم که بر (شبکه) ما مسلط شده بودند. و یا اینکه چنین وانمود می‌کردند.

من اصولاً ترجیح می‌دادم که تروریست‌های عراق و افغانستان دستگیر شوند، و امیدم آن بود که برخی از آنها را به نفع جهت خودمان، جذب کرده و به کار ببریم. حرکت و سکنات عنفوان جوانی و همان رفتارهای تند و شدید، به من آموخته بود. که برخی بزهکاران می‌توانند از دنیای تاریکی خارج شوند، اما برخی تروریست‌ها که ما دستگیر می‌کردیم (هرگز) عوض نمی‌شدند.

اعضای دولت اسلامی (داعش)، شرورهای طالبان و جنایت‌کاران القاعده در عراق، جانی‌های بدکار مربوط به ابومصعب الزرقاوی، همگی ثابت کردند که (هرگز) اصلاح‌پذیر نیستند.

برای مشکل جلوه دادن کارمان، برای برخی از آنها زمینه گریز فراهم می‌کردیم و مرتب بین طرف ما و طرف تروریست‌ها رفت و آمد داشتند.

خیلی از آنها، ما را فریب دادند و خود مرا هم بارها دست انداختند. در این باره بسیاری از مثال‌ها هست که تروریست‌هایی که ادعای همکاری داشتند، اما در واقع آنها به ما خیانت می‌کردند و ما را لو می‌دادند.

یکی از آن مثال‌ها مربوط به شخصی است که بخاطر سانسور وزارت دفاع، اسمش را جرج گذاشته بودیم، که جز نمونه‌های اول مورد بحث ماست. وی در داخل حلقه اصلی زرقاوی بود، و در اوایل پاییز ۲۰۰۴ وی را دستگیر کردیم و متوجه شدیم که وی یکی از افسران (ولگرد) القاعده است.

و این بدان معنی بود که وی دسترسی به زرقاوی و نوکران وی داشت. افرادی که برای ما هدف‌های اصلی بودند. اگر ما دستگیرش می‌کردیم، و

بعد به همکاری با ما رضایت می‌داد، نتیجه و بازدهی خوبی می‌داشت.

سپس، با انجام عملیاتی گسترده برای انجام این امر، و چند بار شکست و... آخرالامر وی را شبی در یک بار، به دام انداختیم. در آن وقت، بازجوهای ما پیشرفت خوبی داشتند، و من، نوعی رضایت قابل توجه، در یافته‌های آنها و نظریه‌هایشان می‌دیدم.

خوشحال بودم که از آنها پیشنهادهایی می‌شنیدم و پس از چند بازجویی، مطلع شدم که جرج، مثل باد، تغییر مسیر داد. (و سر عقل آمده).تیم مربوط به جاسوس‌ها[1]، (برخلاف بخش اطلاعات وقتی استراق سمع) از من سوال کردند که مجوز برگشـــت وی را به میدان جنگ بدهیم تا به عنوان عامل اطلاعاتی ما عمل کند.

تیـــم ما، قویاً بر این اعتقاد بودند کـــه وی دیگر پس از این برای ما کار خواهد کرد. ریسک کردیم. پس از آن‌هم، کمی آهسته‌تر نرفتیم، اما از آن نظر تیم جاسوس‌های ما، خیلی افراد کمی در داخل حلقه زرقاوی، داشتند. و عملاً چیزی بهتر از بخش "اطلاعات، مراقبت، شناســـایی"[2] و یا بخش استراق سمع بدست نیاوردیم.

شروع خوبی بود. به مدت چند هفته‌ای، جرج، با ارائه برخی اطلاعات، از ما حمایت می‌کرد. رابطه کم کم به ســـه ماهی کشـــیده شد. اطلاعاتی اساسی بردند، خصوصاً در باره آنچه بود که ما برای هدف قرار دادن شبکه القاعده نیاز داشـــتیم. اطلاعاتی در بارهٔ خانه‌های امن، اساســـی، شناسایی عملیاتی القاعده عراق و نیز جاهای مربوط به بمب کنار جاده بود[3].

بعد به طور ناگهانی، ما از یک جاســـوس دیگر باخبر شدیم که جرج،

1 - Humdint team.

2 - ISR = Intelligence Surveillance and Reconnaissance.

3 - IED: Improsived Explosive Device.

(به ظاهر آدم ما). با خود زرقاوی دیدار داشته و آن دیدار را به ما گزارش نکرده است.

هیچ چیزی مخرب‌تر از آن، نمی‌توانست در ذهن تصور بشود، اما آخرش تسویه حساب شد. بدتر از آن صحنه، موقعی بود، که او به هر طریقی، متوجه شد که ما دنبال او هستیم، و دیگر پیدایش نشد. در طی یک هفته بارها و بارها سراغ او رفتیم، ولی او ما را فریب داده بود. وقتی که متوجه شدیم او به سمت زرقاوی برگشته، مجبور شدیم که یا او را زنده، یا مرده به دست آوریم. اسمش در داخل سیستم بازداشت ما قرار داشت و او می‌دانست که ما چگونه با زندانی‌های برگشته و تغییر جهت داده رفتار می‌کنیم و نمی‌توانیم بیشتر از آن تحمل کنیم که او بیرون باشد و بیشتر هم آدمکشی کند.

اگر تروریست‌ها به شیوه‌ای پی می‌بردند، می‌توانستند ما را گول بزنند، همانطور که جرج این کار را کرد و ما را دست انداخت. یافتن وی جزء اولویت‌های ما قرار گرفت، بخشی از افراد ما هم می‌خواستند، که از بازگشت وی به سمت ما امتناع کنند. - که شانس بسیار کمی بود بخاطر آنکه خیلی خطرناک بود، که چنین فردی مهار نشده و رها باشد.

او چیزهای زیادی در بارهٔ شیوه‌های ما می‌دانست، علاوه بر همه اینها، نمی‌خواستیم که وی افراد زرقاوی را در این باره، آموزش بدهد. آنها به اندازه کافی دوره دیده بودند و نیازی نبود که وی کمک اضافی هم مرحمت کند. شبی او را در اوایل زمستان ۲۰۰۵ در فلوجه، به دام انداختیم.

او به همراه تعدادی دیگر در یک خانه‌ای در داخل شهر، مخفی شده بودند. برای افراد عملیات، تعقیب وی خیلی خطرناک بود. غروب آن روز، عملکرد (بخش) اطلاعات ما خیلی عالی بود، مطمئن بودیم که وی داخل آن خانه است.

تصمیم گرفتیم که خانه را خراب کنیم و همه آنها در داخل آن، یکجا، از بین بروند و چنین هم شد!

ما هیچ تأسف و تأثری بابت نابودی او و رفقایش نداشته و نداریم، مرده او زیر آوار، پیامی بود برای دشمنان ما که ما قادر هستیم هر کسی را که از سمت ما، برگردد، صید (و نابود) کنیم. همه تیم ما، هر کدام به دلیلی، از انجام موفقیت‌آمیز مأموریت‌مان در عراق، مفتخر و سربلند هستند، گرچه برخی از آن امتیازها هم به حساب تروریست‌ها گذاشته شد. چون در برخی مواقع، آنها نسبت به ما برتری داشتند. که طبق قوانین جنگ چریکی، مثلاً به پیروزی منتهی شده، اما چنین نیست، آن هم به چند دلیل مستدل:

۱ - آنها خشونت بی‌سابقه و بی‌مانندی علیه مردم بومی و محلی اعمال کردند. (در نظر بگیرید که صدام هم خشونت زیادی داشت اما تروریست‌ها به مراتب غضبناکتر و تندتر از او بودند).

۲ - آنها ثابت کردند که حریف استراتژی ما نمی‌شوند و در جاهایی مثل انبار عراق در ۲۰۰۷ و یا استان هلمند[1] افغانستان در ۲۰۱۰، اثبات شد و رهبران قبایل سنتی منطقه و مردمانش به وضوح آن را دیدند و شاهد بودند.

۳ - آنها در بارهٔ ما به دروغ متوسل شدند. وقتی ما در سال ۲۰۰۳ به عراق حمله می‌کردیم. القاعده و حامیانش به مردم عراق گفتند که ما بسان آخرین موج امپریالیستی خارجی بدانجا رفته‌ایم و قصد و نظر ما آن است که آنها را مانند همه مردم دیگر جهان، به زیر لوای قدرت مطلقه و حاکمیت آمریکا ببریم. اما البته که ما چنین نکردیم، صرفاً خواستیم که پیروز شویم و به وطن خودمان بازگردیم. و همانطور که ما را بیشتر شناختند، خود مردم عراق بیشتر تشخیص دادند که آن افراد

1 - Helmand.

با حقه‌بازی جامعه را فریب داده‌اند.

ژنرال مک کریستال، در خاطرات خودش، داستان‌های مهمی را تعریف می‌کند. و آن در بارهٔ مکالمه بین یک متصدی دقیق و ویژهٔ بریتانیایی، سپهبد ســر گریم لمب[۱] و زندانی برگزیده او، ابوویل[۲]، امیرمذهبی انصارالسنه[۳] عراق (که با القاعده عراق، در یک ردیف بود، و اکثراً عراقی بودند.) و یکی از عناصر مهم در ایجاد شورش و بلوا علیه ما بود.

و حالــت روحی- عاطفی بدی بیــن آن دو بود. بطوری که ژنرال مک کریســتال می‌گوید، نصف شانسی هم اگر داده می‌شــد، باز هم امیر در افکارش به دیدن سر بریده ژنرال گریم لمب فکر می‌کرد، ولی با این وجود (که امیر می‌خواست ســر به تن ژنرال نباشد)، چند هفته‌ای با هم حرف زدند و آخر ســر ژنرال با احترام با وی دیدار کرد، حتی دســتبند و لباس نارنجی زندانش را هم درآوردند، لباس معمولی به تن‌اش کردند، دستبند و زنجیر هم کنار گذاشتند، و یک قوری چای پر هم گذاشتند، سپس صحنه باور نکردنی و ناگهانی تفهیم فرا رسیده بود.

«می‌دانید! ... به طور قطعی هم می‌دانید... شــما یک نیروی اشغال‌گر هستید و سعی کنید خلاف آن را هم به من نگویید. می‌خواهید بدانید، نظر ما چیست... ما استقبال نمی‌کنیم...

سپس به ژنرال گریم گفت: طبق هدایت و رهنمود قرآن، باید سال‌ها جلوی قوای اشغالگر ایستاد.

---

1 - Lieutenant General Sir Graeme Lamb.

2 - Abu-Wail.

3 - Ansar al-Sunnah.

جماعه انصار السنه، گروهی تروریستی در عراق که رهبری آن بر عهده ابوعبدالله الشافعی (ابوعبدالله شافعی است، از فرماندهان عملیات تروریستی، طی سال‌های ۲۰۰۳ - ۲۰۱۰) در سال ۲۰۱۰ دستگیر شد) که عامل عملیات‌های تروریستی مختلف در عراق بوده و به انصار السنه تبدیل شدند و از متحدان آن می‌توان به افراد نقشبندیه، جیش راشدین و حماس عراق اشاره کرد.

- حتی برای نسل‌ها هم - اگر آنها تهدیدی برای ایمان و شیوه زندگی ما باشند.

کمی مکث کرد و افزود: ما ۳ سال و نیم است که در سوریه، عربستان سعودی، اردن و عراق به شما نگاه می‌کنیم و به این نتیجه رسیده‌ایم که شما تهدیدی برای شیوه زندگی ما نیستید. اما القاعده هست[1]....!

نقطه بازگشت مشـــابه این در همه میدان‌های جنگی، بدست آمد. یک الگوی نسبتاً منصف وجود داشت:

الانبار در ســـپتامبر ۲۰۰۷ کم کم برگشت - و آن هم در آغاز بیداری به همراه افراد بیشـــتر از تفنگداران نیروی دریایی و ارتش و توسعه عملیات بود - اما خشـــونت‌ها تا بهار آینده‌اش، فروکش نکرد. و سطح آن بیداری بیشتر هم شد، اما چندان ملموس نبود. در واقع امر، سطح کلی خشونت‌ها به طور قابل توجهی تا پاییز ۲۰۰۸ در بغداد، دیاله[2]، صلاح‌الدین[3]، و دیگر شهرهایی که تحت تسلط نیروهای مشترک ملی و ائتلاف عراق و حمایت نیروهای قبایل مختلف قرار گرفت، به میزان قابل توجهی کاهش نیافت.

بیداری مردم عراق - و موفقیت مشابه آن در افغانستان - حتی سریعتر هم رخ داد، و ثابت شـــد که با دوام و دیرپاست، اگر ما با قاطعیت بیشتر و محکم‌تر آموزه‌ها، آیین، عقاید و تعلیمات القاعده و طالبان را به چالش بکشیم

امامان جمعه بی‌شـــماری هم در عراق بودند که آن عقاید و گفته‌های انقلابی شورشی‌ها و یاغی‌ها را نپذیرفتند، و برجسته‌تر و مهم‌تر از همه آنها، چهره‌های مذهبی شیعه بودند، مانند آیت الله علی سیستانی[4].

---

1 - Gen Stanley McChrystal, My share of the torsk p.248.

2 - Diyala.

3 - Salahaddin.

4 - Grand Ayatollah Alial-Sistani.

سیســـتانی، چهرهٔ یک مسلمان معتدل را نشان داد که از اولین روزهای پس از حمله، او بطور پیوسته مشـــاور همکاری مابین شیعیان و سنی‌ها بود. حتی پس از خونین‌ترین حملات مذهبی فرقه‌ای، دعوت به آرامش می‌کرد. او قوی‌ترین و قابل احترام‌ترین صدا در میان جامعه شیعه عراقی بود، و ما می‌بایســـت آن را انعکاس می‌دادیم. در رفتاری مشـــابه، ما باید اســـلام‌گراهای طرفدار ترور انتحاری را و تلاش پیوسته آنها برای ظهور جنگ فرقه‌ای و مذهبی را تقبیح و متهم می‌کردیم.

جنگ فرقه‌ای[1] در عراق و افغانســـتان رخ نـــداد، و حتی امروزه هم در خاورمیانه رخ نداد. بســـیاری از رهبران اســـلامی مذهبی هســـتند، مانند سیستانی که از افراد جهادی رادیکال تنفر داشته و دارند.

هنوز هم، سیاست‌گزاران برجسته آمریکا، حتی پس از ۱۱ سپتامبر، از نقد اسلام پرهیز دارند. و همیشه هم (یک کلیشه را) تکرار می‌کنند، برخلاف همه رفتارها و شواهدی متضاد، «که اسلام دین صلح است».

این اصرار و پافشـــاری بر روی انکار وجود «جهاد»، به رهبری رئیس جمهور ما، اوباماست و این ادعای مُضحک و مزخرف که «دولت اسلامی ربطی به اســـلام ندارد!» ما نمی‌خواهیم با انکار آنچه که در مقابل ماست. پیروز این نبرد باشـــیم. مدت‌های مدید اســـت که ما بسیاری از شیاطین (شرور و رذل که کارشان ننگین است) اسلام رادیکال را متهم می‌کنیم.

مردم منطقه، آن را بیشتر از ما می‌دانستند. و هر کسی می‌توانست با نگاه، به میلیون‌ها عراقی و افغانی، متوجه بشـــود که چه کسی زندگی آنها را با مخاطره روبرو کرده. وقتی زندگی‌شان را به مخاطره می‌انداختند تا در پای صندوق رای‌گیری انتخاباتشان شرکت کنند و برخلاف تهدید جهادی‌ها که می‌خواســـتند آن‌ها را بدان خاطر به خاک و خون بکشـــند، ایستادگی

1 - Sectarian War

کردند و رأی دادند.

برخلاف شکستمان در حمله به ایدئولوژیکی دشمنانمان، هنوز می‌توانیم آنها را در هر لحظه در هر میدان جنگی شکست بدهیم. موفقیت آنها بطور ثابت و در درجه اول، بر پایهٔ تصمیمات ما بود که ما از عراق و افغانستان، عقب‌نشینی کردیم. مشکل است که بتوان کسی را پیدا کرد که تصور می‌کند، تغییر بدست آمده در افغانستان که نسبت به عراق، دور افتاده‌تر است و مرتبط نیست. من که چنین تصوری ندارم. اول چندان ساده نبود، چون (شرایط و موقعیت) افغانستان نسبت به عراق، سخت‌تر هم بود.

وقتی که، در ژوئن ۲۰۰۹ به افغانستان رسیدیم، ستاد بخش فرماندهی ما در یک وضعیت درهم و برهم و بی‌نظم (کامل) بسر می‌برد، آن هم وقتی که دشمن ما پیشروی کرده بود.

تهدیدها، رشد کرد و در سراسر کشور گسترش یافت و ما حس می‌کردیم که فرماندهی هم در محاصره است. بسیاری از مقامات عالی‌رتبه بین‌المللی، بخش فرماندهی را بخاطر سفر به خارج از محوطه ترک کردند، و سیستم نظامی و روند طوری بود که شما اگر تصور می‌کردید، متوجه خواهید شد که اوضاع در پیرامون میدان‌های جنگ از چه قرار است، آن هم پس از ۸ سال که به خطا رفته بودید، ممکن نبود. بطور صادقانه باید بگویم، (وضع) ناامید کننده بود، پس از آن هر سال، ناگهان خودمان را در اول خط یافتیم. که همه چیز را از نو شروع کنیم.

علاوه بر، فرمانده‌های پرمدعا و از خود راضی قبلی ، ژنرال مک کریستال فوراً به اصلاح امور پرداخت. و او کم کم و آهسته بین پرسنل و فرماندهی در سراسر کشور، در حد توان و بنابه سرعت ممکن، نظم را برقرار کرد. بسیاری از قدم‌های نخست که وی برداشت، نه چندان مورد استقبال نیروهای بین‌الملل قرار گرفت و نه حتی آمریکایی‌ها روی خوش به آن

نشان دادند.

از قرار معلوم، یکی از چیزهای جزیی آن بود که وی ســرو مشروبات الکلی در بار و داخل محوطه‌های مربوط به ایساف[1] (نیروهای بین‌المللی کمک به امنیت) را ممنوع کرد.

ما در کشوری مسلمان قرار داشتیم، در وسط جنگ هم بودیم بنابر این در مقر فرماندهی بین‌المللی تقریباً کلاً نوشیدن مشروبات منع شد. افسران، کارکنان، غیرنظامی‌ها، یا هر کســی که شما فکر می‌کنید، کارگران انواع و اقسام اعتراض‌ها را شروع کردند. و از همه شهرهای کابل و جاهای دیگر شنیده می‌شد، افغانی‌ها طبعاً دوست نداشتند، ما هم چندان جدی به نظر نمی‌آمدیم. این رفتارها قطعاً، آن پیام را به همراه نداشت.

به طور مشــابه، عدم وجود قاطعیت در به کارگیری نیروها، در همه جا در میدان جنگ یا حتی ســتاد فرماندهی، و یا برخی اردوگاه‌ها، یا تیپ و قرارگاه‌ها هم وجود داشت.

خیلی از برخوردها و نگرش‌ها بود که ما باید بسادگی تعامل می‌داشتیم، به یک جنگ پیوسته وارد می‌شــدیم و بعد به وطن‌مان بازمی‌گشتیم. به جای مشــارکت صرف در این جنگ، ما مجبور بودیم برخی نگرش‌ها و برخوردهای خاص و مورد نیاز برای کسب پیروزی هم می‌داشتیم. متوقف کردن آن روند، مشکل به نظر می‌آمد.

باید نیروهای آمریکایی در تیم بین‌الملل به مسیر مورد نظر، به سرعت بازمی‌گشتند. حداقل خواسته‌ای بود که از آنها توقع داشتیم. هر چند، مانند بسیاری از جنگ‌ها، همیشه نمی‌توان روی دشمن حساب چندانی باز نکرد و جدی‌اش هم نگرفت و یکی از (کادوها و) پیام‌های اســتقبال گونه از

1 - ISAF

طرف طالبان، اتومبیل بمب‌گذاری شـــده انفجاری بود[1] که یک روز صبح به ســـمت در ورودی مقر فرماندهی ایساف (نیروهای بین‌الملل کمک به امنیت) فرستاد.

این‌ها چند روز پس از ورود ژنرال مک کریستال بود که سکان فرماندهی را بدست گرفته بود. این شیوهٔ اسقبال و خوش‌آمد گویی طالبان بود که به ما بگوید «به افغانستان خوش‌آمدید!» حمله در اواسط پیشروی صبح زود، در میدان جنگ رخ داد. انفجاری بزرگ بود، و کل محوطه را دچار شگفتی کرد. به نظر می‌آمد که انفجار، کل ساختمان ما را از جا کنده است.

هر کســـی به خارج از ســـاختمان فرار می‌کرد، اما ژنرال مک کریستال خیلی آرام و خونســـرد، همه چیز را مدیریـــت می‌کرد که هراس را کنار بگذارند و هر کســـی به جای خودش باز گردد و مشغول کارش باشد تا بجنگد، پیروز شوند؛ همانطور هم شد و چنین کردند.

وقت نداشتیم که نگران آن، کارهای بی‌معنی و مزخرفی باشیم که روز اول ورودمان به کابل با آنان روبرو شده بودیم. اوضاع باید تغییر می‌کرد و سریع هم تغییر می‌کرد وگرنه شکست می‌خوردیم. همه آن کارها در همان هفته‌های اولیه صورت گرفت.

پس از آن روزهای اولیه، نظم لازم به ستاد فرماندهی برقرار شد، و من و ستان (مک کریستال)، دیگر پرسنل، از سراسر کشور بازدید داشتیم اما نتایج دلچسب نبودند. چیزی زیادی در بارهٔ تعداد جمعیت جایی که فرضاً باید حمایت‌شان می‌کردیم، نمی‌دانستیم و بطور هشدارآمیزی از قدرت القاعده و طالبان غافل بودیم. این دورهٔ گشت و بازدید (از سراسر کشور)، حتی در بسیاری از جاهای بدنام افغانستان، ضروری و واجب بود.

فرماندهان و پرسنل خود در امکان مختلف عملیاتی و سطوح متفاوت

1 - Vehicle-bomb Improvised Explosive Bomb (VBIEO).

در ستاد فرماندهی، از سطح دسته تا جوخه را می‌دیدیم. اما مهم‌تر از همه، افغان‌ها را هم می‌دیدیم. به همه شهرها و روستاها، حتی دور افتاده رفتیم، رهبران قبایل سنی و محلی را مقامات محلی و ایالتی را دیدیم.

افسران نظامی و بسیاری دیگر از نظامی‌های افغانستان ما را همراهی می‌کردند. نوعی تجدید نظر و یا به روز کردن اطلاعات ما از میدان جنگ بود، شناخت از موقعیت هم که نیروهای ما چه می‌کنند و پیشرفت‌شان کجاست (که اکثر آن‌ها، حکایت از آن داشت، جدی‌تر شده‌اند) و بسیاری هم دلالت بر آن داشت که برخی شکایات در بارهٔ گسترش عجیبی از فساد بود که در داخل سیستم حکمفرماست، و حتی شامل افراد خود ما هم می‌شد.

اغلب، اطلاعات دقیق از سطوح پایین نیروهای جنگی ما می‌آمد. مزخرفات تحویل نمی‌دادند، نه وقت نداشتند و نه وقت ما را هم به حرف پوچ و بی‌معنی تلف می‌کنند. وسیله ارتباطی هم با سیاست‌گزاران ما که به آنها نیاز داشتند، وجود نداشت. از بسیاری از چیزها، حتی اساسی و مورد نیاز - که می‌بایست می‌دانستند - هم خبر نداشتند، که حتی اگر ما مسلط باشیم، چه باید بکنند، کمبود شدید اطلاعات واقعی داشتند، اما اطلاعاتی بیشتر از آنچه که از این عملیات خودشان، بدست می‌آمد.

حس بدی داشتم، من از جهان عملیات تخصصی می‌آمدم. جایی که ما اطلاعات را به صف جلو عملیات‌مان می‌آوریم. توانستیم آن ذهنیت و تفکر را تغییر دهیم. از نقشه جنگی تا جنگ با دشمن - برای اکثر برگزیدگان و زبدگان نیروهای نظامی‌ها، اطلاعات را عملیاتی کردیم و به آن مفتخر و خرسند بودیم، اما متوجه شدیم که نیروهای جنگی معمولی ما هم با ضعف در اطلاعات واقعی دچارند. همهٔ آن مزخرفاتی که در بارهٔ روند تبدیل «ملی به تاکتیکی» شنیده‌اید، چرند و بی‌معنا است.

در اولین دهه قرن ۲۱ بودیم و برخلاف تمام پیشـــرفت‌های شگرف در تکنولوژی، نیروهـــای نظامی ما در صحنه میدان جنگ خیلی محدودیت داشتند و موجب فهم، دید و نگرش محدود در ماجرا شده بود.

«به عبارتی اصلاً تکنولوژی خوبی در ســـطح محلی در اختیارشان نبود که قادر باشند دشمن را فراتر از فرماندهی بالا، ببینند. نیاز بود که تغییراتی سازنده رخ بدهد، که نیروهای ما را تأمین کند. و ما سعی‌مان را کردیم، تا رخ دهد. در ضمن شکر خدا، نیروهایمان بسیار شجاع و خوب دوره دیده و مبتکر و هوشمند بودند، تا مأموریت‌شان را درست و عالی انجام بدهند.

در بارۀ سربازان آمریکایی باید گفت - برخلاف همه آن تلاش‌هایی که شـــد که آنها را به لجن بکشند، بطور معجزه‌آسایی، ایفای نقش کردند و کارهایشان را عالی انجام دادند.

قبل از رفتن به افغانستان در ژوئن ۲۰۰۹، من در ستاد فرماندهی مرکزی انجام وظیفه می‌کردم و رئیس نیروهای مشترک در پنتاگون بودم. یک جای بکر که می‌توانستی هر اطلاعاتی را از پایگاه‌های ثابت به دست بیاوری و مشکل آن بود که اطلاعات نقش زیادی بازی نمی‌کرد. اگر نمی‌توانستی آن را به واقعاً به کسانی باید بر روی آن فعالیت بکنند، برسانی.

در آن، مأموریت، فهمیدم که «اطلاعات»، و مواد واقعاً حساس، معمولاً زود، منسوخ و حتی نامربوط می‌شوند. فوراً به بررسی جهان منابع اطلاعات، آن هم از رســـانه‌ها (با جریان آزاد اطلاعات) و خبرها در بارۀ میدان‌های جنگی، پرداختم که بسیار هم مؤثر بود و نتایج خوبی هم داشت و بسرعت در رسانه‌های اجتماعی هم آن نگاه گسترش یافت.

در طی آن گشـــت شـــناختی (در افغانستان)، بســـیاری از نظامی‌ها و غیرنظامی‌ها که با آنها صحبت می‌کردیم، از عدم رابطه بین دولت حمید

کرزای[1]، با جامعه بین‌المللی، با نیروهای نظامی ما، و حتی با بقیه کشــور شکایت داشتند.

در مدت اندکی با هلیکوپتر، پیاده و با اتومبیل به همه جا رفتیم. این عدم اطمینان در همه جا و در همه کس یافت می‌شد. عدم اطمینان به ما هم بود، اما به دولت‌شان ذره‌ای اعتماد و باور هم نداشتند.

تحقیقات ما در اوایل ژوئیه رخ داد، و شاید اولین بار هم بود که چنین چیزی رخ داد، نیاز داشــتیم که بیشــتر بدانیم. مشخص بود که سیستم اطلاعاتی به شدت آسیب داده است. بعداً از آنچه که در عراق ساختیم و به دست آوردیم، متفاوت و بی‌تأثیر نبود. منابع اندکی وجود داشت و اغلب یک نوع عدم ارتباط کامل بین نیروهای مرد و زن، روی زمین دیده شــده و سپس به مقامات بالا و ستاد فرماندهی هم گزارش می‌شد، کاملاً آن از هم‌گسستگی، مشهود بود.

علاوه بر همه این‌ها، طالبان و القاعده، حتی قوی‌تر از قبل، بازگشته بودند و دیگر ما بخش‌های بیشتری از افغانستان را تحت تسلط و کنترل داشتیم. حتی رئیس جمهور آمریکا گفت که افغانستان اولویت اصلی ماست، که شــامل پنتاگون و دیگر قسمت‌های نظام حکومت، جامعه، سازمان‌های امنیتی هم می‌شد. اما بسادگی نتوانستند آن را تنظیم و تعدیل را برقرار کنند.

هنوز، تمرکز روی عراق بود. در اواســط ژوئیــه ۲۰۰۹، به همراه تیم کوچکی، به گشت در سراسر کشــور پرداختیم. یا عملیات اطلاعاتی را بطور دقیق‌تر بررسی کنیم.

صحبت کردن با بسیاری از مردم افغان در جاهای دور افتاده و روستاهای مختلف که می‌توانســتیم برویم، و شنیدنشان ضروری بود. روابط خودم را در آن ایام با بســیاری از افراد بدنام و رسوا هم توسعه دادم. یکی – که

1 - Hamid Karzai.

امروزه ژنرال هم شده - عبدول رازیق[1] از شهر (مرزی) سپین برلاک[2]، در جنـــوب ایالت قندهار[3] بود دیگری احمد والی کرزی[4]، برادر ناتنی رئیس جمهور، حامد کرزی بود. افرادی ضعیف و نادرست[5] بودند.

رازیق، بخاطر مواد مخدر و قاچاق خشخاش (یا کوکنار) در مرز پاکستان در جایی، اسم دروازهٔ دولتی شناخته شده بود (جایی که نه دوستی بود و نه دوستی یا چیز دوستانه‌ای (از دروازه عبور می‌کرد) باریک اندام و لاغر، ســـفت و سخت، شدیداً خشن بود. چند تا جای زخم گلوله را نشان داد، که گویا از جنگ با طالبان روی بدنش باقی بود.

اکثر آمریکایی‌ها، اکثراً این طور موجوداتی را فقط در نشـــریه نشـــنال جغرافی[6] دیده‌اید. طالبان برادر او را کشته بود، و چند بار سعی کرده بودند او را هم سر به نیست کنند. برخلاف رفتار ناخوشایند (و بی‌مزگی‌هایش)، از رازیق بدم نمی‌آمد، با من خیلی رُک و صریح بود، من هم با وی خیلی بی‌پرده و سرراســـت حرف می‌زدم. گاه به گاه و هر وقت که ممکن بود، همدیگر را می‌دیدیم.

اولین بار بود که یکی در حد مقام‌های ارشد، ایساف (نیروهای بین‌المللی کمک به امنیت) و یا حکومت، به او توجهی می‌کرد. او که مسئولیت بخش مهمی از جنوب قندهار و از نظر جغرافیایی خطرناک‌ترین بخش کشور، را بر عهده داشت.

---

1 - Abdul Raziq (Achakzai)

2 - Spin Boldak.

3 - Kandahar.

4 - Ahmed Wali Karzai.

رئیس شورای ولایتی قندهار و برادر ناتنی حامد کرزای، رئیس جمهور وقت افغانستان ۱۲ ژوئیه ۲۰۱۱ توسط یکی از نزدیکانش - وابسته، طالبان - کشته شد.

5 - Boy Scouts.

6 - National Geographic.

دروازه مرزی پاکستان جنوبی بود و مستقیماً در آن طرف‌تر، ستاد فرماندهی طالبان در جایی بدنام به نام کویته[1] وجود داشت.

نه به آنچه که او ارائه می‌داد، علاقه‌ای داشتم، و یا به آنچه می‌کرد، توجهی. اما ظاهراً به همدیگر نیاز داشتیم. در مناطق قبیله‌ای محلی خودش هنوز استحکام و ثبات داشت، می‌دانست چه می‌خواهد، و با مشت آهنین اُمورات را مدیریت می‌کرد. من با او در یک کامیون بارکش تویوتای درب و داغان نشسته بودم و از داخل پشت چمن اسب‌دوانی‌اش، می‌گذشتیم. به طرف برخی روستاها رفتیم، گاه تغییر جهت می‌داد، و از جاهایی خاصی می‌گذشت (که اگر بشود اسمش را راه گذاشت، و البته بلد بود، چون خالی از بمب و دیگر مواد انتحاری بود). مردها و جوان‌ها - چه پسر و چه دختر - جلو می‌آمدند و او هم به آنها پول (افغانی) می‌داد.

تصور داشتم که با کسی خارج از داستان رابین هود،[2] دارم سفر می‌کنم. مردم دوستش داشتند و به او علاقمند بودند. به من نشان داد که مردم سرزمین افغانستان و بافت جامعه آن کاملاً با عراق متفاوت است و ما در آن محیط، نمی‌توانستیم، عملیات مشابه داشته باشیم، همانطور که در عراق چنین کردیم، بطور متفاوت عمل کردیم.

جذب رهبران قبایل سنتی و بومی به سمت ما، مشکل به نظر می‌آمد و اگر ما در صدد این رویکرد می‌بودیم، باید در زمینه‌های مختلف و جاهای مختلف در سراسر کشور کار می‌کردیم. آن هم با رهبران متفاوت از قبایل مختلف و آن وقت آن در افغانستان چیزی مشابه آن بیداری (مردم)الانبار رخ نمی‌داد.

---

1 - Quetta

مرکز استان بلوچستان در پاکستان، نزدیک مرز افغانستان در قندهار.

2 - Robin Hood.

شـــیوه قدم به قدم را در پیش گرفتیم. وقت بیشتر و منابع انسانی بیشتر می‌توانســـت اما من شـــدیداً معتقد بودم که مســـلط خواهیم شد. از دید اطلاعاتی، بیشـــتر به دریافت ریز از حقایق روی زمین نیاز داشتیم. جایی که در یک گردش اطلاعاتی بودیم از دســـت دادیم. از طریق رازیق، من دیگـــر افغان‌ها را دیدم و با احترام با آنها رفتـــار کردم، و وقتی که دوباره می‌دیدم‌شـــان، احترام متقابل هم می‌دیدم. به جاهایی نیاز داشتم بروم که شاید دیگر هم به آنجاها نروم.

با ژنرال محمد نورزای[1]، فرمانده نیروهای مرزی افغانســـتان و رازیق به دیدار از دروازۀ ترخام[2] در شـــرق رفتیم، در ضمن گذشتن از مرز شمالی، به او فهماندم که از دروازه دوســـتی و از بخش چالش برانگیز و حساس جنوبی افغانســـتان این سفر چشـــم هر دوی ما را گشود و درک بیشتری نسبت به همدیگر پیدا کردیم.

اولین بار بود که رازیق سوار هواپیما می‌شد. (که در اول هم تصور داشت من برای دستگیری او رفته‌ام)

هدف ســـفر هم توسعه روابط قوی با کسی حامی ما بود، که بدان نیاز داشتیم. و هم به رزاق نشان دهیم که نوار مرز مدیریت شده‌تر چگونه باید باشد. در سفر قبلی هم، به دنبال اهداف همین سفر اخیر می‌اندیشیدم، که چگونه از دروازه دوستی در جنوب قندهار، در طی یک سال، چه چیزی را می‌توان بدست آورد.

رازیق، بطور نهانی نســـبت به من بدگمان و مشکوک بود، که مبادا وی را دســـتگیر کنم و البته چیزی جز ترحـــم پارانویایی نبود. (چنین قدرتی نداشتم). ما آدم وی را در مرکز اصلی پلیس هلمند دستگیر کردیم.

---

1 - General Mohammad Noorzai.

2 - Tarkham.

یارو، مرز نام شهرک مرکزی بهرام‌شاه[1] در پاکستان را در کنترل داشت. جایی که مانند سنگ قبرهای فیلم‌های غرب وحشی مملو از شقایق بود.

انواع کار و فعالیت شـــرورانه و شنیع در اطراف آن شهر انجام می‌شد. یکی از چیزهایی که رئیس پلیس هلمند انجام داده بود و مقامات حکومت می‌خواستند که وی را دستگیر کنند. ماجرا آن بود که وی به سرقت پول از خانوادهٔ سربازان افغان مشـــغول بود. اساساً پول خانواده‌های سربازان کشـــته شـــده‌اش را هم بالا می‌کشـــید. حکومت تصور می‌کرد که هنوز زنده‌اند، گزارشی مبنی بر کشته شدن آنها هم دریافت نکرده بودند، بنابراین حقوق آنها را می‌پرداخت. دریافتیم که این نوع اعمال بر سراســـر کشور حکمفرماست.

هنوز هم از این موردها هست، گرچه ما سعی کردیم آن را از بین ببریم. اما در آن میان، سیستمی و نظامی بود که این رفتارها را تصحیح و یا متوقف کند که دیگر به پلیس باج داده نشود. با نگاهی به گذشته، ما احتمالاً باید کمی جدیت و فشار بیشتری اعمال می‌کردیم تا این پیام را بفرستیم، که در بارهٔ رفع فساد جدی هستیم.

وزیر کشور، حنیف اثمر[2]، مردی که تعلیم یافته شوروی بود، با طرح ما موافق بود که یکی از رهبرانش را دستگیر کرده بودیم. یک عملیات عجیب و غریب بود. هواپیما را در فرودگاه قندهار نشاندیم، رئیس پلیس را فریب دادیم که تصور کند او برای دیدار با رهبری‌اش در فرودگاه خواهد رفت، و وقتی به آنجا رسید، دستگیر شد.

داخـــل هواپیما قرار گرفت، به کابل بازگردانده و در یک دادگاه نمایش و غیررســـمی (بدون شواهد لازم) نشانده شـــد. و خلاصه از مشاغل و

---

1 - Baramshah

2 - Hanif Asmar.

منصب‌هایش برکنار شد و عاقبت به همان زندگی مملو از توحش خودش بازگشت. به هلمند رفت، اما این بار جنگجوی طالبان، تشریف داشت!

شـــاید هضم و باورش برایتان مشکل باشد. در سال ۲۰۰۱، تفنگداران نیروی دریایی، موفقیت بزرگی را در یک عملیات تعیین شده، در کنترل هلمند بدست آوردند و ارتش هم موفقیت مشابهی در قندهار بدست آورد. حتی نیروهای نه چندان کافی انگلســـتان هم که از ۲۰۰۶ تا ۲۰۰۷ بدون وقفه می‌جنگیدند، موفق شدند و در کل، موفقیت فوق‌العاده‌ای محسوب می‌شـــد. در ۲۰۱۳ هم شنیده شد که آشـــوب و بلوای قبیله‌های در میان برخی از قبایل پشـــتون[1] افغانستان در گرفته، که از دید ما به یک فرصت بیداری - می‌مانســـت اما افسوس که توسط حکومت کرزای و یا بوسیله جامعه بین‌الملل حمایت نشد.

البته قابل پیش‌بینی هم بود، اما نتایج اندوه‌آور چنان شد که هر کسی به ما اعتماد داشت، می‌خواست هر نوع التفات و ترحمی بر تروریست‌ها کنار گذاشته شود، همانند آنچه که در عراق رخ داد. پس، طالبان و هم‌پیمانانش زمین و منطقه‌شان را از دست دادند.

مشکل آنجاست که به علت موقعیت‌های استراتژیک که در آن ایام درک نشد (چیزی شبیه به آن ارزیابی‌های غلط در انبار عراق، در ایام بیداری) به سختی تشخیص دادیم که در افغانستان واقعاً و حقیقتاً، چقدر به پیروزی نزدیک شده‌ایم. متوجه آن مساله نبودیم. اما بعدها، همانند عراق، موفقیت پایدار نیست اگر در قدم بعدی عقب‌نشینی شود.

مانند عراق، من (در افغانستان هم) با ژنرال مک کریستال همکاری کردم، ضروری اســـت که دوباره راهی که ما اطلاعات و روابط بین اطلاعات و عملیات را در رویهٔ خودمان مد نظر قرار بدهیم (به آن توجه کافی داشته

---

1 - Pashton.

باشیم).

فصل سوم

اتحاد دشمن

بزرگترین ضعف دمکراسی، سیاست خارجی است.

الکسی دو ترکویل[1] در بازگشت (از سفر امریکا) در سال ۱۸۳۱ نوشت[2]: ما کُند هستیم و نمی‌توانیم اسرارمان را خوب نگه داریم، در صورتی که سیاست امنیتی ملی موثر، گاهی نیازمند رازداری و محرمانه ماندن است و همچنین داشتن سرعت بالا از اهمیت زیادی برخوردار است. شاید دشمنان ما، قوی‌تر شده‌اند و به طور قابل تصدیقی، دلگرم و بی‌پروا هستند. و این که می‌دانند ما چه کاری خواهیم کرد و چه کاری را انجام نخواهیم داد. بنابراین، اغلب برای رهبران دمکرات (و مردمی)، حتی اگر بدانند چه اتفاقی در حال وقوع است و دید کافی و شهامت لازم برای واکنش هم داشته باشد، جانب احتیاط را به طور شایسته نگه داشتن، و واکنش به موقع و اقدام بهنگام قبل از شروع کامل یک بحران، تقریباً امری غیرممکن است.

وینستون چرچیل[3]، یکی از معدود رهبران بریتانیا، که خطر نازی‌ها[4] را به طور کامل و قبل از وقوع رخدادها، احساس کرد، و بسیار گسترده،

---

1 - Alexis de Tocquerville.

از مهمترین متفکران قرن ۱۹ فرانسه تاریخ‌دان، فیلسوف و سیاستمدار و از موسسین علم سیاست امروز. از مسایل مورد توجه او "دمکراسی و آزادی" در فرانسه بعد از انقلاب و آمریکا است. برخی اندیشمندان، نیمه اول قرن ۱۹ را لیبرالیسم سیاسی ترکویل در مقابل مارکسیسم می‌دانند.

۲ – مهمترین اثر او در سال ۱۸۴۰، "دمکراسی در آمریکا" است.

3 - Winston Churchill.

4 - Nazi.

مورد استهزاء و ریشخند قرار گرفت تا اینکه جنگ جهانی دوم،[1] تقریباً، در شرف آغاز بود. در آمریکا، ماه‌ها قبل از اینکه در پرل هاربر[2] در ۷ دسامبر ۱۹۴۱، همه مهارت‌های سیاسی فرانکلین روزولت[3]، برای گرفتن تاییدیه از کنگره به کار گرفته شود. تا پیش نویس (حمله) نظامی، با یک رای، در اوت ۱۹۴۱ تایید شود.

شـــعارهای «سنجیده‌روی سیاســـی» این ضعف‌ها را تقویت کرد. اگر، مدافع‌های سنجیده‌روی سیاسی به ما بگویند، که برای اعضا یک فرهنگ، هیچ پایهٔ عینی برای نقد دیگری وجود ندارد، آنگاه مشکل می‌شود - هر چنـــد هم گفتن و نوشـــتن در باره آن را ممنـــوع کنند - موجودیت یک ائتلاف بین‌المللی از کشـــورهای شرور و جنبش‌های شریرانه را دید، که اقدام‌های‌شان صرفاً در جهت نابودی ماست.

هنوز هم، این ائتلاف وجود دارد و برای ســـال‌های سال، مُردد خواهیم ماند!... نبرد آغاز شده، با یک ائتلاف کاری و موثر از "کره شمالی و چین و روسیه و ایران و سوریه تا کوبا و بولیوی و ونزوئلا و نیکاراگوئه" روبرو هستیم.

هدف این عملیات هســـتیم. نه مستقیماً به دولت - ملت مربوط باشد،

1 - World War II.

2 - Attack on Pearl Harber

حمله، پرل هاربر (که از سوی مرکز فرماندهی نظامی ژاپن عملیات هاوایی یا عملیات زی و از سوی برخی آمریکایی‌ها نبرد در پرل هاربر خوانده می‌شد) حمله ناگهانی هواپیماهای جنگنده ژاپنی به پایگاه دریایی ایالات متحده آمریکا در پرل هاربر در واقع در جزایر هاوایی در اقیانوس آرام بامداد روز یکشنبه ۷ دسامبر ۱۹۴۱ (برابر با ۱۶ آذر ۱۳۲۰) بود که موجب ورود آمریکا به جنگ جهانی دوم شد.

3 - Franklin Delano Roosevelt

فرانکلین روزولت (۳۲ مین رئیس جمهور آمریکا)، از حزب دمکرات. برخی مورخان وی را در کنار لینکلن و واشنگتن، جزو برترین روسای جمهور آمریکا می‌دانند. از ۴ مارس ۱۹۳۳ تا ۱۲ آوریل ۱۹۴۵مشغول به کار بود. و بعد از وی، هری ترومن آمد.

بلکه از طرف القاعده[1]، حزب الله[2]، داعش[3] و دیگر سازمان‌ها و گروه‌های تروریستی بی‌شمار هم هست.

(که بعداً در بـــاره آن بحث خواهیم کرد. و در باره اینکه نوعی روابط کاری بین گروه‌های تروریستی و ســـازمان‌های شرور و جنایتکار منظم وجود دارد.)

همین قدر اشـــاره کنیم که، نوعی همکاری مشـــابه بین این جهادی‌ها، کمونیست‌ها و انواع و اقسام حاکمان ستمگر (پیرو ولایت مطلق) را بهم گره می‌زند. این ائتلاف (شـــوم)، اسباب شگفتی بسیاری از مردان جامعه است.

در سطح، خیلی متناقض و بی‌ربط (یا گسسته) به نظر می‌رسند. پرسیده می‌شـــود که، چگونه یک رژیم کمونیســـتی مانند کره شمالی، یک رژیم اسلامی افراط‌گرا و تندرو مانند ایران را در آغوش می‌گیرد؟ بطور قطعی، جهادی نیست. با روسیه، روابط و تعامل خوبی دارد اینکه روسیه از طرف گروه‌های اســـلامی‌های رادیکال در جنوب روسیه، مورد تهدید است، و روس‌ها در بارهٔ اســـلام‌گراهای رادیکال در جاهایی مانند چچن، بســـیار بی‌مهارت و خام دستانه عمل کرده‌اند.

1 - al Qaeda:
تشکیلات بین‌المللی نظامی و بنیادگرای اسلامی، در دوران جنگ شوروی و افغانستان توسط بن لادن تاسیس شد. ایدئولوژی آن پان اسلامیسم، جهادگرایی سلفی و سلفی‌گری است. رهبر فعلی آن ایمن الظواهری است.

2 - Hezbollah:
سازمان سیاسی نظامی اسلامگرای شیعه در لبنان است. در اوایل ۱۹۸۰ به الهام از تفکر اسلام سیاسی روح الله خمینی در لبنان درست شد. در زمان جنگ داخلی لبنان، حزب الله از کمک تسلیحاتی و حمایت نظامی سپاه پاسداران انقلاب اسلامی و حمایت مالی رژیم جمهوری اسلامی ایران برخوردار بود. هدف اصلی آن بر پایه تشکیل حکومت اسلامی بود. اکثر کشورهای جهان آن را در زمره گروه‌های تروریستی طبقه‌بندی کرده‌اند. بخش نظامی حزب الله خود را شاخه مقاومت اسلامی در لبنان می‌داند. دبیر کل فعلی آن سیدحسن نصرالله است که علناً و رسماً در رسانه‌ها گفت که رژیم فعلی ایران، هزینه‌اش را می‌دهد.

3- ISIS

هنوز هم نیروهای هوایی روس و نیروی پیاده نظام ایران در سوریه، شانه به شـــانه هم می‌جنگند[1]. به طریقی، ناسازگاری و انزجار روسیه از اسلام رادیکال، مانع کرملین نشـــده که به ساخت و ساز همه طرح‌های انرژی هسته ایران اقدام نکنند و همچنین دکترین رژیم کمونیستی در پیونگ یانگ (کره شمالی) موجب نشـــده تا با تهران در موضوع‌های سلاح هسته‌ای، موشک، نفت خام و ساخت تونل و ... همکاری نکنند.

(رژیم جمهوری اسلامی) ایران، محور (لولای) این ائتلاف است، البته این نکتهٔ مهم ماجراست[2].

مشـــارکت تهران - پیونگ یانگ (یا ایران - کره شـــمالی) کاملاً ثابت، برقرار و گسترده است:

«هر دو کشور جمهوری اسلامی ایران و کره شمالی، بخشی از شبکه غنی‌سازی (ســـلاح هسته‌ای) عبدالقادر خان[3] و تجارت دو جانبه در زمینه نفت و تســـلیحات با وجود تصویب ســـازمان ملل، ادامه دارد. همکاری در زمینه موشـــک‌های بالســـتیک، مستند است و همکاری

---

۱ - در پی انتشار اخباری مبنی بر استفاده روسیه از حریم هوایی ایران برای بمباران در سوریه، علی شمخانی، استقرار بمب‌افکن‌های روسیه در پایگاه همدان را تایید و همکاری تهران و مسکو را راهبردی تعریف کرد. سپس، خبرگزاری رویتر گفت در این حملات از بمب‌افکن‌های دورپرداز توپولف ۲۲ و جنگنده بمب‌افکن، سوخوی ۳۴ استفاده شده است. (۲۲ امرداد ۱۳۹۵، رادیو فردا)... اما برخی نمایندگان گفتند طبق اصل ۱۴۶ قانون اساسی، استقرار پایگاه نظامی خارجی در کشور ممنوع است که حسین دهقان، وزیر دفاع ایران گفت، روسیه از پایگاه هوایی همدان، ربطی به مجلس شورای اسلامی ندارد. و از احتمال گسترش همکاری در شرایط منتفی خبر داد. (رادیو فردا، ۳۰ مرداد ۱۳۹۵)

۲ - از نظر تاریخی روابط شوروی و «ک‌گ‌ب» با سازمان‌های تروریستی و چریکی مانند چریک‌های فدایی خلق و مجاهدین خلق، قبل از همهمه ۱۳۵۷ مشهود است و طبق گفته جناب پرویز ثابتی و شادروان منوچهر هاشمی، حتی با وجود ترور آمریکایی‌ها در ایران، CIA حاضر به پذیرش این واقعیت نبود که این ۲ سازمان چریکی مارکسیست - لنینیست، اجیر شوروی و کمونیست‌ها هستند! ر.ک: مقاله «تروریسم ایرانی» عرفان قانعی فرد، آژانس خبرگزاری ایرانشهر، کالیفرنیا.

3 - Abdol Qadeerkhan

عبدالقدیرخان، فیزیکدان هسته‌ای و مهندس متالرژی پاکستان.

هسته‌ای بین آنها در واشنگتن، مطرح نیست! کره شمالی، به سوریه، همـــکار ایران، کمک می‌کند تا مخفیانه، رئاکتور هســـته‌ای بســـازد. گزارش‌هایی هست که کارشناس‌های کُره شمالی در ماه مه ۲۰۱۵ از تهران بازدید کردند و به رژیم جمهوری اسلامی ایران در زمینه برنامه م وشکی خود کمک کردند چند هفته پیش هم گزارش‌هایی مربوط به همکاری تسلیحاتی - هسته‌ای بین کره‌ای‌ها و جمهوری اسلامی ایران در مطبوعات منتشر شد، حتی وزارت خارجه هم تایید کرد که گزارش‌هایی در باره همکاری جدی مابین کره شـــمالی و جمهوری اسلامی ایران، دریافت کرده است[1].

شـــمار زیادی پروازها وجود دارد و ترافیک هوایی مابین دو کشور هم به شـــدت فعال است و کره شمالی در حفاری و ساخت تونل‌ها در ایران شـــرکت و همکاری داشته است. از همه مهم‌تر، در اوائل سپتامبر ۲۰۰۷، نیروهای اســـرائیلی، بنابه گفتهٔ برخی منابع، ســـایت (تولید) سلاح‌های هسته‌ای سوریه را نابود کردند. که تحت عملیات احداث توسط ایرانی‌ها بود، و از همکاری تکنولوژیکی کره شمالی هم در آن زمینه بهره‌مند شده بودند[2].

در آن ایام، افســـر ارشد در اطلاعات امنیت (در ستاد فرماندهی مرکزی ایالات متحده آمریکا) بودم. چه شب‌هایی که بدون خواب و استراحت، یک سری عملیات را طراحی کردیم که به این تاسیسات ضربه بزنیم (تا ساخت و ساز آن متوقف شود).

---

1 - www.jewishpolicycenter.org/5643

۲ - ارتش سوریه شامگاه چهارشنبه ۱۱ بهمن اعلام کرد که جنگنده‌های اسرائیلی، یک مرکز پژوهش‌های نظامی در حومه دمشق با بمباران کردند. آخرین حمله هوایی اسرائیل به سوریه، سال ۲۰۰۷ روی داد که در آن یک ساختمان - پایگاهی برای فعالیت‌های اتمی سوریه - منهدم شد. (در دیرالزور، سوریه) که محمد البرادعی هم در کتاب خاطرات خود، در آن باره نوشته است. (۱۲ بهمن ۱۳۹۱، رادیو فردا)

علاوه بر آن، بیشتر در زمینه تاسیسات گسترده، تعداد سایت‌ها، روابط بین کُره شمالی و جمهوری اسلامی ایران (که حتی عملیات امنیتی موجب شده بود که این تاسیسات و امکانات، که درست در مقابل ما قرار داشت، برای ده سال مخفی بمانند)، مطالعه و بررسی کردم، اما بیشتر و بیشتر عصبانی و خشمگین و از سیستم اطلاعاتی خودمان به کلی ناامید شدم. غفلت از این سایت، فراتر از یک شکست اطلاعاتی است، می‌توانست حتی به یک جنگ هسته‌ای در خاورمیانه هم مُنجر بشود.

و طبق اخبار منتشر شده در مطبوعات آلمان در آن زمان – مانند اشپیگل – دو تاسیسات سلاح هسته‌ای دیگر در سوریه وجود داشت که حاصل تلاش‌های کره‌شمالی و ایرانی‌ها در ساخت آنها بود. یکی از آنها زیرزمینی در نزدیک مرز لبنان بود، و دیگری هم گفتند «جایی محرمانی» است و آخر الامر بسیار خوش اقبال بودیم که اسرائیلی‌ها تصمیم به حمله گرفتند و ال کیبر[1] را نابود کردند[2].

اگر به وب‌سایت رهبر (ولایت فقیه) در جمهوری اسلامی، علی خامنه‌ای، مراجعه کنید، خودش را اینگونه توصیف کرده است "رهبر مسلمانان"[3]،

1 - al kibar

۲ – عملیات باغ میوه (Operation Orchard) به حمله هوایی ارتش اسرائیل به منطقهٔ دیرالزور سوریه در ۶ سپتامبر ۲۰۰۷ کشته می‌شود که در طی آن، مجتمعی که CIA اعلام داشت برای مقاصد هسته‌ای نظامی ساخته شده، منهدم شد. اسکادران ۶۹ نیروی هوایی ارتش اسرائیل، این حمله را، اجرا و در آن از هواپیمای اف ۱۶ فالکن و اف ۱۵ ایگل استفاده کرد. اول، اسد منکر شد که در نمونه‌برداری بعد از عملیات توسط بازرسان آژانس بین‌المللی انرژی هسته‌ای از منطقه، علایمی بر تایید وجود اورانیوم در منطقه اثبات شد. روزنامه Neuzürcher Zeitung آلمان نوشت (مارس ۲۰۰۹) که اسراییل با اطلاعات بدست آمده از بازجویی علیرضا عسگری (معاون وزیر دفاع ایران؛ سرتیپ بازنشسته سپاه که اوایل ۲۰۰۷ در ترکیه ناپدید شد و بعدها اسرائیلی‌ها در هاآرتص، ۲۷ دسامبر ۲۰۱۰، نوشتند وی خودکشی کرده) به آن مرکز پی برد.

3 - www.khamenei.ir

رهبر مسلمانان جهان، ولی امر مسلمین جهان، رهبر انقلاب ۱۳۵۷؟!، حضرت آیت‌الله العظمی سید علی خامنه‌ای (مدظله العالی)، نایب بر حق امام زمان و ... (البته تقدس پیشوا تا سر حد امکان، جزو اصول فاشیسم است...).

که تقلیدی از قدرت خلفای قدیمی که از رهبران همه مسلمانان و نه تنها شیعیان، بودند.

انقــلاب روح الله خمینی در اوایل ۱۹۷۹، نه تنها (رژیم) شــاه ایران را واژگون کرد[۱]، بلکه عقیده و باورهای ســنتی شیعه را هم دگرگون کرد[۲]. طبق آنچه که شیعیان می‌گفتند، جامعه نباید توسط روحانیون تا ظهور و بازگشت «امام زمان» اداره بشود. چون مژده طلیعهٔ ظهور مجدد او هم در هزار سال اخیر (در بین شیعیان) مطرح بوده است.[۳]

در مقابل شیعیان، طبق آیین و اصول اهل سنت، که مدت‌هاست بر آن اصرار دارند، بهترین جا برای رهبران مذهبی مسجد است. و باید قدرت را به مردمان غیرمذهبی و غیرروحانی (سکولار) بسپارند.

خمینی، خودش، قدرت در ایران را به دست گرفت[۴]، (بر کرسی قدرت نشست) و ســخت و محکم هم آن را تصرف کرد. یک نظام ستم پیشه، ظالم، ســفاک با حذف زنان از عرصه اجتماع، با تحمیل و وضع قوانین متظاهرانه و سخت‌گیرانهٔ دینی - اخلاقی اما اجباری و نیز رژیمی بر پایهٔ اعدام و قتل‌وعام گستردهٔ مخالفان و منتقدان، بنا کرد.

---

۱ - منظور همهمهٔ شورش ۱۳۵۷ در ایران است. همکاری گروه‌های تروریستی اسلامی و کمونیستی.

۲ - در ص اول روزنامهٔ نیویورک تایمز، مورخ ۴ فوریهٔ ۱۹۷۹ (۱۵ بهمن ۱۳۵۷) نوشته شد: خمینی، ایران را به ۱۳۰۰ سال قبل می‌برد! که مهدی بازرگان به خبرنگار آن روزنامه گفته بود، دوران خمینی، اصل دوران ۱۰ ساله حکومت امام علی است!

۳ - بنابر اعتقاد شیعیان دوازده امامی، محمد بن الحسین العسکری، حجت‌بن الحسن، امام ۱۲ و آخرین امام است. صاحب الزمان، ولی عصر، مهدی موعود از القاب ساخته و پرداخته برای اوست. به باور شیعه او سال ۲۵۵ هجری قمری (۸۶۸ میلادی) در سامرا متولد شد. و معتقدند که وی عاقبت قیام خواهد کرد و حق و عدالت بار دیگر به پیروزی می‌رسد.

۴ - رجوع شود به مقالــه: پشت پــرده انقلاب اسلامی "ایران گذرگاه اشغالگران جبار"، نوشته: ایرج آرین‌پور، نشریه رهاورد، مطالعات ایران، ش ۱۰۰، پاییز ۲۰۱۲، سال ۳۱، صص ۱۷۶-۱۳۶.

خمینی، مثالی از فاشیسم مذهبی[1] (روحانیون) بود و هنوز هم، باقی مانده است. مانند دیگر رهبران فاشیست کشورهای دیگر، مُلاهای حاکم بر جمهوری اسلامی، مدعی یک قدرت جهانی و فراگیر شدند. (آن هم به نام عقیده‌شان، نه مردمان‌شان) و چنین ادعا کردند که (گویا) آماده مرگ هستند - همراه پیروان‌شان - تا مأموریت[2] خودشان را کامل به انجام برسانند!

همان‌طور که خمینی، مدتی پس از اشتغال سفارت امریکا در تهران،[3] در سال ۱۹۷۹، رجز خواند و گفت: ما "ایران" را نمی‌پرستیم، "الله" را

---

1 - Islamicfaschism,clerical faschism

فاشیسم اسلامی، اصطلاحی است که به تندروان مسلمان اطلاق می‌گردد. برخی، فاشیسم اسلامی را به جهادی‌گری مسلحانه و اسلام رادیکالی هم تعریف کرده‌اند. فاشیسم اسلامی ساخته ماکسیم رودنسون، برای توصیف شورش یا همهمهٔ ۵۷ ایران است. در دوران ۵۷ به مخالفان رادیکال مذهبی حکومت شاه هم گفته می‌شد.

جرج بوش از آن استفاده کرد که سخنگوی دولت احمدی‌نژاد هم، آن را قبیحانه و توهین به اسلام و خارج از عرف دیپلماتیک خواند.

نورمن پادهورتز، Norman Podhoretz محافظه کار آمریکایی، هدف از فاشیسم اسلامی را نابودی غرب و از میان برداشتن، آزادی‌هایی که آمریکا برای رشد آن می‌کوشد، عنوان کرد و خود فاشیسم شکلی از دیکتاتوری است و هدف فاشیسم، حفظ نظام دیکتاتوری است در هنگامی که حکومت به شیوه متعارف امکان‌پذیر نباشد. حکومت فاشیستی کلا حقوق و آزادی‌های دمکراتیک را در کشور از بین می‌برد و سیاست خود را معمولاً در لفافه‌ای از تئوری‌ها و تبلیغات مبتنی بر تعصبات ایدئولوژیک یا مذهبی می‌پوشاند.

۲ - در دستگاه تبلیغاتی مذهبی، معمولاً ان را ماموریت الهی ، وظیفه دینی، رسالت خداوندی و ... می‌نامند!

3 - Embassy Siege, Iran hostage Crisis

گروگانگیری و تصرف سفارت آمریکا؛ در ادبیات رژیم، به "تسخیر لانه جاسوسی" معروف است. دوران ۴۴۴ روزه‌ای که در ۱۳ آبان ۵۸ (۴ نوامبر ۷۹) با حمله تعدادی فعال دانشجویی موسوم به دانشجویان پیرو امام (افرادی مانند ابراهیم اصغرزاده، محسن میردامادی، سعید حجاریان و معصومه ابتکار، عباس عبدی، کمال تبریزی، محمدرضا خاتمی، محسن امین‌زاده و ...) در تهران رخ داد. که ابتدا صبح روز ۲۵ بهمن ۵۷ گروه مسلح مارکسیست - تروریست سازمان چریک فدایی خلق به آنجا یورش بردند که با وساطت ابراهیم یزدی فیصله یافت. بعد از گروگانگیری، مهدی بازرگان استعفا داد. خمینی آن را "انقلاب دوم" خواند و حتی مهم‌تر از شورش و همهمهٔ ۵۷، چپ‌ها آن را ضدیت با امپریالیسم نامیدند. در سال ۱۳۸۹ اعلام شد که موسوی خوئینی‌ها به تحریک شوروی، چنین مأموریتی را انجام داده. و رسماً روزنامه وطن امروز وابسته با احمدی‌نژاد مدعی شد که استراتژی کاخ سفید بود. به نقل از یک مقام امنیتی (۲ تیر ۱۳۸۹) .

می‌پرستیم... "میهن پرستی" اسم دیگر "الحاد و کُفر" است. "می‌گم" این سرزمین بسوزه، این سرزمین آتش "بِگیرَه" و دود بُلند شه، اما فَتح اسلام در کُلِ عالم پدیدار بِشَه!...

خمینی و جانشـــینانش، در بیان سخنانشان صادق بودند، در پی صدور انقلاب ایران بودند[1] و در سراســـر جهان به دشمنان‌شان حمله می‌کردند، (مانند یهودیان، مُلحدها، بی‌دین‌ها، اغلب مسلمانان سنی که مخالف اصول و آیین آنها بودند و هستند).

اندکی پس از انقلاب[2]، زائران حج مورد حمایت ایران در مراسم حج مکه، مسجد (الحرام) -که بزرگترین مسجد و به مسجد اعظم مشهور است- را اشـــغال می‌کردند، صدها نفر را مانند گروگان گرفته، نعره می‌کشیدند که خانواده حاکم آل ســـعود و همه آن‌هایی که با غرب رابطه دارند، سقوط کنند. (و مرگ بر فلان و مرگ بر بهمان)

انگار، مســـجد اعظم (کلا) برای آنها، حکم صحنهٔ نبرد را داشت و دو هفته به طول کشـــید، و عاقبت ۲۵۰ نفر (حتی شامل دسته‌هایی از نیروی امنیتی عربستان) کشته و صدها نفر هم زخمی شدند تا مجدداً نظم برقرار شد[3].

---

۱ - صراحتاً توسط خمینی بیان شد. و سپاه قدس، طبق گزارش روزنامه گاردین - یکی از متولیان صدور انقلاب خصوصاً به جوامع شیعه است. سپاه متحدانی سنی مانند حماس و غزه هم دارد که معتقدند دین اسلام جهانی است، اسلام دین عدالت و رحمانیت است، موعودگرایی و ظهور دولت مهدی، حمایت از ملت‌های مستضعف و... (اصل ۱۵۴ قانونی اساسی)، نورافشانی اسلام در جهان.

۲ - در صبح ۲۰ نوامبر ۱۹۷۹.پیروزی شورش ۱۳۵۷

۳ - تصرف مسجد الحرام در ۲۹ آبان ۵۸، پس از حمله و اشغال مسجد و گروگانگیری حجاج توسط یک گروه مسلح بنیادگرای اسلامی و مخالف دولت عربستان سعودی صورت گرفت.
این گروه معتقد بودند که محمد عبدالله القحطانی، منجی اسلام و همان مهدی موعود است و همه باید از او اطاعت کنند. تعدادی از گروگانگیران، نیروهای امنیتی و گروگان‌ها، در تیراندازی طرفین درگیری برای بازپس گیری مسجد کشته شدند.
این اقدام، به رهبری جهیمان بن محمد بن سیف العتیبی انجام گرفت. می‌گفت شوهر خواهر مهدی (موعود) است و بازگشته تا اسلام را نجات دهد و برای اثبات گفتار، احادیثی را هم

حمله به مسجد اعظم، تبصره‌ای قابل توجه داشت، و آن مطرح کردن نام "بن لادن" برای نخستین بار، در ارتباط با یک حمله تروریستی بود[۱]. برادر اســـامه بن لادن، محروس، ظاهراً درگیر این عملیات بود. و بعد، به طور حیرت‌انگیزی، یک شمشـــیر هلالی شکل را برای یدک، همیشه به همراه داشته است[۲].

هر چند او زودتر از موعد، از زندان آزاد شد و هر نوع فعالیت سیاسی را رد کرد و سپس همه وقت و انرژی خود را در اختیار خانواده‌اش گذاشت. از آن هنگام، جمهوری اســـلامی ایران به عنوان کشوری حامی و مدافع تروریســـم در سراسر جهان شناخته شده است. بدون هیچ وقفه‌ای، علیه آمریکایی‌ها، سخن رانده و «مرگ بر آمریکا» گفته‌اند.

برای ســـالیان سال، وزارت خارجه، بنا به دلایل موثق، اظهار داشت که رژیم جمهوری اســـلامی ایران، کشور اصلی حامی و مدافع تروریسم در جهان است. رژیم جمهوری اسلامی ایران، هم خالق سازمان جهاد اسلامی

می‌خواند و اولین روز ۱۴۰۰ هجری، منطبق بر برخی احادیث (تاریخ قیام مهدی) را برگزیده بودند. آن روز ۵۰۰۰۰ نفر زائر، در حال برپایی نماز جماعت بودند که این ۵۰۰ نفر اسلحه‌ها را بیرون کشیدند، دروازه‌ها را بستند و چند مأمور را کشتند. بعد موضوع به اطلاع شاه خالد رسید، هر چند که اعمال خشونت در مسجدالحرام در اسلام نهی شده، و ورود غیرمسلمانان به مسجد ممنوع است، اما عاقبت نیروهای فرانسوی مأموریت یافتند، دو هفته بعد شورشیان تسلیم شدند. ۱۲۷ تن امنیتی و ۲۵۰ نفر شورشی کشته شدند، در همان ایام شرکت عمرانی "گروه سعودی بن لادن" مشغول نوسازی مسجد بود!

۱ – گروه سعودی بن لادن (مجموعه بن لادن السعودیه)، یک شرکت خوشه‌ای ساخت و ساز در عربستان (۱۹۳۱)، توسط محمد بن لادن تاسیس شد. وی ۲۲ همسر و ۵۴ فرزند داشت که اسامه بن لادن یکی از آنها بود. سال ۱۹۶۸ خودش در سقوط هواپیما، مرد! هم اکنون هم این شرکت، مشغول ساخت و ساز در کشورهای خاورمیانه و حوزه خلیج فارس فعال است. دفتر مرکزی این شرکت در جدهٔ عربستان است.

۲ – این جملات عینا، در کتاب The Iranian Time bumb (بمب ساعتی ایران – تلاش ملاهای متعصب برای ویرانی، ۲۰۰۷) نوشته مایکل لدین، ص ۷۶، نشر Macmillian هم آمده است. در آن کتاب این منابع ذکر شده است:

For the story of Osama's brother, sunday Herald (Glasgow), Oct.7.2001, Ha'arts, Dec 18.2007, The New year Nov.5,2001.

و نیز حزب الله - بزرگترین ارتش تروریست واقع در لبنان و هم اکنون در سوریه - را ساخته و پرداخته کرد.

علاوه بر این، رژیم جمهوری اسلامی ایران حامی القاعده است، که بسیاری از مردم را گیج کرده است، چون القاعده یک سازمان سنی است[۱].

توضیح آن هم ساده است: مانند خانواده‌های مافیایی که می‌جنگند و گاهاً همدیگر را هم می‌کشند، اما وقتی با یک دشمن مشترک روبرو شوند، سران خانواده به دور یک میز می‌نشینند و طرح جنگ مشترک طراحی می‌کنند.

روابط محکم بین رژیم جمهوری اسلامی ایران و القاعده (از پاییز ۱۹۹۸ به بعد) واقعیتی، غیرقابل انکار است. هنگامی که آمریکا (در کیفرخواستی) به این سازمان و رهبر آن اسامه بن لادن، به‌صراحت به این موضوع اشاره کرد. در بخش اصلی این کیفرخواست، صریحاً آمده است که، ائتلاف و اتحاد القاعده و جبهه ملی سودان و دولت ایران و گروه‌های همکار تروریست مانند "حزب الله"، به منظور همکاری مشترک علیه دشمن مشترک (فرضی‌شان)، یعنی غرب و خصوصاً آمریکا، می‌باشد.

در هنگام انتشار آن دادخواست، متوجه شدیم که القاعده مستقیماً به

۱ - روابط القاعده و جمهوری اسلامی چندان شفاف نیست. از سویی پر تنش است و از سویی، آمریکا، رژیم جمهوری اسلامی ایران را به اجازه رفت و آمد اعضای آن به ایران و همدستی متهم کرد. هر چند ایران، آن را در تبلیغات رسانه‌ای گروه تروریستی می‌داند، اما اکثر خانواده القاعده به ایران رفت و آمد آزادانه دارند. در اردیبهشت ۹۱، رویترز به نقل از مرکز مبارزه با تروریسم در ارتش امریکا نوشت: «ایران حتی برای آنکه القاعده را از اقدام نظامی در ایران بازدارد، اعضای ان را بازداشت می‌کرده! موسسه مبارزه با تروریسم، ۹ صبح ۵ شنبه متن عربی ۱۷ سند را منتشر کرد که بر روابط ایران و القاعده دلالت داشت.»

الف: (العربیه و آناتولی، ۳۱ دسامبر ۲۰۱۶) طالبان افغانستان اسنادی از روابط خود با روسیه و ایران را (رادیو فردا) منتشر کرد.

ب: محمد رضا بهرامی، سفیر ایران در افغانستان، وجود تماس‌هایی بین تهران و طالبان را تایید کرد.

ج: (العربیه) گفتگوی طارق هاشمی با قاسم سلیمانی و تایید رابطه ایران با القاعده.

آمریکا در ۱۹۹۳ حمله کرده است، که در واقع، تلاش اول برای پایین کشیدن برج‌های جهانی نیویورک[1] بود.

مأموران تحقیق فدرال به روی (موضوع) روابط بین القاعده و فرمانده عملیات، شیخ نابینای (مصری) عمر عبدالرحمن[2]، کارشان را شروع کردند.

همچنین دریافتیم که همکاری عملیاتی نزدیکی بین (دو گروه تروریستی) اخوان‌المسلمین و سازمان جهادی مصر وجود دارد، که هسته اصلی در ترور رئیس جمهور وقت مصر، انورسادات[3] بودند.

واقعیت امر این که، سپاه پاسداران (انقلاب اسلامی) ایران که اساساً توسط خمینی ساخته و پرداخته شده است، به عنوان افراد گارد ویژه شخص خودش، و سپس به عنوان کار اصلی و مهم‌شان، سرکوبی جنبش داخلی و یا تهدید خارجی، انجام عملیات تروریستی در خارج و ... از اوایل دهه ۱۹۷۰ توسط الفتح، (سازمان تروریستی) مربوط به یاسر عرفات (سنی مذهبی)، تعلیم دیده و سازمان یافته بودند[4].

چشمگیرترین مثال در همکاری بین شیعه و سنی، همین همکاری نزدیک ایران با اسامه بن لادن القاعده است. در واقع، بمب‌گذاری‌های

---

1 - World Trade Center - New York City

2 - Sheikh Omar Abdol - Rahman, The Blind Shikh.

۳ - محمد انورسادات (Anwar al-Sadat): از دوستان بسیار نزدیک شاه فقید ایران در ۱۹۷۸ به خاطر تلاش برای صلح با اسرائیل در جهت برقراری صلح در خاورمیانه جایزه صلح نوبل را گرفت و توسط جهاد اسلامی مصر در ۶ اکتبر ۱۹۸۱ ترور شد. در سالروز رژه پیروزی ۶ اکتبر - قاهره، در جایگاه ویژه نشسته بود. فتوی ترور وی را عمر عبدالرحمان، شیخ کور مصری، صادر کرده بود. با اصابت تیر مسلسل به سرش نقش بر زمین شد. خالد اسلامبولی با فریاد "مرگ بر فرعون" وارد جایگاه شد و به جسد او تیراندازی کرد.

۴ - مربوط به پرورش افراد سازمان نهضت ظاهراً آزادی مهدی بازرگان و ابراهیم یزدی و مصطفی چمران و احمد خمینی در اردوگاه‌های تروریستی فلسطینی وابسته به یاسر عرفات است که آن را مبارزه انقلابی نامیدند و از بطن آن، سازمان تروریستی مجاهدین خلق زاییده شد و مسعود رجوی پرورش یافته افکار مهندی بازرگان و طالقانی بود. (ر.ک: کتاب: در دامگه حادثه، گفت و گو با پرویز ثابتی، شرکت کتاب، لس‌آنجلس ۱۳۹۱)

سفارت آمریکا در مشرق آفریقا - که به القاعده نسبت داده شدند - به طور عمده‌ای جزو عملیات ایران بود[۱].

بن لادن، از عماد مغنیه، رئیس عملیاتی حزب الله - یکی از خطرناک‌ترین تروریست‌هایی که تاکنون به کره خاکی قدم گذارده - خواست که "القاعده" را مانند "حزب الله" نیرومند سازد، و مفهوم اولیه و اصلی بمب‌گذاری همزمان در کنیا و تانزانیا، از فکر و مخیله عماد مغنیه نشأت گرفت[۲].

تروریست‌های القاعده از حزب الله در لبنان تعلیم دیده بودند و مواد منفجره هم توسط رژیم جمهوری اسلامی ایران تأمین شد. بعد از آن حملات، یکی از رهبران عملیات، سیف العدل، به ایران پناهنده شد و هنوز هم، تا این لحظه، فعال و زنده باقی مانده است[۳]. ابومصب الزرقاوی، رهبر سنی القاعده عراق که پای داعش را به عراق گشود، اولین شبکه ترور بین‌المللی خود را هنگامی تأسیس کرد که در ایران حضور داشت، همان‌طور که مدارک منتشره یک دادگاه در آلمان و ایتالیا از اواخر دهه

---

۱ - در ۷ اوت ۱۹۹۸ اعضاء القاعده، سفارت‌های آمریکا در نایروبی (کنیا) و دارالسلام (تانزانیا) را با بمب مورد حمله قرار دادند. حمله اول در دارالسلام ۷ کشته و ۵۸ زخمی در پی داشت و انفجار نایروبی ۲۱۳ نفر (از جمله ۱۲ امریکایی) را کشت و صدها نفر را زخمی کرد. در ۱۸ اکتبر ۲۰۰۱، ۴ عامل القاعده برای داشتن نقش در برنامه‌ریزی و انجام بمب‌گذاری محکوم شدند.

۲ - عماد فایز مغنیه، معروف به حاج رضوان، از فرماندهان نظامی سازمان تروریستی "حزب الله لبنان" که در ۱۲ فوریه ۲۰۰۸ در انفجاری در اتومبیل بمب‌گذاری شده، در خیابان الحدیقۀ دمشق مُرد! ... وی در فهرست تروریست‌های بزرگ و خطرناک جهان قرار داشت. از رهبران نظامی حزب الله لبنان در جنگ اسرائیل و لبنان (در تابستان ۲۰۰۶) بود، اول به شاخه نظامی جنبش آزادی بخش فلسطین پیوست و محافظ ابوعمار و ابوجهاد بود. سپس به مقاومت اسلامی (امل) پیوست (که توسط موسی صدر و مصطفی چمران و علی شریعتی پایه‌ریزی شده بود). برخی ترور وی را به موساد، مربوط می‌دانند!... بعدها در ایران فرزند وی در کنار قاسم سلیمانی، فرمانده قدس، حضور داشت.

۳ - رادیو ملی آمریکا (NPR) اعلام کرد که سیف العدل، پس از حمله آمریکا به افغانستان در اکتبر ۲۰۰۱، به همراه گروهی از القاعده به ایران گریخته و سالها حبس خانگی بود. و سال ۲۰۰۸ گویا وی آزاد شده اما روزنامه USATODAY نوشت که وی در ایران است. (رادیو فردا، ۱۱ خرداد ۱۳۹۰)

۱۹۹۰ به آن اشـــاره دارند. سوابق (علنی و عمومی) محاکمه‌ها هم، شامل صدها شنود و استراق ســـمع مابین زرقاوی در تهران و تروریست‌ها در اروپا می‌باشند.

هر کســـی که تصور دارد، رژیم جمهوری اسلامی ایران از فعالیت‌های زرقاوی بی‌اطلاع بوده است، نحوهٔ عملکرد و طرز فعالیت رژیم جمهوری اســـلامی ایران را نمی‌شناسد. سازمان تروریستی حزب الله، ابزار و وسیله اصلی ترور، برای رژیم جمهوری اسلامی ایران است، که در لبنان - یا در واقع بهشت امن ســـوریه - اندکی پس از انقلاب ۱۳۵۷ درست شد. در دهه ۱۹۸۰، حزب الله، با عملیات مشترک و متصل به سازمان آزادی بخش فلسطین، الفتح[۱] (یا ساف) - حملات بمب‌گزاری انتحاری مقر تفنگداران دریایی آمریکا و فرانسه[۲]، و بعد سفارت آمریکا بعد بیروت[۳] و نیز آدم‌ربایی چند مبلغ مذهبی آمریکایی و نظامی و افسر اطلاعاتی امنیتی که تا سرحد مرگ هم شکنجه شدند.

در دهـــهٔ ۱۹۹۰، حـــزب الله، حمله مخرب و مرگ‌بـــاری علیه اهداف یهودیان در آرژانتین داشتند[۴]، که برخی از رهبران رژیم جمهوری اسلامی

۱ - برخی گزارش‌ها آژانس سپوتنیک از همکاری مثلث بعثی‌ها - برخی سنی‌ها - مسعود بارزانی حکایت دارند که با حمایت قطر و عربستان و ترکیه، برای فروپاشی دولت مالکی، به آوردن داعش به عراق، کمک کردند!

۲ - در ۲۳ اکتبر ۱۹۸۳.

۳ - ۱۸ آوریل ۱۹۸۳ - (که عماد مغنیه یکی از تروریست‌های راهبردی این عملیات بود)

۴ - انفجار مرکز همیاری یهودیان، واقعه‌ای تروریستی در ۱۸ ژوئیه ۱۹۹۴ (۲۷ تیر ۱۳۷۳) که ۸۵ شهروند یهودی آرژانتینی جان باختند. قوه قضائیه آرژانتین، کارلوس منهم، رئیس‌جمهور وقت این کشور را تحت پیگرد قرار داد. متهم شد که با دریافت رشوه، برنامه‌ریزی شده و شواهد مربوط به ارتباط حزب‌الله لبنان و ایران آرژانتین بود. ۲ بار ایران را متهم کرد. در مارس ۲۰۰۷، ۱۳ سال پس از انفجار دادستانی کل آرژانتین درخواست صدور حکم جلب ۹ نفر را توسط پلیس بین‌الملل صادر کرد. که اینترپل برای ۶ نفر از این افراد حکم جلب بین‌المللی صادر کرد:
علی اکبر هاشمی رفسنجانی، علی اکبر ولایتی، علی فلاحیان، محسن رضایی، احمد وحیدی، محسن ربانی، احمدرضا اصغری و عماد مغنیه.
بعدها آلبرتو نیسمان، دادستان پرونده، که رئیس جمهور را متهم به سرپوش گذاشتن به پرونده

ایران، متهم شدند و تحت تعقیب قانونی قرار گرفتند. اخیراً هم که ایرانی‌ها، از لژیون خارجی‌شان (سپاه قدس) جزو سپاه پاسداران انقلاب اسلامی، در جنگ خونین سوریه استفاده کردند.

حکم نهایی قاضی فدرال آمریکا، آن بود که جمهوری اسـلامی ایران مسئول بمب‌گذاری برج‌های خوبر[1] در عربستان سعودی (۱۹۹۶) است، که ۱۹ نفر از پرسنل نیروی هوایی آمریکا کشته و ۳۷۶ نفر کشته شدند.

بخش اعظم حکم بر اسـاس، شهادت سـوگند خورده از طرف مدیر سـابق اف بی آی، لوئیس فری[2] بود که در زمان رخداد، تحقیقات لازم را انجام داده بود و دریافت که دو نهاد امنیتی ایران و اعضاء ارشد جمهوری اسلامی ایران مانند سـیدعلی خامنه‌ای و وزیر اطلاعات، علی فلاحیان، علاوه بر تأمین مالی و آموزش، همکاری لجستیکی و پشتیبانی تدارکاتی و تأمین مواد منفجره هم انجام داده بودند. البته به خودشان حزب الله سعودی می‌گفتند. در نتیجه، آشکارا روابط آنها با مُلایان را تایید کرد.

همکاری جمهوری اسلامی ایران با القاعده، صرفاً به این پیشرفت‌های اخیر در کشـف اسناد و مدارک نیست. و اینکه به خاورمیانه هم محدود نمی‌شـود. در فوریه ۱۹۹۶، نیروهای بریتانیایی ناتو[3]، در بوسنی[4]، جزوهٔ تعلیمات تروریستی یافتند – که کارشناسان بریتانیایی آن را جزوهٔ مادر همه

کرد، در ۱۹ ژانویه ۲۰۱۵ در حالی که قرار بود چند ساعت بعد گزارش خود را به مجلس آرژانتین ارائه کند، در آپارتمان خودش در بوئنس آیرس، جنازه‌اش یافت شد!

1 - Khobar Towers

در ۲۵ ژوئن ۱۹۹۶، (۴ تیر ۱۳۷۵) در اثر انفجار یک کامیون بمب‌گذاری شده در پایگاه نیروهای آمریکا در شهر خوبر.

2 - FBI - Louis Freeh

گر چه اف بی آی اول اعلام داشت کار ایران است، اما بعدها ویلیام پری، وزیر دفاع بیل کلینتون، گفت که کار القاعده است (۲۰۰۷).

3 - NATO.

4 - Bosnia.

جزوه‌های آموزشی تروریسم نامیدند - که در طی عملیات علیه اردوگاه آموزشـــی تروریستی در پوگوریلکا[۱]، افشا شد. وقتی که پلیس بوسنی، ۴ دیپلمات جمهوری اسلامی ایران و ۸ مسلمان بوسنیایی را دستگیر کرد[۲]، آن جزوه کشف شد.

جزوه مزبور، توسط وزارت اطلاعات ایران، تهیه شده بود و قبلاً برای آموزش نیروهای القاعده در سودان مورد استفاده قرار گرفته بود. کاملاً ی کار حرفه‌ای بود و شـــامل بخش‌های مختلف ارتباطات پنهانی (مخفی)، تربیت شخص تروریســـت معتمد (با توان تمدید نیرو و حفظ روحیه)، تدارک حملات همزمان، آدم‌ربایی، عملیات نجات و فرار از دست دشمن و گفتمان‌هایی در بارهٔ جلسه جهاد ضد غرب و ... بود. مهارت قابل توجه و مورد استفاده در این جزوه آموزش، تحلیلگران بریتانیایی را شگفت‌زده کرد. و همچنین آمریکایی‌ها را، که ۶ ســـال بعد از آن در سال ۲۰۰۲، در اختیارشـــان قرار گرفت. اسرائیلی‌ها هم شگفتی و تعجب مشابه داشتند، آن هـــم مربوط به همان تجهیزاتی بود که بعدها اســـرائیلی‌ها در جنگ با حزب الله در تابستان ۲۰۰۶، یافتند، نیروهای دفاع اسرائیل، کشف کردند که تروریست‌ها از یک دستگاه الکترونیک و پیشرفتهٔ مراقبتی - تجسسی استفاده می‌کنند که توسط سپاه پاسداران ایران، تهیه و تدارک دیده شده، که قیمـــت آن بالغ بر ده‌ها میلیون دلار بود. حـــزب الله در طی درگیری بین حزب الله اســـرائیل، از دو ایستگاه جدید شنود و استراق سمع برای کنترل و نظارت بر ارتباطات اسرائیلی‌ها استفاده می‌کردند. یکی از آنها در

---

1 - Pogorelica.

۲ - بعدها در اردیبهشت ۱۳۹۲، وزارت امنیت بوسنی، ۲ دیپلمات ایرانی را ناسازگار و عنصر نامطلوب خواند و اخراج کرد.(رادیو فردا)

بلندی‌های جولان[1] و دیگری در باب الحوا[2] نزدیک مرز ترکیه بود[3].

وقتی ما در میدان‌های جنگی عراق یا افغانستان، ایرانیانی را می‌یافتیم، به سیاست‌گزاران خود می‌گفتیم، که شاید چراغ سبزی دریافت کنیم که آنها را تحت تعقیب قرار دهیم. به جای آن، دو دولت و نظام اداری آمریکا (دوران بوش و اوباما)، نمی‌خواستند چیزی در آن باره بشنوند. در اواخر دولت جرج بوش، فرمانده قوای ما در افغانستان و عراق، بسیاری از ناگفته‌ها را، در بارهٔ نقش ایرانیان بازگو کرد.

با توجه به نسل جدید بمب‌های کنار جاده‌ای[4]، و کشف کشتی‌های جنگی مجهز، مهمات و مواد منفجره، ژنرال ارتش دان مک نیل[5] (که فرماندهی ۴۰۰۰۰ نیرو را در نیروهای بین‌الملل کمک به امنیت در افغانستان[6] را بر عهده داشت)، در پاییز ۲۰۰۷ گفت: ستون موتوری این مهمات بطور واضح و از نظر جغرافیایی، مربوط به ایران است. برای من درک آن مشکل است. ممکن است از ایران به افغانستان آمده باشد و شاید (حداقل بتوان گفت که) بدون اطلاع مقامات نظامی جمهوری اسلامی ایران، چنین امری رخ داده باشد.

در همان ایام، سخنگوی بریتانیا در کابل گفت:

«این اثبات دیدگاه ما است که عناصری در داخل ایران، مشغول حمایت و پشتیبانی از سنی‌های طالبان[7] هستند.»

1 - Golan Heights.
2 - Baab al - Hawa.
3 - www.jewishpolicycenter.org/20/thewartimebomb
4 - EFP = Explosively Formed Penetrator.
5 - Army General Don McNeill.
6 - ISAF
7- Taliban.

در عراق، ژنرال (۲ ستارهٔ) آمریکایی، ویلیام کالدول[1] گفت:

«فقط شورشـــیان سنی نیستند اما طبق یک اطلاع مستقیم می‌دانیم که توسط مقامات امنیتی ایران حمایت‌ها برای برخی از عناصر انتخاب شده شورشیان سنی تهیه و تدارک دیده می‌شود.»

بعدها ژنرال دیوید پترایس اعلام کرد که:

«ایرانیان مدت چندین ســـال اســـت که مســـلماً برای انواع و اقسام گروه‌های شـــبه نظامی شیعه، چیزی در حدود صدها میلیون دلار، به عنوان کمک و حمایت، تأمین بودجه می‌کنند، و شواهدی پیدا کرده‌ایم که اخیراً این کمک‌ها حتی برای گروه‌های سنی هم تأمین شده. یکی از رهبران شورشی سنی، حتی در تهران بوده است.»

فرماندهان ارشد و رهبران نظامی ما در آمریکا (از جمله خود من)، حتی بعدها، مشخصاً عنوان کردیم که در اکثر اوقات، اسناد و مدارک مربوط به درگیر بودن و حضور تهران، مستقیماً از خود تروریست‌ها به دست می‌آید. ژنرال کالدول همچنین اظهار کرد که:

«دستگیر شـــده‌های تحت بازداشت دولت آمریکا، اشـــاره کرده‌اند که شورشی‌های ســـنی از کمک و حمایت عوامل‌های امنیتی ایران، برخوردارند، حتی ما برخی مهمات از همسایگی بغداد (که اکثراً سنی هستند)، کشف کردیم که کلاً ساخت و تولید ایران بود»

همچنین، ژنرال کالدول به خبرنگاران گفت که می‌دانیم (گروه‌های) شیعه رادیکال عراقی توســـط رژیم جمهوری اسلامی ایران آموزش دیده‌اند. از طرف ایرانیان، چندین گروه ترور می‌آیند، که البته در تقلب و فریب برتری دارند، و همانطور که طبق شـــواهد مستند، سال‌ها برنامه هسته‌ای خود را قایم کردند. (مثلاً در ســـال ۲۰۱۵، ایران با بیشترین میزان سرانه اعدام در

1- General William Caldwell.

جهان از نظر تعداد کل آن (بعد از چین)، در ردهٔ دومین کشور قرار داشت.)

رژیم جمهوری اسلامی ایران، دشمن ترسناک و سهمگینی است، و سال‌هاست با ایالات متحده سر جنگ و ناسازگاری دارند. با متحدین آمریکا، خصوصاً اسرائیل، چیزی نزدیک به ۴۰ سال است که در جنگ است. جنگ تهران علیه غرب بر اساس میل و خواسته‌شان نسبت به قلمرو یا منطقه نیست، بلکه در حقیقت بر اساس تصورات غلط آن‌هاست که ریشه آن جدال هم به فطرت و طبیعت رژیم جمهوری اسلامی باز می‌گردد و ربطی به نارضایتی‌های واقعی یا خیالی آن‌ها ندارد. برای ایرانیان، تعامل (همزیستی مسالمت‌آمیز) یا توافق موقت با آمریکا، به مثابه رها شدن از اندیشه و باورهای خمینی و جانشین‌های اوست (در خصوص ظهور یک مُنجی و ...)

جنگ در عراق و افغانستان، که برخی، آنها را نقطه آغاز در بررسی تحلیلی رفتار ایران برمی‌شمارند، تنها یک بخش از حکایت جنگ ایرانیان علیه دشمنان غرب است، عراق یکی از چندین میدان جنگی است که ایرانی‌ها، افراد نظامی دائماً حس غیرنظامی غربی را کشتند. تنها این، در مقیاس جدید است. قبل از عملیات آزادسازی عراق، تعلیمات و تمرینات خوبی صورت گرفته بود. از بسیاری جنبه‌ها، استراتژی ایرانی‌ها و سوری‌ها در عراق، بعد از تهاجم سال ۲۰۰۴، اندکی شدیدتر و بیشتر بود، بیشتر در واکنش علیه ما، نسبت به دهه ۱۹۸۰، در لبنان با به کارگیری روش‌های موفق در اعمالی مانند، ترورهای انتحاری، گروگان‌گیری، آدم ربایی، تظاهرات جمعی و دستکاری و تقلب در رسانه‌ها). این استراتژی، علناً توسط بشار اسد در یک مصاحبه رسمی عنوان شد، مدت‌ها قبل از اینکه ما حتی یک سرباز در عراق پیاده کنیم.

با این حال، خشونت و شدت واکنش ایرانیان، در یک همکاری دو نفره با رفیق سوریه‌ای، بسیاری از استراتژیست‌های غرب را شگفت‌زده

کرده‌اند. در حالی که آن‌ها نباید، تعجب کنند، از زمان ۱۹۷۹[۱]، این رویه و الگوی رفتاری - عقیدتی، بطور پیوسته دنبال شده است.

وقتی که ما از عراق، در سال ۲۰۱۱، خارج شدیم و به عبارتی آن را واگذار کردیم، قدرت رژیم جمهوری اسلامی ایران فوراً توسعه یافت و سریعاً آن فضای خالی و خلاء پدید آمده از رفتن ما را پر کرد. مُلاها، همچنین ائتلاف را در نیم کرهٔ ما (نیمکرهٔ شمالی آمریکا)، درست کرده‌اند و با کشورهایی مانند کوبا و ونزوئلا و ... همچنین از نزدیک با روسیه و چین همکاری دارند. و این پیروزی و برتری رژیم ایران در عراق بر آمریکا، یا شیطان بزرگ، دیگر کشورهای کوچک منطقه خاورمیانه را محور خواهد کرد که به شرایط قواعد مورد نظر رژیم ایران گردن بگذارند. و این امر باعث می‌شود که منطقه در حالت غیردوستانه نسبت به ما و متحدین‌مان قرار بگیرد.

همه این امور می‌تواند بدون نیاز به ساخت بمب اتمی صورت گیرد. این موضوع (در باره رژیم ایران) که در غرب جزو بحث سیاسی داغ است و همچنان غرب را به خود مشغول کرده است. مطمئناً، وجود بمب اتمی در ایران، نوعی تهدید خطرناک برای موجودیت اسرائیل است، اما ایران غیراتمی هم تکیه گاه اصلی و نقطه اتکاء همه گروه‌های تروریستی ضداسرائیلی - بیش از همه حماس و جهاد اسلامی - است. و تمرکز صرف روی موضوع هسته‌ای (ایران)، یک خطای جدی در نگرش استراتژیک است. اصل موضوع حکومت (مُلایان در) تهران، و برداشت‌های رادیکال (و قرائت فاشیستی) از اسلام است، که احتمالاً نسبت به داشتن بمب اتمی، بسیار پیشرفته‌تر است.

البته رژیم ایران برای تهدید شدید علیه امنیت آمریکا، دیگر نیازی به

---

۱ - آمدن خمینی و رفتن شاه در شورش ۱۳۵۷.

بمب اتمی ندارد. هر روز ما شـــاهد جاسوسی ایرانیانی در داخل ایالات متحده هســـتیم، مثال بارز و اخیر آن هم مردی به اسم محمد علوی است که دستگیر شد. بخاطر تأمین نقشه (طبقاتی)، بزرگترین نیروگاه هسته‌ای آمریکا، دیپلمات‌های ایرانی در ســـازمان ملل (منحد) از نیویورک اخراج شـــدند، وقتی ما متوجه موضوع شـــدیم که آنها مشغول عکاسی از ترن ایستگاه‌ها و قطار بودند.

خیال باطلی است اگر تصور کنیم، هیچ فردی از گروه تروریستی حزب الله در داخـــل آمریکا وجـــود (خارجی) ندارد. اگر آن‌هـــا قادر بودند که ساختمان بوئنوس آیرس[1] را منفجر کنند، قطعاً می‌توانند چنین فاجعه‌ای را در داخـــل خاک آمریکا پدید آورند. و آن‌ها (لااقل) چنین لاف می‌زنند و رجز می‌خوانند که در همه وقت، همه نقاط ضعف ما را بررسی کرده‌اند. وقتی شرایط بر وفق مرادشان باشد و زمینه را فراهم ببینند، آماده هر گونه حمله‌ای علیه ما هستند.

متأســـفانه، در مدت ۴۰ ســـال اخیر، هر دولت آمریکایـــی[2]، این اجازهٔ قدرت‌گیری را به رژیم جمهوری اســـلامی ایران داده است و حتی اجازه هماهنگی و تشکیلات درست کردن هم در داخل پایتخت ما داده‌اند![3]

جیمی کارتر[4]، بیل کلینتون[5]، رونالد ریگان[6]، حتی مســـتقیماً نسبت به

1 - Buenos Aires.

۲ - از زمان جیمی کارتر به بعد (ریگان، بوش ۱، کلینتون، بوش ۲، اوباما)

۳ - از ترور طباطبایی (افسر عالی رتبه ساواک) تا تشکیل سازمان نایاک (NIAC) در واشنگتن [= علی اکبر طباطبایی، توسط یک آمریکایی آفریقایی تبار مسلمان شده (داوود صلاح‌الدین) در مقابل منزلش در بتزدای مریلند ترور شد. ۳۱ تیر ۱۳۵۹ در نقش پستچی وارد خانه شد و ۳ بار شلیک کرد و گریخت. قاتل به ایران گریخت. سال ۱۳۸۰ در فیلم سفر قندهار - کارگردانی محسن مخملباف - بازی کرد].

4 - Jimmy Carter.

5 - Bill Clinton.

6 - Ronald Reagan.

فروش سلاح به ایران اقدام کرده‌اند، و یا این امکان را در اختیار دیگران گذاشته‌اند، و یا مانند موضوع معامله مخفی و موافقت‌نامه‌های محرمانه مخفی آل گور - چرنو میردین[1] (در تخطی از قانون توسط سناتور ال گور[2])، در تمام آن سال‌ها، هیچ کدام از روسای جمهور ایالات متحده آمریکا، هیچ ابتکاری و انگیزه‌ای برای برخورد جدی و به چالش جدی کشاندن رژیم جمهوری اسلامی ایران و تصور دوران بعد از ایران انقلابی، نداشته‌اند.

الگویی مانند آنچه که امروزه هم، به واکنش بی‌پایان و غیرقاطع ما نسبت به دولت اسلامی (داعش) انجامیده است. در حقیقت امر، تنها ایران، هزینه و تاوان حمله به مراکز آمریکایی‌ها را داده است، و آن هم هنگامی بود که یگان شناور ناو آمریکایی، کشتی مین‌گذار ایرانیان را در خلیج فارس، در ایام ریاست جمهوری رونالد ریگان، مورد هدف قرار داد. وقتی ما با هدف گرفتن ایرانی‌ها واکنش نشان دادیم، ناو ایرانی، مقابله به مثل کرد، آنگاه یک سوم ناوشان، نابود شد.

هیچ کدام از روسای جمهوری آمریکا (از ۱۹۷۹ تا امروز)، خواهان، تغییر رژیم ملایان در تهران نشده‌اند. هیچ دولتی در آمریکا، میلیون‌ها ایرانی مخالف و ناراضی را حمایت نکرده است! مانند کارگران، معلمان،

---

1 - Gore - Chernomyrdin (Victor Chernomyrdin).

۲ - یادداشت تفاهم ویکتور چرنومردین رابرت گور
واشنگتن که جمهوری اسلامی را منبع بی‌ثباتی در منطقه خاورمیانه و خلیج فارس می‌دانست، نگران ارسال سلاح، ایران بود، با بهره گیری از آشتی پسا جنگ سرد بین آمریکا و روسیه، تلاش گسترده‌ای بخرج داد تا از صدور ساز و برگ بیشتر نظامی به ایران جلوگیری کنند.
در نهایت بوریس یلتسین، رئیس جمهور وقت روسیه، در ملاقاتی با بیل کلینتون، در ماه مه ۱۹۹۵، در مسکو، در مقابل فشار آمریکا عقب‌نشینی کرد و متعهد شد تا سال ۱۹۹۹ اجرای همه قراردادهای نظامی منعقد شده با ایران را به پایان ببرد. از ادامه صدور سلاح‌های تهاجمی به ایران خودداری کند و موافقت‌نامه تازه‌ای با ایران منعقد نکند. دو ماه بعد، ۳۰ ژوئن ۱۹۹۵، این توافقات در یک یادداشت تفاهم محرمانه که بعدها فاش شد. به صورت رسمی تنظیم شد و ویکتور چرنومردین، نخست‌وزیر وقت روسیه و آلبرت گور، معاون کلینتون این را امضا کردند. (رادیو فردا)

دانشـــجویان و دیگرانی که به آرزوی کسب آزادی و دمکراسی تظاهرات کردند و شجاعت جنگیدن برای کسب آن (حتی) را داشتند. در حقیقت، رادیو[1] - تلویزیون‌های فارسی زبان[2] ما به زبان فارسی هم، که برای مردم ایران پخش می‌شود، اغلب اوقات منتقد آمریکاست تا به نکوهش حکومت مُلایان در تهران بپردازد، رژیمی که ما را تهدید می‌کند.

واکنش سست و ضعیف ما به نبرد جهانی علیه آمریکا (در ایام اوباما)، یادآور دوران پنج ســـاله (ریاست جمهوری) جیمی کارتر است. سخنان اوباما در قاهره[3]، از بســـیاری جهات، ما را به یاد سخنرانی مشهور کارتر

---

۱ - رادیو فردا، (Radio Farda) یک ایستگاه رادیویی در پراگ، جمهوری چک، شاخهٔ ایرانی از رادیو آزادی (REFL) در سال ۲۰۰۶ بودجه‌ای معادل ۷ میلیون دلار داشته است. اما بیشتر افراد وابسته به جریان‌های اصلاح‌طلب داخل رژیم و یا نیروهای چپ و گاه چهره‌های پیرو و نهضت ازادی و مصدق‌السلطنه و تجزیه طلبان، آن را تسخیر کرده‌اند و فضایی محفلی و مملو از سانسور داشته و دارد.

۲ - صدای آمریکا، (VOA-PNN) یکی از شبکه‌های تلویزیونی ماهواره‌ای دولت آمریکا، که از ۱۹۹۹ تا امروز تحت نظارت و زیر مجموعه هیئت کارفرمایان پخش (BBG) است. این رسانه به مرور مدیرانی مشهور به غیرحرفه‌ای و اهل مماشات با رژیم ایران پیدا کرد. و اکثر استعدادها را نیز اخراج کرده است. و مشابه رادیو فردا، فضایی مملو از سانسور و استبداد دارد. بصورت محفلی و ایلیاتی اداره می‌شود و لیست سانسور آنها شامل اکثر صداهایی مستقل و یا ضدرژیم ایران است. بخش فارسی نخستین بار در ۵ شنبه ۲۲ نوامبر ۱۹۷۹ (اول آذر ۱۳۵۸) با روزانه نیم ساعت پخش رادیویی را شروع کرد. پخش تلویزیونی از جمعه ۱۸ اکتبر ۱۹۹۶ (۲۷ مهر ۱۳۷۵) با یک ساعت پخش زنده روزانه شروع شد، نخستین مدیر بخش فارسی صدای آمریکا، احمد رضا بهارلو، بود و بعدها می‌توان کامبیز محمدی، شعله گنجی، بهروز عباسی، آلکس بلیدا، رامین عسگرد اشاره کرد. اکنون ستاره درخشش مدیریت را بر عهده دارد و محمد نظرپور سردبیر آن رسانه است.

شکایت بسیاری از نحوه عملکرد ضعیف و آشفته مدیریت آخر آن، در رسانه‌ها مطرح شده است (مانند نفوذ ماموران بخش فرهنگی وزارت اطلاعات ایران؛ ارتباط حامی دو مُجری آن با یک حزب تروریست در کردستان عراق و یک مجری دارای افکار کمونیستی (از افراد فامیل زرین بافان معاون احمدی نژاد و ...)

۳ - در پنجشنبه ۱۴ خرداد ۱۳۸۸ (۵ ژوئن ۲۰۰۹) در قاهره بود که گفت از سوی شهروندان مسلمان کشورم برای شما پیامی دارم، السلام علیکم! من در پی آغازی نوین میان امریکا و جهان اسلام بر اساس علایق و احترام متقابل به اینجا آمده‌ام.

پس از آن سخنرانی، مجموعه انقلاب‌ها و خیزش‌ها و جنگ داخلی ... تحت عنوان بهار عربی (Arabspring) شروع شد.

می‌انداخت، که اظهار عقیده رسـمی او در این جمله مشـهور "هراس بی‌اندازه ما از کمونیسـم، اغراق گونه و بزرگ‌تر از حد عرف و معمول شده است" خلاصه می‌شد در ایامی که وی در نوتردام[1] فرمایش فرمود.

تاریخ، به یادمان می‌آورد که کارتر، در واقع امر، گفت که اتحاد جماهیر شوروی و کمونیسم بین‌المللی چیز چندان نگران کننده‌ای نیست، وقتی جنگ سـرد تمام شـده، از این به بعد، بهترین سیاست خارجی به طور شایسـته، به جای سیاسـت گوش خراش، تهاجمی و اخلاقاً ناشایست پیشینیان، در پی گرفته شد.

ما از حقوق انسـانی در هر جایی دفاع کردیم، البته نه به آن شـیوه که حاکمان سـتمگر و سلاطین مسـتبد را تهدید کنیم. از آن پس، در جهان سوم، کارتر نه تنها برخی از حکام سلاطین دوست آمریکا و غرب را رها کرد و تنها گذاشـت - که نمونه مشهور آن شاه ایران[2] بود - که آن هم با شورش‌ها و فتنه‌هایی که توسط دشمنان ما ساخته و پرداخته شد. بلکه با شیوهٔ دینداری عمل کرد که اگر کاری نتوانستیم بکنیم، آرزوی انجام آن را هم نداشتیم.

پس از همه این ماجراها، ما به خاطر حمایت از آن حکام و سـلاطین، گناهکار شناخته شدیم و تنها راه صحیح آن بود تا که سرنگون بشوند! در رفتاری مشابه، در جهان سوم امروزه ما، اوباما با انقلاب‌های ضدآمریکایی، نوعی همدردی و همفکری نشان داد. و دوستی با حکام و سلاطینی مانند

1 - Notre Dame

۲ - تبلیغات رسانه‌ای اپوزیسیون ایرانی اغلب اسلامی و یا چپ وابسته به شوروی، از شاه چهره‌ای دروغین ساختند که بعدها رابرت آرمائو در گفت و گو با عرفان قانعی فرد، اظهار داشت. آخرالامر تاریخ با مهربانی با شاه فقید ایران رفتار خواهد کرد![ر.ک: شبکهٔ فراملیتی ترور در ایران، شرکت کتاب]

حســـنی مبارک[1] (در مصر) و زین‌العابدین بن علی[2] (در تونس) و درست مشابه کارتر که تمایلی به چالش کشیدن کمونیست در شوروی و کوبا و نیکاراگوئه نداشت؛ اوباما هم از حمایت مخالفان داخلی رژیم‌های اسلامی در دمشق و تهران خودداری کرد[3].

یکی از بهترین نکات در بارهٔ ســـفاهت و حماقت خطرناک سیاســـت خارجی اوباما عبارت اســـت از: تناقض‌ها، بخش آشـــنا در سیاست اکثر جوامع است. معمولاً هر چه حکومت‌ها، اصول‌شان با منافع ملی ناسازگار باشد، ریاکارانه رفتار می‌کنند.

آنچه که موجب تناقض دولت اوباما بود، بطور برجسته عبارت است از:

اول: رعایت اصول اخلاق در دولت، که البته به سمت تزویر و دورنگی ترجمه شد.

دوم: جانبـــداری دولت از سیاســـت‌هایی که مختـــل و ناقض منافع اقتصادی و استراتژی آمریکاست، ادراک و تصور دولت از مرز منافع ملی بر سیاست دوگانه (دو معیاری) است.

مبنـــی بر اینکـــه: قدرت‌های دوســـت، می‌تواننـــد در (خلق) وضع

---

1 - Hosni Mubarak - Egypt

چهارمین رئیس جمهور مصر، بعد از انورسادات، از ۱۴ اکتبر ۱۹۸۹ بر سر کار بود. عاقبت به استعفای حسنی مبارک در ۱۱ فوریه ۲۰۱۱ و ایجاد حکومت نظامی منجر شد. و حسنی مبارک اختیارات را به شورای عالی نیروهای مسلح سپرد. (مدت: ۲۵ ژانویه ۲۰۱۱ (۵ بهمن ۱۳۸۹) تا ۳ ژوئیه ۲۰۱۳)

2 - Zine Ben Ali-Tunisia

بن علی پس از ۲۳ سال دیکتاتوری و اختناق و خودکامگی در نیمه دوم ژانویه ۲۰۱۱ (۲۴ دی ۱۳۸۹) سرنگون شد و به عربستان سعودی گریخت. (مدت: ۱ دسامبر ۲۰۱۰ - ۱۴ ژانویه ۲۰۱۱ (۲ هفته و ۶ روز))

۳ - در جریان جنبش مشهور به سبز در ایران، (Iranian Green Movment)، وی به سیدعلی خامنه‌ای نامه محرمانه می‌نوشت و مخفیانه معامله کرد! و توجهی به اعتراضات خیابانی مردم نداشت و در راستای همان سیاست هم عملاً VOA فلج بود و حتی از پخش اعتراضات خودداری می‌کرد.

موجودشان مقصر و خطاکار باشند. اما دیدگاه نسبت به گروه‌های غیردوست، آن بود که (فقط) برای منافع واقعی آمریکا سودمند باشند!

تغییری (کوچک) در متن اصلی مذکور دارم. و آن اینکه کلمه "اوباما" را به جای "کارتر" گذاشتم!

این پاراگراف، مربوط به مطلب جین کریکپاتریک[1] تحت عنوان «دیکتاتوری و دو معیاری[2]» که در نوامبر ۱۹۷۹ در یک نشریه[3] منتشر شد تغییر اسم، اشاره‌ای است که چگونه دو نفر از «بدترین رئیس جمهورها که تاکنون ما در آمریکا انتخاب کرده‌ایم، چقدر مشابه به هم عمل کرده‌اند(یعنی کارتر و اوباما).

نقد کریکپاتریک، سفیر ما، از کارتر، (در مقیاس) مشابه اوباماست. مانند کارتر، می‌توان اوباما را هم به دورویی و تزویر و ریاکاری متهم کرد. (اگر مداخله در لیبی، بر حق و درست بود، چرا در ایران و سوریه درست و صادق نیست؟ آن هم دو رژیمی که قاتل آمریکایی‌ها هستند و علاوه بر آن، آنکه مردمان خودشان را هم قتل و عام می‌کنند.)

و در اینجا، همگرایی دیگری هم هست، که هر دوی آن روسای جمهور آمریکا، (کارتر و اوباما)، یک نوع همدردی غریزی و همفکری غیرارادی، حتی با اشتیاق، نسبت به این (انقلاب‌های به زعم خودشان)، ضدآمریکایی داشته‌اند:

> وضع شرمساری مُدام و عذرخواهی در مقابل جهان سوم، نه ضرورت اخلاقی و نه اقتضای سیاسی است. آن‌هم نسبت به دشمنان دهن دریدهٔ آمریکا که ضرورت و مناسبتی ندارد. چون آنها با لفاظی، به

1 - Jean Krikpatrick.

2 - Dictatorships and Double Standards.

3 - Commentary, NOV. 1979.

آزادی عمومی استناد می‌کنند. لیبرال ایده‌آلیسم[1]، (یا آرمان‌گرایی آزادی‌خواهانه)، نیازی به همانندی با مازوخیسم[2] (آزار طلبی)، و یا ناسازگاری با دفاع از آزادی و منافع ملی ندارد.

در حقیقت، اگر علاقه به توسعه آزادی و (دمکراسی) وجود داشته باشد (که برخی اوقات از روی احساسات تصور می‌کنیم، که جزو منافع ملی آمریکاست)، جنگ با دشمنان (دهن گشاد) هم ضروری نیست.

وقتی شما همواره از دشمن واقعی شدن، عتاب داشته باشید و سخنان آنها را به عباراتی مانند "تروریسم، سلاح، مهمات، قتل و عام، تخریب و ..." ترجمه کنید، فرصت و شانسی دیگر به آنها داده‌اید.

اوباما، با ملعون‌ترین دشمن‌های ما، یک ائتلاف جعلی تراشید، دشمنانی مانند هوگوچاوز[3] (قبل از مرگ‌اش)، برادر کاسترو[4]، و خامنه‌ای، اما آن‌ها و رفقای موافق‌شان، همچنان تلاش‌های‌شان را برای شکست ما چند برابر می‌کنند.

هر دو رئیس جمهور، کارتر و و اوباما، یک همدردی و همفکری و غریب را با دشمنان ما به نمایش گذاشتند. کارتر به دیکتاتور لهستان گفت که کمونیست را به مسیحیت برنگرداند. و کوشش اوباما هم بر آن بود تا با زور، تعامل و رابطه با رژیم ایران و کوبا و دیگر رادیکال‌های آمریکای لاتین و... را که به جمع ائتلاف دشمن پیوسته‌اند، قطع نکند.

با فاشیست قرن ۲۱، و رژیم‌های استبدادی کمونیستی، که حاصل آن رژیم‌های فعلی اسلام‌گرایان و یا سکولارهای دیکتاتوری در خاورمیانه هستند، باید پرسید که چه معنایی دارند و چه باید کرد.

---

1 - Liberal idealism.

2 - Masochism.

3 - Hugo Chawez.

4 - Castro.

چه باید کرد؟ چه کاری موثر است؟ به طعنه باید گفت، رونالد ریگان، ثابت کرد که یک انقلابی واقعی اســـت، وقتی لیبرال‌هایی مانند کارتر، از رادیکال‌های خالق رژیم‌های اســـتبدادی و مطلقه دعوت می‌کنند، و یگان نیروهای دمکرات را در هر دو استبدادهای خودکامه از شوروی تا آرژانتین، چه دوست و چه دشمن، را تقویت می‌کند.

ریگان می‌دانست که کارتر (و یا در دوران امروزه اوباما)، چه چیزی را نمی‌پذیرد، آن هم پذیرفتن اینکه امریکا تنها کشور انقلابی واقعی در جهان است، و بخشـــی از رسالت ملی، حمایت از انقلاب‌های دمکراتیک علیه ظالمان و حکام ستمکار دارای سلطنت مطلقه است.

بعدها کارتر در ســـومین سال ریاســـت جمهوری‌اش، که هنوز تخیل و توهم «ظهور و تجلی عیســـی‌وار» داشـــت، متوجه شد که شوروی به افغانستان حمله کرده است[1].

زمانی که دیگر از دید وی، ترس از کمونیسم، امری غیرمنطقی و بی‌معنی نبود. به توسعه و افزایش بودجه نظامی ما پرداخت که نهایتاً آمریکا را آنقدر قدرتمند کرد که مرد خاکستری کرملین جرأت نداشت، به ما بپیچد. وقتی که دیگر زنگ پایان امپراطوری اتحاد (جماهیر) شـــوروی طنین‌انداز شد. اوباما (و کشور ما) اکنون در وضعیتی مشابه همان شرایط تاریخی است. آیا اکنون او ضرورت برخورد با رژیم‌های استبدادی و ضدآمریکایی (کوبا و ونزوئلا و ایران و سوریه) را خواهد فهمید؟

- آیا از مخالفان و نارضایان و مُنتقدان داخلی حمایت خواهد کرد؟
- آیا به اتحاد و ائتلاف اسلامی‌های رادیکال، چنگ زده است؟

---

۱ - ۲۴ دسامبر ۱۹۷۹ - ۱۵ فوریه ۱۹۸۹، جنگ شوروی در افغانستان، به ۹ سال اشغال و درگیری شوروی در آن به دستور برژنف شروع شد. در ایام گورباچف کشور به جهت پشتیبانی از دولت کمونیست جمهوری دمکراتیست افغانستان در برابر مجاهدین اطلاق می‌کرد.

در پاسخ باید گفت: مطلقاً و یا ابداً چنین احتمالی وجود ندارد!...

تندروهای غیرمذهبی، جهادی‌ها تندرو[1]

در مواجهه با این (مسئله)، ائتلاف بین رژیم ایران و روسیه هم امری شگفت‌انگیز است. بدون شک، ولادیمیر پوتین به یاد دارد که خمینی، برژنف را به اسلام دعوت کرد[2]، (که تغییر دین بدهد و به دین اسلام بگرود) و پوتین خوب می‌داند که رژیم ایران، صدهزار جلد کتاب قرآن و نیز صدها آخوند (تحت عناوین امام مسجد و خطیب و مبلغ...) را به مناطقی از شوروی که جمعیت اسلامی دارند، فرستاده است.

پوتین، خودش پشتیبان و حامی جنگ خونین علیه اسلامی‌های رادیکال در چچن بود و همگی با ایران، مربوط و مرتبط هستند. چنین به نظر نمی‌رسد که پوتین از اندیشه‌های اسلام تعصب‌آلود (و دارای روح پلید) برخی کشورهای مذهبی، خصوصاً در داخل مرزهای خودش، خوشنود نیست.

یکی از معقول‌ترین نقدها در باره اندیشه و تفکر پوتین، یادداشت‌های والتر لوکور[3] تحت عنوان پوتین‌گرایی[4] است. که می‌گوید:

بسیار مشکل است که حرکت مسلحانه اسلامی را ارزیابی کرد. زیرا

---

1 - Secular Radicals, Jihadi Radicals.

۲ - خمینی در ۱۱ دی ۶۷؛ اولین روز میلادی ۱۹۸۹، جوادی املی، محمد جواد لاریجانی و مرضیه حدیدچی دباغ را از سوی خود به نزد گورباچف فرستاد، تا نامه وی را به دبیر کل حزب کمونیست شوروی تسلیم کنند. که نسبت به مرگ کمونیسم هشدار داد، در پاسخ، هیاتی از شوروی به ایران آمد و روز ۷ اسفند ادوارد شواردنادزه (وزیر خارجه) پیام را آورد که خمینی با آنها دست نداد. ۳ ماه بعد، خبر مرگ خمینی رسید!...

3 - Water laqueur.

4 - Putinism, Rusia and its future with the west, Tomas Dume Books, Jun 30 2015.

اکثر فعالیت‌های آن‌ها زیرزمینی است. احتمال دارد که حداقل برخی از نیروهای شبه نظامی آن در جنگ افغانستان، جمهوری‌های آسیای مرکزی را به اشغال خود درآوردند!

و نیز افزوده است که پوتین برای پیوستن کشورهایی مانند تاجیکستان[1] و قرقیزستان[2] به فدراسیون روسیه، تمایل ندارد و ترجیح می‌دهد که با محدود کشورهای مستقل همکاری داشته باشد.

و قضاوت لوکور آن است که «بخش‌هایی از آسیای مرکزی، جزو مناطق خطرناک، باقی خواهند ماند». جاهایی است که ایرانیان فعالانه در پی حمایت و توسعه گسترش رادیکالیسم شیعه هستند[3] و نوعی توجه جدی به این نکته هم وجود دارد که پوتین تا الان، کارهای زیادی را برای رژیم خامنه‌ای انجام داده است.

درگیر بودن روس‌ها در امور ایرانیان، به قرن‌ها پیش باز می‌گردد. و همان‌طور که اشاره کردم روابط کاری نزدیک بین این دو کشور وجود دارد. و مثال مشهور و بارز آن هم، مربوط به برنامه هسته‌ای ایران است. راکتور اتمی بوشهر، تولید و ساخت روسیه است و همچنین دو راکتور بعدی هم ساخت روسیه است.

ایران، قراردادهایی، به ارزش بیلیون‌ها دلار، برای تجهیزات نظامی موشک‌های ضدهوایی روسی، از جمله اس ۳۰۰[4]، با روسیه منعقد کرده است. هر چند جای انکار این حقیقت وجود ندارد، اما هر دو کشور ایران

---

1 - Tajikistan.

2 - Kyrgyzistan.

۳ – مشهور به هلال شیعی، در پی رواج شیعه‌گرایی افراطی و با حمایت از گروه‌های تروریستی شیعه.

۴ – اس – ۳۰۰ (S-۳۰۰) یک سامانه موشکی سطح به هوای دور برد و خودکششی با قابلیت استفاده در تمامی ارتفاع‌هاست که در اواخر دهه ۱۹۷۰ توسط شرکت آلماز برای نیروی دفاعی هوایی شوروی ساخته شده. در ۱۳ آوریل ۲۰۱۶ این سامانه از طریق بندرانزلی وارد ایران شد.

و روسیه، شانه به شانه هم در سوریه می‌جنگند و در تلاش‌اند تا رژیم بشار اسد را به عنوان متحد خود، در قدرت حفظ کند[1].

چگونه می‌توان، این شراکت و ائتلاف غیرمتشابه، به صورت ظاهری، را معنی و تفسیر کرد؟ علاج درد، یک جمله قدیمی است که «دشمن دشمن من، دوست من است!» پوتین، اظهار داشته است که امریکا - و بطور عمومی ناتو[2] - تهدید امنیت ملی روسیه هستند و «مرگ بر امریکا»، شعار رسمی رژیم جمهوری اسلامی ایران است (که همواره سر داده می‌شود).

هر دوی طرفداران پوتین و یا مسلمانان رادیکال ایرانی، در هویت دشمن خودشان، متفق‌القول‌اند. از این‌رو، یک بخش از پاسخ، مطمئناً آن است که ائتلاف آن‌ها به طور ساده نتیجهٔ منطقی خصومت و دشمنی آن‌ها با آمریکا است. قطعاً، اشتباه است که آن نوع رابطه روسیه و ایران را به رفاقت نزدیک و گرم تشبیه کرد. اعتماد بسیار اندکی بین آن‌ها وجود دارد، اگر در سوریه شکست بخورند، ما می‌توانیم برخی الفاظ و بیان نامطبوع از مسکو و تهران، نسبت به هم بشنویم!

آن وقت، در آن شرایط، ارائهٔ آن ائتلاف ساده است؟ نیازی به توضیح هست که بگویم: یکی از قواعد سخت در مشی سیاست خارجی کشورها، وجود یک دشمن مشترک است؟ برای ائتلاف جهانی، از پیونگ یانگ تا هاوانا» دارای ارزش است؟

در بارهٔ حضور القاعده و داعش و ائتلاف آنها چه باید گفت؟ - من که چنین تصوری ندارم. روس‌ها و ایرانی‌ها، بیشتر از یک دشمن مشترک، اشتراکاتی دارند. همچنین نوعی تلاش مخفیانه برای تحقیر "دمکراسی" در این توافق هم هست.

---

۱ - ماجرای سوریه از ۲۶ ژانویه ۲۰۱۱ شروع شد و تاکنون بیش از ۱۲۰۰ نیروی نظامی - امنیتی ایران در آنجا کشته شده‌اند!

2 - NATO.

– با وجـــود همه اعضای ائتلاف دشـــمن، دیکتاتـــوری و حکومت مطلقه بهترین راه برای اداره مملکت اســـت، چه یک امپراتوری باشد یا یک خلافت؛ البته تفاوت‌هایی (آشـــکار) بین استبداد سکولار و ولایت مطلقه (خودکامه) مذهبی وجود دارند، – مانند اهمیت قانون شریعت برای جهادی‌ها که شاید مهم‌ترین نکته باشد – اما هر دو نوع در پی جنگ، علیه رهبران قدرتمند هستند.

سنجش افکار عمومی اخیر در روسیه نشان داد که چگونه اکثریت نسل جوان معتقدند که یک رهبر ملی، تصمیمات مهم برای آینده کشورشـــان اتخاذ می‌کنند. که مردمان تأثیر و نفوذی در آن تصمیمات ندارند، و دلیلی هم برای تغییر شرایط و وضعیت (موجود) ندارند.»

گاهاً خطوط جدا کنندهٔ استبداد سکولار و ولایت مطلقه (یا خودکامه) مذهبی، نامعلوم و ناروشـــن است. به جز برای رژیم‌های کمونیستی کره شمالی و کوبا، هیچکدام از دشمن‌های ما، تصور و ادراک جدایی دین از سیاست[۱] را ندارند.

کلیسای ارتدکس روسی، اکنون بسیار قدرت‌مندتر از دوران کمونیسم است و برخلاف خرد عُرفی (عامه)، اسلام رادیکال نقش مهمی در عراق دوران صدام حسین داشت، که تا ایام حضور ما در ۲۰۰۳، از رونق بسیاری برخوردار بود. اعتقاد و عقیده مذهبی در جنوب پیروان قوی‌تر از رساله‌ها و نشریات روشنفکری و دیگر اسناد و مدارک حقوقی است. حال چه توسط

۱ – نوعی نگرش سیاسی و مدنی که البته با سکولاریسم متفاوت است. جان لاک مبدع آن نظریه است. در ایران قوانین زمامداری کشور بر اساس شریعت و قوانین اسلام پایه‌گذاری گردیده است. خمینی، نظریه جدایی دین از سیاست را اسلام آمریکایی خوانده و در ۲ خرداد ۱۳۶۰ گفت: تنها روحانیت می‌تواند در این مملکت کارها را از پیش ببرد. فکر نکنید که بخواهید کنار بگذارید روحانیت را... امروزه در بین ۱۹۲ عضو سازمان ملل (UN)، ایران تنها کشوری است در جهان، اساس آن بر مبنای دین سالاری و یا شیعه‌گرایی افراطی است! و اکثر افراد رژیم از مذهبیون پیرو بچه مسجد (مذهبی) انتخاب می‌شوند! حتی در جلسه هیات دولت هم، نوحه‌خوانی می‌شود!

حرکت جمعی و یا رژیم‌های رسماً سکولار صورت بگیرد.

حامیان مذهب برای پیروان‌شـــان، «معنی زندگی را» فراهم می‌کنند، در حالی کـــه، مقتدرترین دیکتاتورها هم نمی‌توانند این کار را انجام بدهند. چیزی است که در هیچ جا بهتر از خود تاریخ دولت اسلامی یا مشابهش یافت نمی‌شود، و تخم لق آن هم توسط خود صدام حسین شکسته شد!

مدت‌هاســـت که گفته می‌شود، بعثی‌گری[1]، اصول و آیین اصلی صدام در عراق[2] و اسد در سوریه؛ نوعی سوسیالیسم سکولار عربی بود. در طی دوران قبضهٔ قدرت در ســـوریه و عراق، علناً اظهار می‌شد که بعثی‌گری است و گاه می‌گفتند که پایه ایدئولوژیکی آنها روابط نزدیک با (کمونیسم) با اتحاد جماهیر شوروی دارد. بر اساس آن، یا طبق مُدل روسی، بعثی‌گری، نظام موثر و کارآمد برای حکمرانی اســـتبدادی بود. اما به مردم چنین القا نمی‌شد.

در طی دوران جنگ ایران و عراق[3]، در دههٔ ۱۹۸۰، ذات بی‌خدای رژیم صدام، هسته اصلی تبلیغات (رژیم به ظاهر مسلمان شیعه) ایران بود و کاملاً موثر هم واقع شـــد[4]. در نتیجه، صدام در تابستان ۱۹۸۶، تغییری اصلی در سیاست خارجی‌اش داد، وقتی که کمیته سیاسی عراق (با فرمان پان‌عربی) تصمیم گرفت کـــه از «امور مذهبی» خارجی، حمایت کند. و کار بدانجا

---

1 - Ba’athism.

۲ – حزب عربی سوسیالیستی بعث – توسط میشل عفلق، صلاح بیطار در سوریه تاسیس شد. بعثی‌گری آمیزه‌ای از ناسیونالیسم عربی، پان عربیسم و سوسیالیسم بود. بعثی‌گری، خواهان رنسانس و رستاخیز و یکی شدن جهان عرب به یک کشور است. حزب بعث عراق سال ۵۱ توسط فواد رکابی بیان شد. و سال ۶۸ از سوری‌ها جدا شد.

3 - Iran-Iraq War

در ایران تحت عنوان جنگ تحمیلی و دفاع مقدس شناخته شده. جنگی ۸ ساله و طولانی‌ترین جنگ پس از جنگ ویتنام بود. از ۳۱ شهریور ۱۳۵۹ (۲۲ سپتامبر ۱۹۸۰) آغاز شد و جاه‌طلبی سیاسی خمینی – صدام آن را تا مرداد ۱۳۶۸ (۱۹۸۹) کشانید.

۴ – صدام را کافر می‌دانستند و آن را جنگ حق علیه باطل توصیف می‌کردند.

کشـــید که اول از (سازمان تروریستی) اخوان المسلمین در مصر حمایت کردند و بعد به حمایت از رژیم رادیکال حســـن القرابی[1] (در سودان) و بعدها طالبان (در افغانستان) و عاقبت به القاعده پرداختند.

در داخل عراق، رژیم بعثی به حمایت مالی از مســـاجد و امام مساجد (غالباً سنی و گاهاً شیعه) پرداخت. وقتی که موسس بحث، میشل عفلق[2]، یک خداناباور مسیحی، در سال ۱۹۸۹ مُرد، در یک مدح رسمی اعلام شد که وی به دین اسلام گرویده بود.

در نوامبر همان ســـال، درهای دانشگاه مطالعات اسلامی صدام حسین، در بغداد، گشایش یافت و خواندن قُرآن ضروری شد (حتی برای هیأت رئیسه حزب بعث هم) و چهار سال بعد، صدام همه را به تلاش همگانی برای اعتقاد و ایمان کامل فراخواند.

در واقـــع، ما داریـــم در بارهٔ ایام ۱۹۹۳ حرف می‌زنیم، یعنی ۱۰ ســـال قبل از حملـــه آمریکا به عراق (۲۰۰۳). از آن زمان به بعد، ســـرآمدان و نخبگان حکومت عراق و یا قدرت حاکمه، به طور روزافزونی، اسلام‌گرا شدند، وقتی که شورش علیه ما و متحدان‌مان ساخته و پرداخته شد، اکثراً توسط افرادی مدیریت می‌شد که دو نوع زمینهٔ آمادگی (از نظر حرفه‌ای و عقیدتی) را فراهم کرده بودند. مقامات کشور بعثی، خصوصاً از بخش‌های جاسوســـی و ضدجاسوسی[3]، در ســـازمان‌های جاسوسی اتحاد جماهیر شوروی تعلیم دیده بودند.

کایل اُورتن[4]، تحلیلگر خاورمیانه و نویسنده یک وبلاگ، به درستی اشاره

---

۱ - رهبر اسلام‌گرایان و اخوان‌المسلمین شاخه سودان بود. در دهه ۹۰ ایدئولوگ اصلی حکومت سودان بود اما با عمرالبشیر (دیکتاتور خونخوار و جنایتکار سودان، اختلاف پیدا کرد و بازنشست شد و در ۸۴ سالگی مردا! (۵ مارس ۲۰۱۶)

2 - Michel Aflag.

3 - Couter Intelligence Branch.

4 - Kyle Orton.

کرده بود که: اکثر رهبران شورای نظامی داعش (مهم‌ترین بخش موسسه‌ای که از سال ۲۰۱۰ شکل گرفته بود) افسران سابق و مقامات رژیم سابق بودند[۱].

این افراد، تلقین فکری مذهبی هم دریافت می‌کردند، از سال ۲۰۰۳، روح منادی یا جوهرهٔ تشکیل دهندهٔ داعش - سازمان تروریستی کوچک اما رو به رشد تحت رهبری زرقاوی - بر اساس همان آموزه‌های مذهبی بود که به افراد و اعضای جدید ارائه می‌شد، و می‌بایست موفق از آزمون‌های ورودی بیرون می‌آمدند. زرقاوی نیروی محرکه بود. او به همراه سران رده بالای القاعده، در سال ۲۰۰۲ به بغداد رسید و دور عراق را گشت، افرادی را جذب کرد، از فردی در حلب به نام، ابومحمد العدنانی[۲]، سخنگوی پرنفوذ و رسمی داعش، و (بطور پنهانی) عملیات عبور دادن پرسنل جنگجویان خارجی جذب کرده (به عنوان جانشین‌های اسلاف خود القاعده عراق)، برای دولت اسلامی را مدیریت کرد.

رژیم اسد، در اعمال و عملیات زرقاوی، در آن زمان، همدست بود. هم در تشکیل شبکه‌ای که نیروهای خارجی را برای داعش جذب کند و هم برای ترور مأمور امدادرسان امریکا[۳]، لارنس فولی[۴] در عمان[5] اردن هم شریک جرم بود.

1 - Kyleorton 1991, Wordpress.com/2015/12/12

۲ - ابومحمد عدنانی: سخنگوی رسمی داعش و از رهبران ارشد آن. از او به عنوان رهبر گروه در سوریه و رئیس عملیات خارجی آن یاد می‌شود. پس از ابوبکر بغدادی، دومین رهبر ارشد به شمار می‌رفت. قبل از عضویت در داعش (در سال ۲۰۰۰) برای القاعده عراق به فرماندهی زرقاوی فعالیت می‌کرد. طی سال‌های ۲۰۰۵ - ۲۰۱۰ در زندان عراق زندانی بود در ۲۰۱۱ به فرمان البغدادی به سوریه بازگشت. در اوت ۲۰۱۶ منابع نزدیک به داعش (اعماق) گفته‌اند که وی کشته شده است. CIA اعلام کرد که وی در فهرست تروریست‌های بین‌المللی قرار داد.

3 - USAID.

4 - Lauvrance Foley.

۵ - در ۲۸ اکتبر ۲۰۰۲، در بیرون از خانه‌اش در عمان با شلیک کلت ترور شد. و گفته قاتل از طرف زرقاوی، اجیر شده بود.

در نوامبر ۲۰۰۲، زرقاوی مجدداً به عراق بازگشت و در نبردهای تروریستی که نمایندهٔ ایران در جنگ نیابتی هستند! در منطقه تحت کنترل انصارالاسلام[1] اقامت گزید. سپس زرقاوی و دارو دستهٔ انصارالاسلام[2] در مراحل اولیه حمله آمریکا به عراق در ۲۰۰۳ به ایران گریخته از خلال بازجویی‌ها (از افراد)، در طی عملیات ما در عراق، متوجه شدیم که به مدت کوتاهی در بهار ۲۰۰۳، زرقاوی توسط ایرانی‌ها دستگیر و سپس آزاد شده است. اما اطلاعات مختصری به دست آمد و علت بازداشت وی این بوده که چون ایران (در یک معامله قُماری) برای کنترل کامل عراق، هم با زرقاوی همکاری کرده و هم به او، مشورت رسانده است.

در مورد صدام باید گفت که، وی صدها جنگجوی خارجی را به عراق آورد، در بسیاری از مساجد تحت کنترل رژیم که به شبکه بین‌المللی اسلام‌گرایان وصل هستند، مستقر ساخت و پس از این جنگجویان، تحت دستورات شدید و به نیروی شبه نظامی رادیکال و وفادار با فدائیان اسلام، مشهور بودند و تنها افراد مخالف حمله نیروهای ائتلاف به شمار می‌رفتند! جنگ عراق، قبل از شروع، حاکی از آن بود که این ائتلاف، علیه ما هستند و نیز نشانگر آن بود که این نیروهای مذهبی و سکولار (یا جنبش‌ها و حتی کشورها)، می‌توانند نیروهای‌شان را (علیه ما) متحد کنند.

به عنوان مثال، رفتن زرقاوی از عراق به ایران در آغاز جنگ (۲۰۰۳) و سپس برگشت وی، نکته‌ای قابل توجه (در این باره) است.[3]

---

۱ – انصارالاسلام یکی از گروه‌های شورشی فعال در عراق است. این گروه سلفی به عنوان یک جنبش اسلام گرای سلفی در ۲۰۰۱ م در کردستان عراق تأسیس شد. با ادغام دو گروه جهادی کرد به نام‌های جندالاسلام به رهبری ابوعبدالله شافعی و جنبش کردستان اسلامی به رهبری نجم‌الدین فرج احمد یا ملا کریکار تشکیل شد.

2 - Ansar-al-Islam.

۳– روزنامه واشنگتن پست در ۲۰۰۳ گزارش در رابطه ایمن الظواهری (القاعده) و احمد وحدی وزیر دفاع بعدی ایران، منتشر کرد.

– در شهریور ۱۳۸۷، الظواهری، نوار ویدئویی منتظر کرد و گفت تهران با آمریکایی‌ها برای

رابطـــه‌ای گرم در بین صدام و رژیم ایران برقرار نبود، زرقاوی گرچه از هر لحاظ، ابزار دست عراق، نبود اما هر دو کشور به وی، یاری و مساعدت رساندند. اثر متقابل بین قدرت خالص و قدرت مذهبی، که در مدارک به دست آمده از افراد داعشی دستگیر شده، ماجرا را مشخص می‌کند، و در بسیاری از رسانه‌های دنیای غرب منتشر شده.

تحلیلگران آلمانی بخاطر، تشابه بین سیستم اداری داعش (خصوصاً وقتی که به جاسوسی و خبرچینی در باره افراد ساکن در مناطق خودشان بود) و سیستم بدنام کنترل ستاسی در آلمان شرقی کمونیستی، بسیار شگفت‌زده شدند. (همان ستاسی که نیروی اطلاعات و تجسس ارتش در رژیم آلمان شرقی سابق بود که تحت نظر دیکتاتوری شوروی سابق اداره می‌شد)

جای تعجب نیست در این که بسیاری از مقامات بالای دولت اسلامی از رژیم صدام برخاســـته‌اند (اکثر آن‌ها توسط کمونیست‌ها دوره و تعلیم دیده‌اند)، البته قابل پیش‌بینی هم بود که خلافت مبنی بر شـــریعت آن‌ها مشابه بلوک شرق کمونیستی (شوروی) باشد.

بدین‌سان، متعصبان مذهبی (با داشتن احساسات شدید و روح پلید) و مستبد سکولار، کاملاً با هم همکاری دارند، و فراتر از تقسیم‌بندی‌های مرام و مســـلکی (ایدئولوژیکی) عمیق هستند. مثال بارز آن، متعلق به شخص امین الحسین[1]، شخص محروم از حقوق مدنی، یعنی مفتی اعظم اورشلیم

اشغال عراق و افغانستان همکاری کرده است.

– در روز اول ژانویه ۲۰۱۰ – زمستان ۸۸ – ایمان بن لادن، که درتهران با مامور نظامی به بازار رفته بود، فرار کرد و به سفارت عربستان در تهران پناهنده شد.

– اولین بار ۶ مرداد ۹۰ بود که آمریکا رسماً ایران را به هم پیمانی با القاعده متهم کرد.

۱– محمد امین الحسین، رهبر ناسیونالیست عرب، و مذهبی فلسطینی، اول در پایان جنگ جهانی اول، به حمایت از پادشاهی عربی سوریه در دمشق مستقر شد، سپس به فلسطین متمایل شد. از ۱۹۲۱ – ۱۹۳۷ مفتی اعظم بیت‌المقدس بود. سال ۱۹۳۶، به آلمان نازی گریخت و به عضویت حزب نازی درآمد. با هیتلر دیدار کرد. به عضوگیری مسلمانان پرداخت (خصوصاً در بوسنی) در ۲۵ آوریل ۱۹۴۱، الحسینی طراح اصلی حمله نازی‌ها به بوسنی شد. در حالی که خود را محافظ اسلام می‌نامید، حدود ۱۰۰ هزار نفر بوسنیایی مسلمان را به نازی دعوت کرد.

در دهه‌های ۱۹۳۰ و ۱۹۴۰ است.

وی تلاش‌هایی داشـــت تا نوعی رابطه راهبـــردی و عملی بین آلمان نازی و اخوان‌المســـلمین خودش ســـاخته و پرداخته کند و نخست‌وزیر وقت اسرائیل، بنجامین نتانیاهو[۱]، و بحث مربوط به بررسی منشأ تاریخی اسلام‌گرایی یا یهودستیزانه[۲] معاصر در اروپای نازی و رژیم‌های فاشیستی در قرن قبلی، مطرح کرد[۳]، که در واقع یک مجموعه همکاری قابل توجه و مفیدی را پدید آورد. اما در پروسه (اجرایی)، بخش مهم داستان، از بین رفت.

این بخش از داستان مربوط به تعامل روابط حسینی[۴] با کمونیسم شوروی بود. لنین[۵] و استالین[۶]، به نوعی در ابراز جایگاه واقعی خود بر بالای ستون شیطان موفق نبودند. عاقبت، هیتلر[۷] بر آن جای گرفت. در مسأله الحسینی، حقیقت و واقعیت جهادیســـم بطور عمومی، باید جایی را برای هر نوع بحث جدی در باره کمونیســـم در نظر گرفت. به آخرین سخنان لارنت مورالیس[۸] در اثر شاهکارش تحت عنوان ذهن و فکر جهاد توجه کنید.

در ۷ ژوئیه ۱۹۷۴ در بیروت لبنان، مُرد!

1 - Benjamin Netanyahu.

2 - Ant - Samitism.

یهودستیزی، به ستیزه‌جویی با یهودیان و نگاه منفی و کینه‌جویانه همراه با پیش‌داوری نسبت به آنچه یهودی است گفته می‌شود. در برخی کشورهای مسلمان، یهودیان به عنوان اهل ذمه شناخته می‌شدند (و مجبور به پرداخت جزیه) و بدون توجه به قرآن - که آنها را اهل کتاب می‌داند - حملات شدیدی به یهودیان می‌شد. اما یهودستیزی در تاریخ ایران جایگاه ریشه‌ای نداشته است.

از ۱۹۴۱ - ۱۹۴۵ هولوکاست در اردوگاه‌های مرگ آلمان نازی رخ داد، که احمدی‌نژاد، رئیس جمهور وقت ایران، به طرز احمقانه‌ای آن را انکار کرد!

۳ - در اکتبر ۲۰۱۵، نتانیاهو، به نقش فلسطینی‌ها در هولوکاست پرداخت.

4 - Husseini's.

5 - Lenin.

6 - Stalin.

7 - Hitler.

8 - Lauvrent Murawiec.

در آغاز دهه‌های ۱۹۲۰ و ۱۹۳۰ حزب کمونیست فلسطین[۱] در واقع بزرگترین معلم حرکت ناسیونالیستی اسلام‌گرایان بود که توسط مفتی اعظم (محمد) امین الحسینی، رهبری می‌شد. آن هم در بخش تبلیغات سیاسی - هنری، که حامل اشاعه مفهوم اساسی مارکسیست - لنینیست[۲]، مانند امپریالیسم[۳] یا استعمار (کومونیالیسم[۴]) بود.

و این مسأله در اجرای رده‌های سیاست اروپایی، (به طور کلی) نسبت به خاورمیانه، و نزاع عرب - یهود به طور خاص پیشگام بود.

ریشهٔ بسیاری از مجموعهٔ امروزی یهودستیزی عرب و مسلمان[۵] نشأت گرفته از اتحاد جماهیر شوروی (سابق) است (که فقط توسط نازی‌ها، مولفهٔ نژادی - زیست شناختی (بنابه سیاست نژادی) افزوده شد.)

حزب کمونیست فلسطین[۶]، اوایل تصور داشت که افراطیون

---

1 - CPP

۲ - مارکسیسم - لنینیسم یک جهان‌بینی یا فلسفه سیاسی مرکب است که بر اساس مارکسیسم و لنینیسم شکل گرفته و در پی تأسیس دولت سوسیالیستی و توسعه آن درآینده است. بسته به فهم‌شان از گروهی از دیدگاه‌ها حمایت می‌کنند اما بطور کلی از دیدگاه‌هایی همچون حزب پیشتاز، نظام تک حزبی، تسلط دولت بر اعتقاد، انترناسیونالیسم، ضدیت با دمکراسی برژوایی و ضدیت با سرمایه‌داری حمایت می‌کنند. ایدئولوژی رسمی حزب‌های حاکم بر چین، کوبا، لائس و ویتنام است و نیز در حزب کمونیست اتحاد شوروی رواج داشت و حاکم بود و بلوک شرق را ساخته بود. هدف مارکسیسم - لنینیسم، توسعه دولت به یک جمهوری سوسیالیستی از طریق رهبری انقلابی پیشرو است.

3 - Imperialism

نظامی است که به دلیل مقاصد اقتصادی و سیاسی می‌خواهد از مرزهای ملی - قومی خود تجاوز کند و سرزمین‌ها و ملت‌ها و اقوام دیگر را هم زیر سلطه خود آورد. مرام وی بسط نفوذ و قدرت کشور خود بر کشورهای دیگر است. به مفهوم و معنای کنترل کشوری که از سوی کشور دیگر قدرتی که بیرون از حوزه ملی خود، تصرف سرزمین‌های دیگر پردازد و مردم آن سرزمین‌ها را به زور وادار به فرمانبرداری کنند.

4 - Colonialism

نشانگر اشغال یک سرزمین خارجی با توسل به قدرت نظامی - سیاسی، کشور فاتح را استعمارگر و کشور به بند کشیده شده را مستعمره می‌خوانند.

5 - Arab and Muslim Anti-Semitism.

۶ - اول به وسیله گروهی کارگر انقلابی یهودی در اکتبر ۱۹۱۹ به نام (حزب کارگران

عرب از شعارهای قبلی بلشـــویک‌ها[1] (اکثریت‌ها)، استفاده می‌کنند. «ضدامپریالیسم» که توسط کمونیســـت‌ها اشاعه یافت. به طور کلی، توسط مسلمان‌ها پذیرفته و تکرار شد. به طوری که، دیگر جز جدایی ناپذیر مفاهیم و عبارات و تفاسیر آنان شد.

با دیدگاه جهاد ســـنتی هم درهم آمیخت که اعراب منطقه را تحرک دوباره بخشید. در این، ادغام و آمیختگی بولشویسم[2] با جهاد[3]، که به جهاد امروزی و بسیار سخت مبدل شده و این اهمیت و تعیین کنندگی در آن است که اعراب را با شیوه روسی (کمونیستی) تعلیم و پرورش می‌دهد[4].

همانطور که موراویک در آخرین جملاتش اشـــاره دارد، "رهبر اخوان فلسطین، تعامل با سیاست را از بطور گسترده‌ای از کرملین آموخت". و با کمونیسم از نزدیک کار کرد و در دورهٔ خدمت‌اش همان آموزه‌ها را به کار

سوسیالیست فلسطین) تشکیل شد. بعد به زعم خودشان علیه امپریالیسم و صهیونیسم موضع گرفت .

۱ - اکثریت: دسته‌ای از حزب کارگر سوسیال دموکرات مارکسیستی روسیه بودند که در دومین کنگره حزب در ۱۹۰۳ به رهبری لنین از دستهٔ منشویک (اقلیت) جدا شده و نهایتاً حزب کمونیست شوروی را تشکیل دادند.

۲ - اصول عقیدتی لنین. با ویژگی، اعتقاد به مارکسیسم و ترکیب آن با سنت پوپولیسم (عوامفریبی و مردم‌باوری و داشتن سازمان متمرکز حزبی، انقلابی خواص و مبارزه با اصلاحات (فرهنگ معین)

۳ - مسلمانان تبلیغ می‌کنند که جهاد یکی از مفاهیم دین اسلام است. به معنی مبارزه و فعالیت. علاوه بر جنگ و خونریزی، در عرصه‌های دیگر هم فعالیت کنند. جهاد اکبر و اصغر دارند و ۱۰۸ بار در قرآن آمده است و به طور اغراق‌آمیز به مدح عظمت و اهمیت جایگاه آن پرداخته (توبه، آیه ۱۹، صف، آیه ۴) و دو نوع جهاد دفاعی و جهاد اولی دارد. خمینی و خامنه‌ای و اصولاً اندیشه فقهی حکومت ملایان در ایران و فقهای مایل به اسلام‌های انقلابی، خواهان ورود به جنگ و اعمال تروریستی هستند و آن را مشروع و واجب می‌دانند.
هدف جهاد، براندازی شرک و کفر، مبارزه با گمراهان و پاسداری از نظام اسلامی است! دن کوئل، بنیادگرایی اسلامی (باورمند به جهاد اسلامی) را یک خطر جهانی و جایگزین کمونیسم مطرح کرد و بعدها دبیر کل ناتو گفت که "بنیادگرایی اسلامی امروزه به اندازه کمونیسم، تهدیدآمیز است".

4 - Laurent. Murawiec, The mind of Jihad, p238.

گرفت. او فقط یک نازی نبود ، بلکه او یک محصل گماشته شده و مشتاق بر اســـتبداد و دیکتاتوری ولایت مطلق قرن ۲۱ بود. و او با استفاده عملی آن یک سم خطرناک (و اندیشه زهرآگین و مسموم) با ترکیب نژادپرستی نازی و کمونیسم و شوروی خلق کرد.

هر دوی این دو مؤلفه عُنصر سازنده، بعدها جوهره حرکات و اندیشه روح‌الله خمینی شد. که به طور (واضح و) مشابه یهودی ستیزی به سبک آلمانی و اصول و آموزه‌های کمونیســـتی شـــوروی را به عنوان اصول و آموزه‌های ســـازمان‌دهی انقلاب درهم آمیخت. همانگونه که الحسینی با حزب کمونیسم فلسطین، همکاری کرد و با حفظ قدرت آشنا شد، خمینی هم با حزب تودهٔ ایران[1] برای سقوط شاه همکاری کرد و بعد این حکومت استبدادی و ولایت مطلقه (فقیه) که امروزه شاهد آنیم، را ساخته و پرداخته کرد.

درس‌های زیادی را می‌شـــود از تاریخ ســـیر تکامل تدریجی و تحول مفهوم جهاد در قرن اخیر آموخت.

اول از همه، در ســـال‌های اول آغاز جنـــگ جهانی دوم، انقلابیون و شورشیان آشوب طلب سراسر جهان اغلب اصول و آموزه‌های خود را از نازیســـم و کمونیســـم عاریه گرفته‌اند. فراموش نکنیم که هیتلر و اســـتالین، از نظر سیاسی و نظامی برای تجزیهٔ لهستان، با همدیگر

1 - Tudeh

سازمان اصلی چپ در تاریخ معاصر ایران. در ۱۰ مهر سال ۱۳۲۰ در تهران درست شد. و از بازیگران اصلی سپهر سیاسی ایران. و در کنار آن دو سازمان تروریستی چریکی به نام‌های مجاهدین خلق اسلامی (زاییدهٔ نهضت آزادی ایران) و چریک‌های فدایی من هم با چنین همکاری داشته و در همهمهٔ ۱۳۵۷ شرکت کردند. توده، سیاست‌ها و شعارهای ضدآمریکایی خمینی را اشاعه داد. کیانوری و محمدعلی عمویی به حمایت از جمهوری اسلامی پرداختند.حزب توده، صادق خلخالی را به عنوان نامزد خود در انتخابات مجلس معرفی کردا! و کودتای نوژه را لو دادند. بعدها جمهوری اسلامی به سرکوب آنان پرداخت و امروزه جایگاهی در جهان سیاست و نسل جوان ایران ندارد.

همکاری کردند. و ائتلاف نازیسم - کمونیسم، با اشغال روسیه توسط آلمان، پایان یافت[1].

دوم اینکه حکومت‌های استبدادی (آن زمان) آلمان و شوروی (سابق)، نقاط اشـــتراک زیادی را داشتند، و مسلمانان رادیکال آزادانه، مولفه‌ها و جوهر آن‌ها را از هر کدام برداشتند (یا به عبارتی دیگر کپی کردند) و ایدئولوژی جهادی را خلق کردند و این مسلک (ساخته و پرداخته شده) ساختار کشورهای اسلامی شد، مانند جمهوری اسلامی ایران و دولت اسلامی داعش.

سوم، در مورد الحسینی، اگر استبدادها و ولایت مطلقه‌های مسلمانان خاورمیانه را یک روش و مـــدل (برگرفته از) دیکتاتوری‌های غربی بخوانیم، اشـــتباه است. آن‌ها، الهام گرفته از (و جذب شدهٔ) نخستین رژیم‌های استبدادی دوران هستند. اگر به ایدهٔ «دارای حکومت مطلقه و دیکتاتوری[2]» دقت کنیم، می‌شود گفت که آن واژه، شاه کلید (فهم موضوع) و یا مفهوم اصلی (این داستان) است.

این واژه به روشن شدن طبیعت و جوهرهٔ ائتلاف جهانی که امروزه با آن روبرو شده‌ایم، (بسیار) کمک می‌کند.

کشورها و جنبش‌هایی که با جهان‌بینی‌شان، تلاش آنها نابودی ماست، با وجودی که در یک نزاع سخت و شدید با همدیگر قرار دارند. اما در یک مورد وحدت (نظر) دارند و آن هم دشمنی، کینه و نفرت‌شان از دمکراسی غرب (و نظام دمکراتیک آن‌ها) اســـت. که البته عقیده‌شـــان این است که استبداد و دیکتاتوری برتر و بهتر (از دنیای غرب دمکراتیک) می‌باشد.

---

۱ - عملیات بارباروسا (شروع آن در ۲۲ ژوئن ۱۹۴۱ بود و در ۵ دسامبر ۱۹۴۱ پایان یافت و ۵ ماه و ۱ هفته و ۶ روز طول کشید. بیش از ۳/۹ میلیون سرباز، ۲۹۰۰ کیلومتر مرز مشترک را اشغال کردند که بزرگترین اشغال جنگ‌های بشر است. در نبرد من (نوشته هیتلر)، وسواس و نفرت عجیب هیتلر از روس‌ها آمده است قصدش نابودی ارتش سرخ بود.

2 - Totalitarian.

علاوه بر آن، تشـــابه‌های مختصری بین کره شمالی کمونیست و شیعه رادیکال در رژیم ایران وجود دارد، و یا نقاط اشـــتراکی بین رهبران سنی رادیکال خلافت اسلامی و ولایت مطلقه (فقیه) در ایران هست. در واقع امر، چندان برای آنها مشـــکل به نظـــر نمی‌آمد که در یک جنگ، علیه ما همیاری و همکاری هم نداشته باشند، (عین ایام دهه‌های ۱۹۳۰ و ۱۹۴۰ که و اشتراک مساعی بین استالین و هیتلر[۱]) (موضوع) تفاوت‌های عقیدتی و اختلاف‌های ایدئولوژیک، (امری) ناچیز و جزیی است.

از ایام شکست القاعده در افغانستان در اواخر سال ۲۰۰۱، برای رهبران القاعده، تهران یک بهشـــت یا پناهگاه امن به شمار می‌رفت. و این بدان معناست که یک سازمان ســـرآمد تروریستی سنی، پایگاه عملیاتی را در داخل کشـــور برتر شیعه در جهان داراســـت. و این رابطه (بین القاعده و رژیم جمهوری اســـلامی ایران) همواره تغییر شکل نسبی داشته است، و گاهاً رهبران اصلی القاعده، از رعایت سیاست (و خواست) ایران، اوقات تلخی کرده‌اند.

گاهی خود بن لادن، از دســـت ایرانی‌ها جوش می‌آورد. هنوز، آن‌طور که، از مدارک بدســـت آمده (در پناهگاه) اســـامه بـــن لادن (که وقتی بن لادن در ۲۰۱۱ در مخفیگاهش کشته شد[۲])، متوجه شدیم، وی کمک‌ها و حمایت‌های قابل توجهی از رژیم جمهوری اسلامی ایران دریافت کرده بود. حداقل کاری که رژیم جمهوری اسلامی ایران انجام داده بود، فراهم کردن توان ترانزیت بود و طبعاً عبور و مرور تروریســـت‌های القاعده از ایران، برایشان بسیار مهم و مفید بوده است.

---

۱ – مانند پیمان عدم تجاوز (German-Soviet Non aggression Pact) که در ۲۳ اوت ۱۹۳۹ بین آلمان نازی و اتحاد جماهیر شوروی سوسیالیستی منعقد شد. هیتلر مشتاق بود با استالین وارد معامله شود و نقشه اصلی هیتلر شامل از پا درآوردن لهستان بود.

۲ – ۲ مه ۲۰۱۱، ایبت آباد، پاکستان.

طبعاً افکار عمومی، چیز زیادی را در بارهٔ این بساط پیچیده (حیاتی و حامی) می‌دانست، اگر دولت اوباما مجوز انتشار بیش از یک میلیون سند به دست آمده را می‌داد که در عملیات تیم استخراج[۱] از دقیقاً پس از کشتن بن لادن از مکان او به دست آورده بودند. آن مجموعه اطلاعات فوق‌العاده مهم، به قول افسران عالی‌رتبه ارتش آمریکا، بزرگترین مجموعه منحصر به فرد اسناد یک تروریست ارشد را تشکیل می‌داد[۲].

با ناامیدی باید گفت، که فقط چند سندی (اقبال) انتشار عمومی یافت و آژانس اطلاعات دفاعی (امریکا)[۳]، خلاصه‌ها و تحلیل‌های متعددی را از آن پرونده‌ها را هنوز به طور محرمانه و طبقه‌بندی نگه داشته است. اما همان (اسناد) مختصر انتشار یافته هم، نسبت به امکانات و توانایی‌های این سازمان جهانی بسیار خطرناک، بینش شایان توجهی، بدست می‌دهد. نامه‌ای به بن لادن، فاش می‌کند که القاعده در ایران بوده و یا سندی دیگر به این موضوع اشاره دارد که القاعده تعاملی با حکومت پاکستان داشته است.

بقیه آن‌ها، جزئیات عملیات مخفیانه در آفریقا را مطرح می‌کند و هنوز هم از احتمال حملاتی به سبک بمبئی(هند)[۴] در شهرهای اروپایی وجود دارد.

بنابه اندازه و حجم عملیات مسلحانه داعش، و یا حملات مستقیم که تا به حال در اروپا و آمریکا و یا هر نطقه دیگر از جهان دیده‌ایم، معتقدم که

---

۱ - گروهی از یگان فوق ویژه نیروی دریایی ایالات متحده امریکا.

2 - Thomas Joscelyn - Stephen Hayes; www.wsj.com/articles

3 - Defense Intelligence Agency.

4 - Mumbai - attack

حملات ۲۶ نوامبر ۲۰۰۸ در بمبئی (هند)، یک رشته حملات همزمان مسلمحانه که موجب کشته شدن بیش از ۱۹۵ نفر شد. دستکم ۱۰ نقطه در شهر مورد حمله قرار گرفت (مانند هتل تاج محل، مرکز یهودیان و سینما و ...) حمله مردان مسلح در ۱۱ شب به وقت محلی با مسلسل و نارنجک شروع شد. گروهی به نام مجاهدین دکان (مسئولیت را)پذیرفتند.

بهتر است بیشتر متوجه و مراقب این مسایل و سخنان اسلام‌گرایان رادیکال باشیم. سربازان، علیه القاعده در افغانستان و یا هر جای دیگر که می جنگند، خواهان این موضوع هستند که از پرونده‌های به دست آمده از بن لادن، چه خواهیم آموخت. در واقعیت امر، نکات بسیاری خواهیم آموخت.

برخـــلاف گفته‌های دولت در آن زمان در طی انتخابات ۲۰۱۲ و کمپن ریاســـت جمهوری بین اوباما و میت رامنـــی[1]، وقتی که رئیس جمهور و هوادارانش، (شـــلوغ کنان) به مردم آمریـــکا اطمینان می‌دهند (و یا افکار عمومی را چنین مجاب می‌کنند) که القاعده شکست خورده، می‌آموزیم که قدرت آنها، تقریباً دو برابر شده است.

هنوز هم با (خطر) رشد القاعده مواجه هستیم. و البته فقط به پاکستان و افغانستان و عراق محدود نمی‌شود. در یمن هم شاهد این رشد هستیم. و به وضوح حضور رو به گسترش آنها را در شرق آفریقا و حتی در جاهایی در شـــمال و غرب آفریقا مشاهده می‌کنیم. تهدید و خطر نه تنها برطرف نشده، بلکه رشد و گسترش هم یافته است.

اسناد به دست آمده از بن لادن، به ما می‌آموزد که القاعده، شدیداً مراقب و ناظر بر افکار عمومی است. بارها و بارها، بن لادن وحشیگری خونین دیگر سازمان‌های مسلمان رادیکال را محکوم کرده و در نوارهای ویدئویی هم کاملاً پریشـــان و سراسیمگی او نســـبت به قتل و عام مسلمان دیگر مشهود است!

برعکس خلافت اســـلامی (داعش) که از ویدئوها برای جذب هزاران جهادی جدید، استفاده (ابزاری) می‌کنند. القاعده، کوشاست که بر اساس آموزه و مسلک خودش شکل ضعیفی، به تاثیر گسترش این عملیات بدهد.

من نمی‌گویم که القاعده، یک سازمان «معتدل» است. آنها در پی نابودی

---

1 - Mitt Ramney.

ما هستند و هدف آنها (هم) برای (ایجاد) خلافت، از شدت و قوت دولت اسلامی (داعش) کمتر نیست! وقتی که ایدئولوژی آنها (در سازمان با دو تاکتیک و تدابیر متفاوت) یکسان است، طبعاً زمان به ما خواهد گفت که کدام یک قضاوت درستی از اوضاع و شرایط داشتند.

در این اوضاع و احوال فعلی، نمی‌توانیم یک نوع مناظره جدی در بارهٔ جنگ جهانی داشته باشیم. زیرا دولت ما نمی‌خواهد این حقایق و واقعیت‌ها به دست مردم (جامعه) آمریکا برسد. حکایت پرونده‌های (به دست آمده از) بن لادن، یکی از هزار قصه دیگر است. برخی از اطلاعات هم، محرمانه شده‌اند و به طور شایسته، گرچه تحقیقات و بررسی‌های فعلی در باره بعضی منع اطلاعاتی از افغانستان می‌گوید که سیاست می‌تواند. بر نیازهای تکنیکی چیره شود.

اگر حق با ژوسکین[1] و هایس[2]، باشد، موضوع نابود کردن داستان کامل القاعده و پیروزی سیاست بازی در ذهن زنده می‌شود. هر چند معتقدم که (شاید حتی بگویم مخصوصاً)، که باید این داستان‌های غم‌انگیز، برای عموم، گفته شوند. تصور می‌کنم، مردم (جامعه) آمریکا، که اکنون برای تصمیم‌گیری انتخاباتی و (انتخابات گزینه‌شان) به میدان خواهند آمد[3]، باید یک تصویر کامل (از ماجراها) داشته باشند. لااقل برای بخش بزرگ جامعه، که قدرت فهم و درک حقایق جنگ را دارند، زیرا که بهترین ارتش‌ها هم در تاریخ جهان گاهاً با شکست هم مواجه شده‌اند.

در سال‌های آینده، ما در صحنه جنگ با دشمنان خشن قرار خواهیم

---

1 - Thomas Joscelyn

از محققان ارشد اندیشکدهٔ (Then Foundation for Defence of Democracy) و از مشاوران ضدترور Mayor Giuliani در ایام کمپین انتخاباتی ۲۰۰۸.

2 - Stephan Hayes

روزنامه نویس در The weekly standards, National review

۳ - این کتاب در گرماگرم رقابت انتخاباتی دونالد ترامپ و هیلاری کلینتون منتشر شد.

گرفت و طبعاً برخی از آن جنگ‌ها را هم خواهیم باخت.

مثال چشمگیر بعدی از ظهور توسعه اسلام رادیکال به پاییز ۲۰۰۷ باز می‌گردد. شاید تعلیمات تعداد قابل توجهی از جنگجوها در داخل سومالی بردیم. بنا به مجموعه اطلاعاتی ارزشـــمند، که در طی دو دورهٔ ۶ ماهه، بر دو اردوگاه جداگانه را نظارت داشتیم، متوجه شدیم که (القاعده) چیزی در حدود ۱۵۰ تروریست را در هر اردوگاه (تروریستی) آموزش داد[۱].

آنها، اعضای خانواده‌هایشـــان در اردوگاه‌ها بود، و بنابراین ما از نابودی کامل آنها منصرف شـــدیم. با وجودی که ما می‌دیدیـــم چگونه به افراد تعلیمات بدنی، آموزش تعلیمات مذهبی و ... می‌دهند. حتی در یک مورد، ناظر بر عملیات، فارغ‌التحصیل‌شان از دوره آموزشی تروریسم بودیم!

حداقل یک ســـوم آن ۳۰۰ نفر تروریســـت آموزش دیده، اروپایی‌های سفید پوست و ۲ نفر هم از آمریکا به آنجا رفته بودند. یکی از این تعلیم دیده‌هـــای آمریکایی، مورد هدف نیروهـــای آمریکایی در نزدیک پایگاه نظامی جیبوتی[۲]، قرار گرفت.

این جنگجوهـــا، جزو افراد در نظر گرفته شـــده برای عملیات محلی نبودند، بلکه برای انجام عملیات خارجی مدنظر بودند. برخی از افراد این گروه (۳۰۰ نفره)، به اروپا بازگشتند و یا در میدان‌های جنگی پاکستان و افغانستان و جاهای دیگر جهان مانند یمن، پراکنده شدند.

نتیجتاً، القاعده، (گوی ســـبقت را ربود و) برنده میدان شـــد. ما به آنها اجازه دادیم که تروریست‌هایشـــان را آموزش بدهند، بدون اینکه اردوگاه تروریستی آنها را نابود کنیم، چرا؟

---

۱ - مشابه پرورش نیروهای مجاهدین خلق وابسته به نهضت مثلاً آزادی ایران و دیگر گروه‌های و اسلامی‌های مسلح در اردوگاه‌های تروریستی یاسر عرفات در لبنان، قبل از ماجراهای شورش ۱۳۵۷، در ایران.

2 - Djibuti.

چون، به علت آموزه‌های اخلاقی و قانونی ما (با حفظ استانداردهای نوین)، و قوانین منع دیگری، نتوانستیم، کاری از پیش ببریم. اعضای خانواده‌هایشان آنجا بودند، در داخل همان اردوگاه زندگی می‌کردند. آنها نسبت به سیستم جمع‌آوری اطلاعاتی - امنیتی ما کور بودند.

اما توانستیم، حمایت لازم و ضروری را، مانند امکانات هوایی، دریافت کنیم، مانند ماهواره، هواپیمای کنترل از راه دور (بی خلبان)، و ... که به آن منطقه اختصاص یافته بودند. و این عدم واکنش، خیلی ناامید کننده بود.

جنگ در عراق هم شدت داشت، اوضاع در افغانستان هم بر وفق مراد نبود و ما آنطور که باید و شاید، (که باشیم) موثر نبودیم. و فرماندهی و کنترل القاعده در هر جایی، از ما دوری می‌کردند. شرایط در عراق، مسلماً دلیلی بود که ما نتوانیم به آن دسته از اطلاعات جزیی که می‌خواهیم، دسترسی پیدا کنیم. و حمایت هم بسادگی مقدور نبود و حکایت زندگی ماست، گاهی (چنین اوضاعی) پیش می‌آید. در حال شکست بودیم که ژنرال پترایس، استراتژی جدید و برق‌آسایی را در جنگ شروع کرد. و متوجه شدت واکنش در عراق، آنهم در بالاترین حد ممکن بود که شدیدترین واکنش تا آن موقع در نظر گرفته شده بود.

نکته‌ای ضروری بود که موفقیت‌مان را نشان دهیم، و نابود کردن یک مشت مربی القاعده‌ای، در یک گوشهٔ پرت از جهان، چندان مهم نبود! هنوز هم آن داستان، مرا عصبانی و آشفته می‌کند، ولی هر چه بود، به هر حال، القاعده آن کار را خوب انجام داد. آنها، نیرو جذب کردند، نقاط ضعف‌ها را کشت کردند، و از آن‌ها بهره‌برداری کردند.

آنها از فرصت استفاده کرده و یک مکان مبهم و مخفی را در وسط جایی (بی‌ربط) در سومالی در نظر گرفتند و ۳۰۰۰ نفر نیروی تروریست قابل استفاده برای عملیات خارجی را پرورش دادند.

حس من این است که برخی از آن تروریست‌ها، امروزه مثل یک مامور مخفی در جایی مُرده‌اند، و یا شاید در صحنه‌های مختلف عملیاتی نقش رهبری را بازی کنند. صحنه جاهایی که فعلاً شـاهد نبرد اسـلام‌گرایان رادیکان هستیم. اگر شواهد ما در باره القاعده و دیگر سازمانهای تروریست اسلامی رادیکال را در عرصه به طور عمومی و موثر منتشر می‌کردیم، برای جامعه آمریکا ساده‌تر بود که فطرت و جوهرهٔ این جنگ خشن علیه ما را دریابند و بشناسد.

همانطور که ژاسکین و هایس هم بدان اشاره کرده‌اند:

> زمان انتشـار عمومی آن اسـناد از موعد اصلی مورد نظر، گذشـته. اطلاعات مربوط، کاملاً و مسـتقیماً به بسیاری از چالش‌های امروزه ما مربوطه و مرتبط اسـت (از تعامل هسته‌ای با رژیم ایران، که حامی القاعده است تا ظهور القاعده در شبه جزیرهٔ عربستان و دولت اسلامی (داعش) در عراق و سـوریه از موضعگیری‌های اطمینان سازی برای جلب رضایت طالبان در افغانسـتان تا قابلیت اتمی مقامات ارشـد پاکستان. طبعاً، انتخاب بی‌خبری و نادانی، گزینه درستی نیست!

مردم باید بدانندکه ما از یک ائتلاف نیرومند و قوی (برخی) کشورها و جنبش ها مورد حمله قرار گرفته‌ایم. بسیاری از مردم و ... کلید اصلی فهم این موضوع را که تروریسـت‌ها در بخش‌هایی قوی‌تر هم هستند، را گم کرده‌اند. زیرا آنها، از برخی خدمات اطلاعاتی و امنیتی و حمایت نظامی توسط برخی کشورهای متخاصم و دشمن برخوردارند.

مطمئناً، ارتباط بین تروریست‌ها و کشورهای حامی آنها، گاه پیچیده و گنگ است، هنوز هم برخی از تروریست‌ها بطور قراری و برای مدتی با ما همکاری می‌کنند، اما آنها به جبهه ضدآمریکایی بازمی‌گردند، بنابراین سازمان‌های تروریستی وقتی که منافعشان ایجاد بکند، تابعیت خودشان را

تغییر می‌دهند، مردم نیازمند درک این موضوع هستند که اسلام رادیکال اساساً با مذهب رابطه ندارد.

این در بارهٔ سیاست آنهاست. شریعت، سیستم قانونی برگرفته از فرامین اسلامی، اساساً قرآن و حدیث، است (که بطور فرضی، کلمه به کلمه از زمان حیات محمد، پیامبر اسلام، نقل شده‌اند). شریعت، در نص صریح سخت‌گیرانه آن، (با تعریف واضح) شریعت به عنوان قوانین لغزش ناپذیر خداوندی در نظر گرفته شده.

آنها می‌خواهند که بر اساس نسخه قوانین شریعت‌شان، به سراسر جهان تحمیل بشوند، و آزادی وجدان، انتخاب‌ها و آزادی‌های انسانی را حاشا و انکار کنند... یعنی اصل آزادی را!... وقتی کسی آزادی وجدان (فردی) را آشفته کند، نه تنها او قانون اساسی آمریکا تخطی کرده بلکه، اساساً حق انسانی را به (آمده در میثاق جهانی حقوق بشر) را هم حاشا کرده است.

سخت معتقدم که اسلام رادیکال، یک تفکر و کیش (یا هوس و جنون) قبیله‌ای است و باید نابود بشود. (و هر گونه) انتقادها در میان جزئیات (ساخته و پرداخته)، سنت (محمد)، احادیث، امت و افکار روحانیت و آخوندها و امامان، از نظر پوشانده می‌شود. این عالمان خودخواندهٔ اسلامی[۱]، همچنان برای حفظ استیلا و کنترل، پیام و هدفشان را پیچیده‌تر و شلوغ‌تر (برای گیج کردن همه) نگه می‌دارند.

مائو[۲]، پولپوت[۳]، استالین[۴]، موسولینی[۵]، بسیار (به مراتب) شفاف‌تر بودند.

شریعت، قوانین ظالمانه و جابرانه‌ای است که همچنان در عقاید و

۱ - علامه‌های تقلبی.

2 - MAO

3 - Polpat.

4 - Stalin.

5 - Mussolini.

اعتقادهای توحش‌آمیز، گیر کرده است. شاید هراس‌انگیزترین بخش ماجرا، برای کسی مانند من که در شهر کوچک رُدآیلند رشد کرده، مربوط به وجود این سازمان‌های اسلامی[1] می‌باشد که می‌گوید که «اگر، از پیامبر اسلام، محمد، نقد کنیم، به کفرگویی متهم هستیم!»

درست مثل اینکه بگویم، به عنوان رومن کاتولیک[2] (یا مسیحی پروتستان)، نمی‌توانم که نسبت به کشیش یا مجتهدهایی که هتک ناموس یا تجاوز جنسی می‌کنند و یا اسقف[3] و یا کاردینال‌ها[4]، نقدی داشته باشیم که آن موضوع را لاپوشانی می‌کنند.

بهرحال، ما با این نوع مسایل مشابه در اسلام، تحت سلطه قوانین شریعت روبرو هستیم. تفاوت آنجاست که در کاتولیک در ایالات متحده آمریکا، نمی‌خواهد. قانون شرع و کلیسایی در کل جامعه، تحمیل بشود. رهبران قانونی ما با گفتگو و این استدلال که این جرایم غیرمذهبی (که ربطی به دین) در یک جامعه غیرمذهبی رخ داده و قانون شرع و کلیسایی جایگاه در (و اعتباری) در روند قانونی ندارد، پیروز شدند.

مسلمانان می‌خواهند که قوانین شریعت و شرع را در نظام قانونی‌مان بکار ببریم، تنها برای مقابله با برخی آمریکایی‌ها که معتقدند، قوانین مذهبی قاهرانه، جابرانه و هیچ جایگاهی (و پایگاهی) در ایالات متحده ندارد.

بگذارید از (بیان) آنچه تصور می‌کنیم و می‌دانیم که درست (و حقیقت)

---

1 - OIC: Organization of Islamic Cooperation.

سازمان همکاری اسلامی یا سازمان کنفرانس اسلامی که ۵۷ کشور عضو دارد، می‌گوید ضامن برای حفاظت و حمایت از منافع جهان اسلام در روح ترور بر صلح بین‌المللی در جهان است. در ۲۵ سپتامبر ۱۹۶۹ در رباط (مغرب) درست شد. سال ۱۹۷۰ در جده برگزار شد و ۱۶ آذر ۱۳۷۶ در تهران.

2 - Roman Catolic - St Mary’s School.

3 - Bishop.

۴- مقام رسمی کلیسایی و بالاترین مقام کاتولیک‌ها بعد از پاپ.

اســـت، نترسیم. بیایید آنچه که ما از ایدئولوژی یهودی مسیحی[1] به دست آوردیم و مجموعه قوانین خود را ساختیم، بپذیریم، نه تنها هراسی به خود راه ندهیم، بلکه محکم و اســـتوار، علیه آنها که می‌خواهند قوانین شرع و افکار اسلام گرایانه رادیکال خود را به ما تحمیل کنند، بجنگیم...

---

1 - Juede - Christion Idealogy.

فصل چهارم

رمز پیروزی

پیروزی یعنی چه و چگونه می‌توان این پیروزی را علیه اسلام‌گرایان رادیکال و هم‌پیمان آن بدست آورد؟

طبعاً، معانی بسیاری دارد:

- نابودی ارتش جهادی‌ها، کشتن و دستگیر کردن رهبران‌شان.
- بی‌اعتبار ساختن ایدئولوژی، عقیده و مسلک آنان، که برای پیروزی‌های نظامی ما، کمک بزرگی خواهد بود، اما آنچه مورد نیاز است، داشتن برنامه‌ای جدی و موثر است.
- همچنین، ائتلاف جدید و جهانی در قرن ۲۱ ساختن؛ و این امر مهم به طور طبیعی از کمپین سیاسی - نظامی به منصه ظهور خواهد رسید.
- به چالش کشیدن رژیم‌های حامی دشمن و تا حد ممکن، تضعیف کردن آنان. اگر هم امکان داشت، به زیر کشیدن و ساقط کردن‌شان.

البته چندان ساده هم نیست - دشمنانی ترسناک و سهمگین هستند - و بدون شک، سریع و سهل هم نیست. در واقع، با این رهبران فعلی ما، امری ناممکن است. چرا که فاقد اراده، توان و خواست پیروزی هستند[1].

از دیگر سو، رمز پیروزی در این عرصه نبرد را نیک می‌دانیم. قبلاً (از این نوع موارد، بارها) انجام داده‌ایم، به طور برجسته می‌توان به جنگ جهانی دوم و سپس در جنگ سرد، جنبش‌های جمعی پرشور و حرارتی

---

۱ - منظور دولت اوباما

از (مشهور در) قرن بیستم، مانند نازیسم[1]، فاشیسم[2]، کمونیسم[3] اشاره کرد.

حتی در خاورمیانه از ۱۱ سپتامبر، در بسیاری از جنگ‌ها، پیروز میدان بوده‌ایم. در حقیقت، آنچه که نسبت به «شکست در جنگ» عراق و افغانستان و در باره ما مطرح می‌کنند، هیچ اهمیتی ندارد.

ما اسلام‌گرایان رادیکال را در بسیاری از مواقع که بطور جدی (و پیگیر) با آنها جنگ می‌کردیم، شکست داده‌ایم. این وضعیت و قدرت (ظاهری و) فعلی آنها هم منجر به پیروزی و برتری‌شان در میدان جنگ نسبت به ما نمی‌شود، اما جزو پیامدهای حاصل از تصمیمات بد و سیاسی ما در عقب‌نشینی، قبل از نهادینه شدن کامل پیروزی ما، محسوب می‌شود. نیازهای اولیه پیروزی در هر جنگی، تمایل، اراده، هدف، عزم جدی و تصمیم به پیروزی هستند که برای پیروز بیرون آمدن از میدان جنگ، ضروری هستند. در این اوضاع و احوال فعلی، رئیس‌جمهوری داریم (اوباما) که (البته از دیدگاه من، بطور باورنکردنی) در ۱۶ نوامبر ۲۰۱۵ می‌گوید:

> علاقه و نظری در بارهٔ مفاهیم و طرح «رهبری آمریکا» یا پیگیری «پیروزی آمریکا» ندارم!

این سخنان، خطاب به مردم آمریکا، و نیز برای دشمنان ما بود، که آمریکا، رهبری نمی‌کند، یعنی که نمی‌خواهد پیروز شود و بنابر این محکوم به شکست است.

اما دشمنان ما، خواه مسلمان رادیکال باشند و خواه دیکتاتورهای سکولار جاه طلب، قطعاً مصمم به کسب پیروزی‌اند. هیچ راه گریزی از جنگ و

---

1 - Nazism.

2 - Fashism.

3 - Communism.

جنگیدن وجود ندارد. دشمنان ما، نخواهند گذاشت. ما در آینده، چه ببازیم و چه پیروز شویم، (بحث دیگری است، اما) در حال حاضر، به عنوان یک شکست خورده، به ما می‌نگرند.

و دانستن این نکته که دولت فعلی (اوباما) آنها را به چالش نمی‌کشد، طبعاً منجر به اعمال فشار بیشتر توسط دشمنان، برای کسب هر پیشروی مقدور (قبل از آمدن رئیس جمهور جدید به کاخ سفید، که بالقوه با ارادهٔ قوی، خواهان پیروزی باشد)، خواهد بود. همین امر را می‌توانید در افغانستان هم شاهد باشید. نیروهای تحت رهبری آمریکا، تک ناگهانی و حمله سریعی علیه دو تأسیسات و اردوگاه آموزشی بزرگ (مربوط به تروریست‌ها) در جنوب کشور در اکتبر ۲۰۱۵، داشت.

مساحت یکی از این اردوگاه‌ها، تقریباً ۳۰ مایل مربع بود و ژنرال جان ف. کمپبل[1]، که نظارت و سرپرستی جنگ را در طی سال‌های ۲۰۱۴ و ۲۰۱۵ بر عهده داشت. تشریح کرد که این اردوگاه توسط (تروریست‌های) القاعده، در شبه قارهٔ هند[2] اداره می‌شد و گفت "واقعاً بزرگترین کمپ آموزشی بود و از نظر امکانات، بزرگترین اردوگاهی بود که ما در این ۸ سال جنگ دیده بودیم!"

باور کردنی نیست!... اما بطور تأسف‌انگیزی، این نکته برای افرادی از ما که صمیمانه این دشمنان (غدار) را تعقیب می‌کنند و با جدیت درصدد نابودی آنان هستند، اصلاً جای شگفتی نیست. القاعده در شبه قاره هند، یک جزء مهم از بدنهٔ القاعده است.

این عملیات پاسخی به ایمن الظواهری (اهل مصر)، جانشین بن لادن بود، وجود چنین امکانات آموزش گسترده تروریستی نشانگر آن است

1 - General John F. Campbell.

2 - Al Qaeda in Indian Subcontinent (AQIS).

که تروریســـت‌ها به سرعت، رشد می‌کنند و نیز بیانگر این نکته است که اطلاعات (و امنیت) با شکست مواجه شده است.

القاعده شبه جزیره هند، در سپتامبر ۲۰۱۴ تأسیس شد و کارش صدور تروریسم به سراسر منطقه بود. این گروه ادعا کرد که مسئولیت حملات، پاکستان، بنگلادش را بر عهده داشته و رجز خواندند که القاعده با وجود بسیاری از جهادی‌های پاکستانی زنده است، و عملیات - خصوصاً بخش در شمال پاکستان - انجام می‌دهد[1].

فقط تصور کنید که اگر مقامات آمریکا، از ســـال ۲۰۰۱ (احتمالاً) این بزرگترین کمپ آموزشـــی القاعده را کشف کرده بودند. القاعده، هنوز در افغانســـتان خنثی نشده است. و در واقع، بســـیاری از رهبران القاعده، در داخل کشور، جابجا می‌شوند. چند هفته پس از کشف آن کمپ آموزش (تروریســـتی)، طالبان، چند عملیات بمب‌گذاری انتحاری را درست در نزدیکی مقر پایگاه مهم و بزرگ ما در بگرام[2] (افغانستان) انجام داد.

در جایی که تروریست‌های انتحاری، سوار بر موتورسیکلت، خودشان را منفجر کردند[3] و ۶ ســـرباز آمریکایـــی را در کورترین نوع حمله در آن مدت ۱۸ ماه، به قتل رساندند[4]. در تشخیص و کشف پایگاه بزرگ القاعده تأخیر داشـــتیم و با شگفتی توســـط طالبان، مورد هدف قرار گرفتیم، که بدترین نوع حمله در ۱/۵ سال اخیر (قبل از آن) بود.

---

1 - Ayman Alzawahiri

سر کرده شبکه القاعده که ادعا کرد، در هندوستان نفوذ کرده و قوانین شرع اسلام را در کل این شبه قاره حاکم خواهد کرد، شبه جزیره به هندوستان، پاکستان، بنگلادش و نپال اشاره دارد. با داعش، اختلافات دارد و در سپتامبر ۲۰۱۵ گفت که ابوبکر البغدادی را فردی شایسته برای خلافت نمی‌دانیم!

۲ - Bagram، بگرام در شمال کابل، مقر فرماندهی نیروهای ائتلاف ضد تروریسم

۳ - در ۵ صبح در فرودگاه بگرام رخ داد و برخی رسانه‌ها نوشتند ۴ نفر کشته و ۱۸ زخمی.

4 - www.thedailybeast.com/articles/2015/

هنوز هم دولت (اوباما)، به ما اطمینان می‌دهد که عملکرد خوبی داشته‌ایم! سرانجام ما رهبرانمان را برخواهیم گزید[1]، رهبرانی که واقعیت و حقیقت را بگویند، رهبرانی که هم خواهان پیروزی و هم توان رهبری داشته باشند، اما وقتی که این رهبران، انتخاب شدند، چگونه اقدام خواهند کرد؟

من ۴ استراتژی عینی را پیشنهاد می‌کنم:

- اول، اینکه ما در یک اقدام همگام و پیوسته، هر عنصر نیروی ملی را تقویت کنیم. مشابه همان که در طی جنگ سرد و جنگ جهانی دوم داشتیم، آن هم (صرفاً) برای داشتن منابع مهم و موثر جهت استفاده در نزاع چند نسلی موجود، باشد.

رهبری که باید در دوران مسئولیت، قابل اعتماد و مسئول باشد اگر رهبری از (این) آزمون، موفق بیرون نیاید، برای نیل به پیروزی باید او را کنار گذاشت، برکنارش کرد و رهبر دیگری جُست! باید این نزاع بی‌پایان را متوقف کنیم و پیروز باشیم! و راه پیروزی در این جنگ، سهل و ساده، ارزان نیست!

عامل مهم و موثر این است، نخست، باید خودمان را، سازمان‌دهی کنیم، آنگاه (با آرایش موضع و تشکیلات درست) از قبل می‌توان، توقع هر نوع ائتلاف بین‌المللی را داشت که با جدیت به ما در جهت نابودی این شیاطین شرور، ملحق شوند. باید به طور شفاف، معنی اسلام‌گرایی رادیکال را بشناسانیم.

- دوم اینکه باید با اسلام‌گراهای تُند و جابر، در هر جایی که هست، وارد جنگ شویم، از پناهگاه‌هایشان بیرون بکشیم و به دستگیری و نابودی آنها اقدام کنیم. اسلام‌گراهای تروریست، نباید هیچ جای امن یا سرپناهی

---

۱ – مربوط به دوران انتخابات ۲۰۱۶ آمریکا است که مردم آمریکا بین هیلاری کلینتون و دانلد ترامپ، چه کسی را انتخاب خواهند کرد.

داشته باشند. و هر ملت - کشوری هم، در اختیار این دشمنان، پناهگاهی قــرار دهد، تنها یک انتخاب خواهد داشــت. آن هم یا شــاهد نابودی خودشان باشد و یا آمادهٔ مشارکت در کشورهای درگیر این مبارزه باشند.

نیازی نیســت که کشورهای دارای عدم توانایی دفاع از این تهدید را مشــخص کنیم، کشــورهایی که در داخل مرزهای مشخص بین‌المللی‌شان، نیازمند کمک هستند، باید آمادهٔ همکاری با این نوع از کشتارها(ی ضعیف) هم باشیم.

- ســوم، باید بطور قطعی، با حامیان کشــور و مدافعان غیرکشور از این تفکر اســلام‌گرایانه، قاهرانه و تند مقابله کنیم، تا وادار شوند که دست از حمایت‌شان حمایت و کمک‌رسانی به دشمنان ما بردارند، و یا اینکه منتظر نابودی توانایی‌ها، سرمایه‌ها و منابع خودشان باشند.

بسیاری از این‌ها، اکنون به عنوان شرکا و یاران ایالات متحده آمریکا شناسایی شده‌اند، این نوع ملاحظه و شناخت باید دگرگون شود.

اگر این - به اصطلاح - شریک‌های ما، در جهت هنجارهای قابل قبول بین‌المللی، یا از نظر معیارهای حقوق بین‌الملل ایالات متحده آمریــکا عمل نکردند، باید آماده قطــع رابطه اقتصادی - نظامی و دیپلماتیک با آنها، توسط آمریکا، باشند.

یک نکتــه خیلی دقیق و ظریف، در این مــورد اخیر وجود دارد. ما به این ســمت گرایش پیدا کردیم که از عربســتان سعودی و دیگر کشــورهای عرب برای کمک مالی به دولت اسلامی و دیگر گروه‌های رادیکال اسلامی، انتقاد کنیم.

امــا باید این، بازی ملامت و مقصر دانســتن آنها را تمام کنیم، و یا اینکه ما باید، شواهد مســتقیم و بدون ابهامی علیه رهبران این کشورها تهیه کنیم.

و سپس به آنها (تنها) یک پیشنهاد عرضه کنیم، این افراد را دستگیر کنید و این جریان تأمین مالی را هم متوقف کنید؛ وگرنه با پیامدهای شدید روبرو خواهید کرد.

و ما باید آمادهٔ این نقش مکمل در جهت معکوس باشیم. آنها را بخاطر بی‌کفایتی (و عدم تکاپو رسمی)، خودمان سرزنش کنیم، نه آنکه به دشمنان پیام بدهیم و بلکه (و از همه مهمتر) برای دوستانمان، نشانه‌ای باشد که التزام کامل در به کارگیری همه نیروها، برای پیروزی علیه اسلام‌گرایی رادیکال داریم.

- چهارم، باید یک جنگ عقیدتی - فکری علیه اسلام رادیکال و حامیانش به راه انداخت.

اگر حریف آئین و اصول دشمنان‌مان نشویم، که به نوعی اعلان جنگ برای انقراض، یا استیلا بر ماست، نخواهیم توانست که جهادی‌گری آنها را نابود کنیم.

با آن شروع می‌کنیم، چون که زمینهٔ رضایت ملی ما را برای انجام آن (امر مهم) فراهم می‌کند. در گذشته، ما علیه عقیده و تفکر رادیکال جنگیده و پیروز شده‌ایم.

اگر ما در جنگ علیه نازیسم (در جنگ جهانی دوم) پیروز نمی‌شدیم، آنگاه اکثر جهان در قربانگاه‌های هیتلری باید دست به دعا می‌ایستادند.

عمر البغدادی[1]، یا هر کسی که مسئول رهبری دولت اسلامی (داعش)

1 - Omar al-Baghdadi.
ابوعمرالبغدادی، کشته شده در ۱۸ آوریل ۲۰۱۰ در تکریت، جنگجوی سلفی جهادگرا، امیر دولت اسلامی عراق، رهبر شورای مجاهدین عراق و از رهبران بلند مرتبه القاعده عراق، هویت‌اش مورد تردید است. گروهی وی را عبدالله راشد صالح البغدادی می‌دانستند، وقتی او کشته شد، وی را حامد داود محمد خلیل الزوار (یک افسر اخراجی ارتش عراق) می‌دانند. تعیین هویت وی، جزء معماهای امنیتی است.

است، و هر تیره و دسته‌ای از آدم‌کش‌هایی با عقیده و تفکر رادیکال؛ نباید اجازه زنده ماندن داشـــته باشـــند و نمی‌توانند در جهان امروزه که در پی توسعه توان انسانی است، جایگاهی داشته باشند بلکه باید نیست و نابود شوند.

حمایت از جنگ عقیدتی - فکری علیه اسلام رادیکال

در قرن اخیر، دشمنان‌مان را (که اندیشه خودکامگی و تفکر استبدادی و قدرت در اکثر دولت - ملت‌ها داشتند)، شکست دادیم. قدرت‌های محوری در جنگ جهانی دوم، معتقد بودند که نگرش آنها به جهان، مردمانشان، و اصول سیاسی‌شان، برتر و ارشدتر از ماست. و مطمئن بودند که ما را در هم می‌شکنند. اصول و مسلک نازیسم، بر اساس آن تفکر بود که نژاد آریایی[1] برتر از همگان است و نتیجتاً یک جامعهٔ فاسد شده مانند ما، نمی‌توانست، در برابر اتحاد و برتری نژادی ذهنی آنها مقاومت و پایداری کنند.

فاشیست‌ها بر این باور بودند که یک طبقه حاکم برتر را پدید آورده‌اند، شامل آنهایی که در یک برش تاریخی از جنگ جهانی اول و بعد راه‌پیمایی بزرگ رُم در سال ۱۹۲۲ را انجام دادند[2]. ژاپنی‌ها اعتقاد داشتند که رهبرانشان، با امپراتورشان، از یک حمایت الهی برخوردارند و (از طرف یزدان) مقدر و معین شده‌اند تا بر منطقهٔ اقیانوس آرام حکمرانی کنند.

در جنگ سرد، بدون یک جنگ جهانی عمده، ما امپراتوری اتحاد جماهیر شوروی را در هم شکستیم و مراقب جنبش جهانی کمونیستی بودیم.

---

1 - Aryan Race.

2 - Marcia Su Rame (march on Rme: 22-29 Oct 1922)

از نظر تاریخی فاشیسم، نخست در ایتالیا پدید آمد (۱۹۱۹) و سه سال بعد توانست حکومت در این کشور را بدست بگیرد و موسولینی به دنبال راهپیمایی بزرگ ۱۹۲۲ در رم، به قدرت رسید.

هر دوی امپراتوری‌ها و جنبش‌ها، الهام گرفته از یک عقیده بود که آنها در دکترین مارکسیسم - لنینیسم مدرن بود.

به قانون تاریخ پی بردند و همان قوانین، که موفقیت کمونیسم را در هر جایی تعیین می‌کرد. آن هم کمونیستی که در مسکو، رهبری می‌شد وقتی نیکیتا خروشچف[1] با مشت بر میز سخنرانی در سازمان ملل متحد می‌کوبید، و یا با کفش در سفارت لهستان در مسکو، بر میز می‌کوبید؛ تهدید می‌کرد که ما را دفن خواهد کرد. و در بارهٔ قدرت امپراتوری‌اش لاف می‌زد و رجز می‌خواند.

بطور ساده و نمایشی، با صدا - البته و در این مورد با پا - از اعتقاد راسخ به کمونیسم در هر جا، داد سخن سر می‌داد. در هر کدام از این جنگ‌ها - جنگ جهانی دوم و جنگ سرد - استنباط‌مان به چالش کشیدن ایدئولوژی دشمنان‌مان بوده است. وگرنه چه راهی را باید می‌رفتیم! آتش جنگ‌هایی علیه ما، یا سلطه دُکترین و آیین و مسلک دشمنان‌مان، مثل جهادی‌های امروز، شعله‌ور شد، و دشمنان و ما به جنگ و مسیر آن توجه داشتیم، چون نزاع مابین تمدن‌ها بود.

در جنگ جهانی دوم، بطور پیوسته به مردم جامعه آمریکا در بارهٔ خطرناک بودن ایدئولوژی‌های نازیسم و فاشیسم، هشدارها دادیم و نسخهٔ مهم «نبرد من[2]» هم منتشر شد، سخنان هیتلر و موسولینی هم انتشار یافتند، اما خشم (افکار) عمومی را به همراه داشت. خارج از کشور، اداره خدمات استراتژیک[3] ما، جنگی فکری - عقیدتی علیه دشمنان ما به راه انداخت، برای جنبش‌های مقاومتی، برنامه‌هایی (تبلیغاتی) پخش می‌شد که جنایات بی‌شمار - اکثراً علیه جامعه یهودیان اروپا، توسط - رژیم‌های وحشی را

---

1 - Nikita Khrushchev.

2 - Mein Karf.

3 - OSS: Office of Strategic Services.

متهم می کردند.

در دوران جنگ سرد، ضدیت با کمونیسم، از مرکز علمی دانشگاهی تا راهروهای کنگره، امری معمولی و فراگیر بود سازمان سیا[1]، گروه‌هایی مانند کنگره فرهنگی آزادی و... را تأسیس کرد، که در آمریکا و اطراف جهان، به اعمال و عقاید تعصب‌آمیز و جزم باورانه شوروی اعتراض می کردند. و آن، ابتکار (عمل) جدی بود که بسیاری از استعدادهای درخشان ایالات متحده آمریکا هم در آن حضور داشتند. علاوه بر همه این‌ها، آن کمپین علیه دشمن‌های ما، از بالاترین سطح‌های حکومت ما، جریان داشت و از خود رئیس جمهور هم شروع می‌شد.

چالش فکری - عقیدتی، پیامدهای مهمی را داراست. در واقع، از دلایل اولیه پیروزی ما در جنگ جهانی دوم و سقوط امپراتوری شوروی محسوب می‌شوند. وقتی بخش بزرگی از جامعه، دربارهٔ جنگ صحبت می کنند، صحنه عبور تانک‌ها از بیابان و کشتی‌ها در آب دریاها، و بمباران هواپیماها، در ذهن‌شان تداعی می‌شود، و یا اینکه تصور می کنند سربازان، پنجه در پنجه دشمن افکنده‌اند.

ولی، حداقل اینکه تشخیص مردم از قدرت استراتژیکی کلمات و تصاویر، ضروری به نظر می‌رسد. دشمنان، مطمئناً چنین عمل می کنند. پیروان و طرفداران خود را به کار می گیرند، از کلام خود سود می جویند، آن هم از طریق بدنه‌های اجتماع که مشخص‌ترین آنها در جامعه، فیس‌بوک[2]، و تویتر[3] است. و پیام‌های مشمئز کننده و نفرت‌انگیزشان را در سراسر اینترنت پخش می کنند.

جایی که حتی برای ارتباط با گروه طرفداران خود و حتی برای افراد به

1 - CIA: The Central Intelligence Agency

2 - Facebook.

3 - Twitter.

خواب رفته داخل کشور ما هم مورد استفاده قرار می‌دهند. عقاید، با کلماتی و عباراتی که توسط آنها بیان می‌شوند، بخشی از آن جنگ است، اما ما عمداً خود را از استفاده از این امکانات محروم و بی‌بهره کرده‌ایم. جامعه ایالات متحده و به طور مشخص، جامعه کشورهای غربی، باید خواستار پاسخگویی غول‌های شبکه‌های اجتماعی (از نظر اجتماعی) باشند. چرا فیس‌بوک و توئیتر نمی‌توانند، کمپین پیام رسانی مثبت خودشان را در بارهٔ بهبود نوع بشر آشکار کنند؟ چرا آنها نمی‌توانند در حد و اندازهٔ افزایش پتانسیل جامعه بشری سراسر جهان باشند؟

همانطور که من به مدیریت اجرایی یکی از این شرکت‌ها گفتم، این رسانه‌ها، صرفاً یک وسیله ارتباطی ساده، برای بیان و ابراز وجود شخص نیست... . خدای من!، اگر صرفاً برای آن منظور باشد، جهان در مشکلات به مراتب عمیق‌تر از آنچه تصور می‌کنیم، گرفتار خواهد آمد.

آنقدر ساده‌لوح نیستم که برای یک ثانیه هم چنین تصوری زشت، مطرود و یا رفتار غیرقانونی و منفی در ذهنم داشته باشم که در عصر و زمانه اطلاعات، به طور کامل این موضوع از معادله بیرون باشد و یا به کلی محو شود. باید قوانین و ابزارهای قرن بیست و یکمی را از راه‌های متفاوت، هم توسعه و هم مورد استفاده قرار دهیم و دیگر مانند قرن بیستم نیاندیشیم. (کمی مانند قرن ۲۱ باشیم)!

چرا این غول‌های اینترنتی، نمی‌توانند پیام مثبت خودشان را اعمال و اجرایی کنند؟ ارزش‌های آنها بر اساس چه معیار و پایه‌ای است؟ و طبعاً در این مورد، نیازی به درگیری حکومت آمریکا نیست.

هر چند که در صورت نیاز، تصور و تفکری نیاز هست که بطور کامل و عمیق متوجه این نکته باشد که وسایل ارتباط جمعی در واقع صدای بی‌صدایان، خصوصاً حامی زنان و کودکان است، می‌توانیم بهتر از این

عمل کنیم - و یا غول‌های ارتباط جمعی بهتر از این باشند - اما اگر دولت آمریکا نیازمند درخواست کمک از آنهاست، آنگاه رهبران آنها، آن هدف واقعی اولیه خود را از دست می‌دهند، که وسیله توسعه مثبت انسانیت از راه روشن و مشخص باشند.

اگر شما کمترین شــک و تردیدی در بارهٔ قدرت کلمات دارید، صرفاً به کمپین "خفه کردن نقدها و سرکوب واقعیت‌ها" در کشورهای دشمن ما، (مانند رژیم جمهوری اســلامی ایران و داعش که امکان دسترسی به ماهواره‌های آزاد را ممنوع کرده‌اند.[۱]) بپیوندند، که حجم بســیار عمیقی از دروغ‌ها، علیه ما منتشــر می‌شوند. جهادی‌ها و استبدادی‌های سکولار، می‌دانند که آنها باید در جنگ فکری -عقیدتی پیروز شوند، اگر می‌خواهند، مسلط شوند.

برای مثال، رهبران ایران، پیوسته از خطر بروز «انقلاب مخملی[۲]» هشدار

۱ - استفاده از ماهواره ممنوع و گاهی سربازان وارد پشت بام شده، با اردنگی و با پوتین به شکستن ابزار و ادوات ماهواره می‌پردازند و گاه از پشت بام به پایین می‌اندازند و یا با لودر از روی آنتن‌های ماهواره رد می‌شوند و یا با تبر به شکستن آنها روی می‌آورند. (جدای از پرداخت جریمه در دادگاه) و علناً دشمن جریان برقراری آزاد اندیشه و اطلاعات هستند. و یا ادارهٔ سانسور (به نام وزارت فرهنگ و ارشاد اسلامی گذاشته‌اند، که وزیرانش با افکار منحط و بسته نقش سانسورچی دارند. وزارت‌هایی که توسط وزارت اطلاعات و حوزه‌های علمیه قم و مشهد کنترل می‌شود و برخی از وزیران همان وزارت هم، مشکل جنسی داشته‌اند و هیچ کدام از وزیرانش قدمی در جهت نماینده کردن اندیشه و آزادی بیان و قلم برنداشته‌اند و جز ایجادِ زحمت و دردسر برای اهل قلم و هنر و اندیشه، به هنری و چیزی آراسته نبوده‌اند. مثلاً یکی از وزیران ارشاد دوران خاتمی علاوه بر فساد جنسی، فساد مالی و رابطه مالی با عربستان هم داشت و یا وزیر ارشاد دوران روحانی هم علاوه بر فساد جنسی، جزو چریک‌های تروریست پرورش یافته در اردوگاه‌های تروریستی یاسر عرفات و عضو سابق سازمان تروریستی مجاهدین خلق بود!

2 - Velvet revolution.

انقلاب رنگی / مخملی: نوعی انقلاب خشونت پرهیز و بدون خونریزی است. اولین بار توسط واسلاو هاول - رهبر مخالفان چکسلواکی در انقلاب ۱۹۶۹این کشور بکار برده شد. رخداد انقلاب‌های رنگی در کشورهای شوروی سابق، به شدت دستگاه اطلاعاتی - تبلیغاتی رژیم فعلی ایران را حساس کرده و فعالیت‌های مسالمت‌آمیز در سطح جامعه، بهانه به دستش داده است. طی سال‌های گذشته بارها و بارها به دستگیری و بازداشت بسیاری از افراد و روشنفکر و فعال به نام تلاش در جهت انقلاب مخملی پرداخته. صدا و سیما، روزنامه کیهان و وزارت

می‌دهند. مقامات رژیم (ولایت فقیه) ایــران می‌دانند که آنها در معرض ســرنگونی و سقوط (کامل) بودند، وقتی که میلیون‌ها ایرانی (در تابستان ۲۰۰۹) با همدیگر متحد شدند و جنبش سبز[1] را به راه انداختند، خیابان‌ها با تظاهرات کنندگان، بیشــتر از سال ۱۹۷۹ مملو شد، روزگاری که تخت بخت (محمدرضا) شاه (پهلوی) را سرنگون کردند.

من این استعداد و امکان بروز حادثه تغییر دهنده جهان را، از آن سوی مرزها(ی ایران) می‌دیدم (ســقوط نظام ولایت فقیه و رژیم مُلایان ایران) که در وقت آن رُخداد، من افســر ارشد امنیت نیروهای ایساف (نیروهای بین‌المللی برای کمک به امنیت) در افغانستان و عراق بودم. و مردم ایران به راحتی و سادگی می‌خواستند که آمریکا، کنار آنها بایستد (و حمایت کند) هر چند نمی‌خواستند که سرباز آمریکایی، پا به خاک کشورشان بگذارد.

در عوض، رهبران جنبش سبز، خواهان رابطه با کاخ سفید تحت اداره شخص اوباما (برای جلب حمایت) بودند. برخی از مقام‌های ایالات متحده علناً به اوباما فشــارآوردند که از داخل دفتــرش[2] از جنبش (مردم ایران) حمایت کند. اما تصمیم اوباما، آن بود که «بگذارید چند روزی بگذرد»!...

آنچه در آن سال رخ داد، سرمایه‌گذاری زیاد بر روی دسترسی محرمانه و مخفی به شخص ســیدعلی خامنه‌ای، از طریق کانال عمان، بود. و آن کانــال مخفی، رئیس جمهور ایالات متحده آمریکا را تحت تاثیر قرار داد که سکوت اختیار بفرماید!... در سال ۲۰۱۲، آمریکا، بطور علنی و مستقیم در عمان با رژیم جمهوری اسلامی ایران، تماس گرفت. رهبران بیچاره و

فرهنگ و ارشاد اسلامی، کارشان متهم کردن روشنفکران، فعالین به انقلاب مخملی و تلاش برای براندازی نرم است.

1 - Green Movement.

که یکی از شعارهای اصلی آن، "نه غزه نه لبنان، جانم فدای ایران"، و "مرگ به اصل ولایت فقیه" بود. "اوباما، یا با اونا یا با ما!" و ...

2 - Qval office.

بخت برگشته جنبش سبز (ایران) هم از سال ۲۰۰۹ در بازداشت خانگی بسر می‌برند و جنبش (مردمی) هم تلفات زیادی داد[1].

و همانطور که یکی از آنها، اخیراً گفته "یک فرصت تاریخی از دست رفت و سوخت شد". در این اثنا، نقشه سیاسی خاورمیانه به طور جدی و به شدت دچار تغییرات شد. مردم بی‌نوا (و بی‌پناه) فقط حمایت معنوی ما از هدف‌شان را طلب می‌کردند (که از آنها دریغ شد.)... و آن یک اشتباه فاحش (اوباما) بود که به حُرمت مردمان شیفته آزادی در ایران نایستاد!

مردمی که فقط می‌خواستند، آزادی به دست آورند، شادی را بجویند، ثبات داشته و نیز شانس زندگی موفق‌تر و مرفه‌تر داشته باشند. خفه کردن نظام‌های استبدادی تهوع‌آور و حکومت ستمگرانه ولایت مطلقه، و رژیم‌های اسلام‌گرای رادیکال، باید چیزی باشند که ملت ما هواخواه آن است، و ملت ما طرفدار مردمان شیفته آزادی در سراسر جهان است، که به کمک نیاز دارند. اگر از آنان طرفداری نکنیم، پس هواخواه هیچ و پوچ هستیم. به نرمی و ملایمت هم نباید واکنش نشان دهیم. باید با آن با جدیت روبرو شویم.

جرج بوش (پدر) علیه برگزاری جشن سقوط کمونیسم، هشدار داد، اوباما هم از هر نقد علنی نسبت به اقدام‌های خشن علیه پوتین، عتاب داشت. رهبران ما با قدرت تمام، دست به همکاری زدند، تا هر نقدی علیه

۱- بسیاری از جوانان ایرانی به طرز وحشیانه‌ای توسط نیروهای امنیتی - نظامی رژیم جمهوری اسلامی سرکوب شدند. در جریان سرکوب معترضان توسط نیروهای پلیس و بسیج و سپاه، به ویژه در روزهای ۲۵ و ۳۰ خرداد ۱۳۸۸، تعدادی از معترضین و عابرین کشته و مجروح شدند اما هیچ آمار رسمی منتشر نشد. ستادهای کروبی و موسوی در شهریور ۸۸، فهرستی شامل ۷۲ نفر را به مجلس ارائه کرد. افرادی که با گلوله کشته و یا با ضرب و شتم یا باتوم و ... جانشان را از دست دادند، روزنامه گاردین ۴۰۰ روز پس از انتخابات، نوشت حداقل ۸۰ نفر در جریان ناآرامی‌ها کشته شده‌اند. هواداران حاکمیت مدعی شدند که چند بسیجی کشته شده‌اند (مانند اظهارات ذوالنور، جانشین ولی فقیه در سپاه و یا صفار هرندی وزیر ارشاد احمدی نژاد)، اما اساس کشته شده‌ها در بازداشتگاه کهریزک منتشر شد. (اساس مشهور مانند: ندا آقاسلطان، سهراب اعرابی، کیانوش آسا، اشکان سهرابی، صانع ژاله و ...)

دشمن‌های اصلی ما، یعنی اســـلام رادیکال، حتی از ۱۱ سپتامبر تا امروز (که جنایت‌ها کرده‌اند)، یا اسلام را ساکت کنند. و عملاً و علناً، کسی در فضای زندگی عمومی یا حتی فضای آکادمیک هم، وحشـــت دارد که در بارهٔ تروریست‌های اسلامی حرفی بزند، حتی وقتی هم که انگیزهٔ آنها کاملاً آشکار باشد، باز هم از گفتن، عتاب دارند.

مثلاً، خیلی‌ها، (هنوز) سخنان پوچ و بی‌معنای شهردار فیلادلفیا[1]، جیم کنی[2]، را در ۷ ژانویه ۲۰۱۶ به یاد دارند. بعد از آنکه یک رادیکال اسلامی به نام ادوارد آرچر[3] به طور باور نکردنی به یک افسر پلیس با شهامت به نام جسی هانت[4]، ۱۱ بار شلیک کرد و شدیداً او را زخمی کرده بود[5].

شـــهردار کنی، گفت که به هیچ شیوه‌ای، این عمل که موجب شد او به افسر هانت شلیک کند، بازتاب دهنده آموزه‌ها و تعالیم اسلام نیست!... به راســـتی از کجا می‌دانست؟ پژوهشگر یا عالم دینی بود؟ خود ضارب، به زبان خودش، گفته که آن عمل‌اش به نام "الله" بوده است!... اگر خردورزی سیاســـی، در باره سخنان این مجنون آدمکش اعمال نشده است، سخنان شهردار، قطعاً به نشانهٔ اوج بی‌مسئولیتی و وظیفه‌نشناسی بوده است.

---

1 - Philadelphia.

2 - Jim Kenny.

3 - Edward Archer.

4 - Jessy Harnett.

۵ - پلیس فیلادلفیا - روز جمعه ۱۸ دی، ۸ ژانویه ۲۰۱۶، اعلام کرد که یک مرد مسلح - حامی داعش - ۱۱ گلوله به مامور پلیس، شلیک کرده و او را بشدت زخمی کرده است. مرد مسلح به نام اسلام به خودروی گشت پلیس، با لباس سفید بلندی بر تن، حمله‌ور شد. آرچر ۲۰ ساله، خود را هوادار داعش نامیده بود. رویترز گفت: جسی هارنت ۳۳ ساله، در حال گشت‌زنی بود. او در پی حادثه با بیسیم به مرکز پلیس خبر می‌دهد که در اثر اصابت گلوله در حال خونریزی شدید است. مهاجم در بازجویی‌اش گفت به نام "اسلام"، انجام داده و حین حمله گفته جزو "داعش" و از رهروان "الله" است. یکی از گروههای حامی مسلمانان، طبق روال معمول افکار، گفتند که سندی مبنی بر مسلمان بودن آچر در دست نیست! جیم کنی، شهردار، گفت: به اعتقاد او، اقدام آچر، بازتاب دهنده تفکر اسلامی او نیست. پلیس گمان نمی‌کند او نماینده اسلام است. او سوپیشینهٔ کیفری دارد.

خدا را شکر که بطور عقلانی و صادقانه، مأمور عالی‌رتبه، ریچارد راس[1]، آن را عنوان کرد و گفت وقتی که ضارب به سـمت افسر پلیس، هارنت، نشانه‌گیری کرده است، و فریاد زده است که «به نام الله، به نام اسلام!» و ما قطعاً به امثال چنین رهبرانی (نترس) نیاز داریم...

امیر طاهری، روزنامه‌نگار ایرانی، به سـادگی و مرتب این چالش‌های عقیدتی علیه آمریکا را طبقه بندی کرده است:

- هیچ قدرت مهمی در تاریخ معاصر مانند اسلام از کمک، احترام، تسکین، و بله حفظ آرامش از جانب آمریکا برخوردار نبوده اما، اکنون هیچ ملت دیگری بیشـتر از آمریکا، قربانی بهتان، دیوسازی و خشونت بخشی از اسلام‌گرایان واقع نشده است.
- نقد اسلام به عنوان پدیده‌ای نژادپرست، طرفدار برتری نژادی، و به طور ساده، پست و در طبقه‌بندی جدیدی قرار می‌گیرد، اما از نظر سیاسی یک گروه صحیح و بی‌عیب و نقص‌اند و آن نقد به یک تابو، یا واژهٔ ممنوعه و حرام جدیدی مبدل می‌شوند که اسـمش "اسلام هراسی[2]" است. و این اسلام هراسی، پرسشی مذهبی را به میان می‌آورد که وقتیکه رهبران خاورمیانه، گاهاً در موعظه‌های خودشان، "مرگ بر آمریکا" گفته و کینه و نفرت از ارزش‌های غربی را نشان می‌دهند، اسمش چیست؟
- متداول‌تر و مرسـوم‌تر از اسلام هراسی، اسلام دوستی و پذیرش اسلام است. همانطور که رفتار چپ‌ها با مسلمانان عین رفتار بچه‌ای است که نباید تحریکش کرد. اسلام هراسی، تنها دعوت گروهی از آمریکایی‌ها و اروپایی‌ها است که بخشـی از آزادی‌هاشان را، برای جبران بخش عظیمـی از گناهان متصور علیه مسـلمانان در مناطق مسـتعمراتی و

1 - Richard Ross.

2 - Islamphobia.

استعمارطلب قربانی کنند.

- بسیاری از مسلمانان فعلی از آن نوع چاپلوسی‌ها و متملق‌هایی که آنها را احمق فرض کرده، اظهار تنفر و خشم می‌کنند، (اما) بطور جداگانه اسلام و مسلمانان (به شدت) نیازمند نقد جدی هستند. و (اکیداً) جهان نیازمند (نوعی) بیداری است![۳]

و هنور هم، اگر حتی در جهت خلاف میل ما باشد، (این امر مهم) باید رخ بدهد. باید با تمام قوا، علیه اسلام رادیکال، پیگیری و جدیت داشت. از گفته‌ها و بیانیه‌های مقام‌های ارشدمان استفاده کنیم، از پخش برنامه‌های رادیو، و تلویزیون به زبان خود آنها سود بجوئیم و (صد) البته از ابزارهای اینترنت هم غافل نماند.

همانطور که (امیر) طاهری می گوید: بسیاری از مسلمانان - بدون شک، اکثریت آنان - می‌دانند که به طرز وحشتناکی، جامعه آنان، رهبری می‌شوند و پیوسته فریب‌شان می‌دهند، تحصیلات ناچیزی دارند و به عنوان سرباز فدایی، توسط جهادی‌ها مورد استفاده قرار می گیرند.

نیازی نیست که هزاران سرباز آمریکایی را برای شکست (و فروپاشی) رژیم‌های اسلام‌گرای رادیکال روانه کنید. به طور مشخص، و با استفاده صحیح از این نوع از جنگ اطلاعاتی - عقیدتی، می‌توان رژیم (مُلایان جمهوری اسلامی) ایران را پایین کشید؛ دیگر دولت اسلامی آزارگر، زشت و فاسد که چندان ارزش و اهمیتی ندارد.

باید از این رویکرد، به جای شیوه اشغال عراق در ۲۰۰۳، استفاده کنیم و باید، به طور مشخص و روشن، هر کار ممکنی را برای حمایت از قیام میلیونی و خیزش سراسری مردم ایران، (جنبشی مانند سال ۲۰۰۹) انجام دهیم، نکته مُضحک در دوبارهٔ گفتن واقعیت، آن است که از پرسیدن،

3 - www.getstoneinstitute.org/7092/usislam

هراس داشته باشی. گام مهم اول، گفتن واقعیت و حقیقت اسلام رادیکال و ائتلاف آنها یا شُرکای آنهاست و دو نکته مهم را مد نظر داشت.

اول اینکه، اسلام رادیکال یک انسانیت و مدنیت ورشکسته و مردود را نمایندگی می‌کند.

دوم، آنهـــا با ما ســـر جنگ دارند و این جنگ، انتخاب آنهاســـت، و هراس‌شـــان آن است که اگر مردم‌شـــان، آزادی (حق) انتخاب داشته باشـــند تا برنده میدان را برگزینند، طبعاً مـــا را انتخاب خواهند کرد، همانطـــور که عراقی‌ها و افغان‌هـــا در مراحل معین در هر دو جنگ، چُنین کردند.

نگاهی به دنیای امروز مسلمانان داشته باشید. نمایش تماشایی شکست است. کسی به خاطر دارد که اخیراً کدام یک از افراد کشوری مسلمان، یا دانشمندی، اقتصاددانی یا ریاضی‌دانی، جایزه نوبلی دریافت کرده باشد؟

یک بار رخ داد. آنهم یک دانشمند پاکستانی بود که در بریتانیا، تحصیل کرده و آموزش دیده بود. یکی دیگر از جایزه‌دارهای مسلمان، شیمی‌دانی است که بخش اعظم دوران شغلی‌اش را در آمریکا گذرانیده است. و این، سقوط قابل توجهی در فرهنگ اسلامی است، همانطور که محقق برجستهٔ مارتین کرمر[1] به درستی گفته اگر در سال ۱۰۰۰، جایزه نوبل گرفته می‌شد، منحصراً برای مسلمان‌ها بوده است.»

چه اشـــتباهی صورت گرفت؟ آنها از جســـتجوی واقعیت و حقیقت، ممنوع شدند. علناً جار زدند که به طور کامل و دقیق، (همه چیز) در قُرآن آمده (و معلوم) اســـت. (دیگر) نـــوآوری و ابتکار و خلاقیت، غیرممکن خواهد بود، در واقع، بدعت‌آمیز و گمراه کننده است – که شما باور داشته باشید، همه حقیقت و واقعیت در متن مربوط به قرن ۷ م. میلادی، – ۱۴

1 - Martin Kramer.

قرن پیش از امروز – آمده است!

طبق مطالعات (و پژوهش) سازمان ملل، در اواخر دهه گذشته، ۶۵ میلیون بی‌سواد و عامی در جهان عرب (آن هم در ۲۲ کشور) زندگی می‌کنند، حتی، آنهایی که سواد خواندن و نوشتن مختصر هم نداشته‌اند، محدود هستند. ترجمه یک کتاب کوچک یونانی، ۵ برابر بیشتر از کل بی‌شمار کتاب‌هایی است که از انگلیسی در سراسر جهان عرب ترجمه می‌شوند، و بطور عجیبی، اگر شما، مجموع تعداد کتاب‌های خارجی ترجمه شده به عربی را در هزاره – یعنی هزار سال – از اواخر قرن ۱۹ تا اوایل قرن ۲۱، ثسبت، به آمار کتاب‌های ترجمه شده یک سال، آن هم به اسپانیایی در نظر بگیرید، باز هم کمتر است.

و این آمار، مربوط به تعداد ترجمه‌ها در آمریکای لاتین و حتی به تعداد کتاب‌هایی با دانش سطحی از دیگر زبان‌ها هم مربوط نمی‌شود. ۲۰٪ اعراب، بی‌سواد و عامی مطلق هستند. و بسیاری از آنها که سواد دست و پا شکسته خواندن و نوشتن دارند و از خرده معلوماتی برخوردارند، در مدارس دینی آموزش دیده‌اند، یعنی مدرسه‌های بدنام و نفرت‌انگیز، جایی که آموزش آنها شامل تکرار و حفظ آیه‌های قرآن است!...

کشورهای مسلمان، نه تنها بسیاری از مردمانش را در غفلت و ناآگاهی از حقایق اساسی در باره جهان مدرن امروز ما نگه می‌دارند، بلکه نصف جمعیت – یعنی زنان – را در قرنطینه نگه می‌دارند، یعنی از مشارکت در جامعه، جدا می‌کنند. علاوه بر مساله اجتماعی، زنان را هم از نظام آموزشی محروم می‌کنند، از کار در محیط مُختلط منع می‌کنند، ترک محیط خانه، آنها، هم با همراه یک مرد نزدیک – آن هم از نظر سببی و نسبی – مُجاز است و (چون) در معرض سطح بی‌مانند از خطر تجاوز جنسی قرار دارند!

درجه دو و مادون بودن در سیستم قضایی هم مُدون شده است[1]. به عنوان مثال، در کشور ایران، ارزش یک زن، نصف یک مرد است. اگر یک زن حامله به یک جنین نوزاد مرد، در یک حادثه تصادف اتومبیل کشته شود، کیفر مجرم، به ادای تاوان کامل محکوم می‌شود، چون نوزاد مرد بوده، اما نصف آن مقدار به مادر تعلق دارد.

رابطه‌ای مستقیم بین تعصب و کوته‌فکری اسلام گرایان رادیکال و (رژیم مُلایان) ایران با میزان بیچارگی، بدبختی و نکبتی وجود دارد، که بر مردمان جامعه خودشان تحمیل می‌کنند. مثال آوردن از ایران، بخاطر آن بود که حامی اصلی جهاد و تروریسم در جهان و یکی از سرکوب‌گرترین رژیم‌های روی کره زمین است.

بر روی کاغذ، ایران باید یکی از ثروتمندترین و موفق‌ترین کشورهای جهان باشد. در یک موقعیت ژئوپولیتیکی اصلی قرار دارد، سرشار از منابع طبیعی، دارای جامعه‌ای تحصیلکرده، با قرن‌ها سابقه در بازرگانی و فرهنگ هزاران ساله است... چه خوش اقبال! و چه خوش شانس!

اما ایران، در معرض نابودی (و سقوط) قرار دارد... آمار ثبت شده، حکایت از کاهش میزان تولد دارد، فساد حاکمان، افسانه‌ای است، آمار ترسناکی از میزان خودکشی، فحشا، افسردگی، مصرف مواد مخدر، بیکاری، و کمبود شدید آب (آشامیدنی) منتشر شده‌اند. تفسیر اولیه برای این شکست تاریخی آن است که ثروت (و سامان) کشور، به شدت در راه جهاد برباد می‌رود و یا به حساب‌های شخصی مسئولان و رهبران مختلف و نورچشمی‌های واریز می‌شود که به سرقت و تاراج صندوق و خزانه مُلک و مملکت مشغول‌اند[2].

---

۱ – طبق فقه اسلام.

۲ – در ایام ادیت و بازبینی ترجمه این اثر، اخباری مبنی بر فساد بانکی عجیب رئیس قوه قضائیه، صادق لاریجانی، در رسانه‌ها منتشر شده‌اند! که خودش – آیت الله! آملی لاریجانی –

مردم ایران می‌دانند که به رنج و عذاب دچارند، اما رژیم با ملعون‌ترین آدم‌ها و شیوه‌ها، سعی در عدم افشا جزئیات دارد، و هر کس جرأت بیان و شـــهامت نوشتن، داشته باشد و یا با استفاده از رسانه‌های جمعی (برای بیان درد) اعتراضی بیان کند، فوراً در زندان‌های بدنام کشور برای سال‌ها، به غل و زنجیر کشیده می‌شود. اغلب آنها، بطور مشابهی، در دادگاه انقلاب اســـلامی[۱]، متهم و محکوم می‌شـــوند. اکثر ایرانیان از رژیم (فعلی مُلایان جمهوری اسلامی) نفرت دارند، و حُکام هم آن را می‌دانند.

بنابراین، همه این نکات، موجب شـــده تا هر نوع سرکوبی، به وخیم‌تر شـــدن اوضاع، بیانجامد. در زمان همین حســـن روحانی، رئیس جمهور «مشهور به معتدل[۲]»، آمار اعدام‌ها ۱/۵ برابر شده است. اگر ولایت مطلق و حکام مُستبد و خودکامه در تهران، بر این باور می‌بودند که آنها محبوب و مردمی هســـتند و وجهه ملی دارند، طبعـــاً آنقدر در پی ایجاد خفقان و سرکوب مردمان خودشان نمی‌رفتند.

با این وجود، کشور ایران با اعتراض‌ها و اعتصاب‌ها(ی پی در پی) در حال جوشش و غلیان است. زنان ایران، مجموعه قوانین سفت و سخت در بارهٔ لباس و پوشـــش را به چالش کشیده‌اند و خواستار تحصیلات و مشاغل عالی هستند.

نیروهـــای اپوزیســـیون معتبر و مخالف‌های قابـــل توجهی علیه رژیم استبدادی جمهوری اسلامی، در داخل خود مُلاها و آیت‌الله‌ها هم وجود داشـــتند، صدها روحانی شیعه در داخل زندان شـــهر (مثلاً مقدس!) قم هستند، و برخی از همین‌ها هم متقی و دیندار دارند و گمان‌شان آن است

تکذیب کرده و بعد گفت: عظمت اربعین، افسانه نیست... بسیج بزرگ است و با قدرت ... قرآن کتاب توحید و ایمان است... دشمن بنایش بر فتنه‌گری است... و ...!

۱ - دادگاهی غیرمستقل و ابزاری در اختیار نهادهای اطلاعاتی - امنیتی

۲ - مشهور به دولت اعتدال و امید.

که وقتی رژیم به ضرورت (و جبر تاریخ) سقوط کند. اسلام را هم با خود به ورطه نابودی می‌کشاند!

برخلاف شـــرایط ناخوشایند فعلی در ممانعت از هر نوع نقدی دربارهٔ اسلام، آنها که در جستجوی آزادی در کشورهای مسلمان هستند، همواره از ما طلب کمک کرده‌اند که حمایت‌شـــان کنیم، می‌دانند که ارزش‌ها و سنت‌های آمریکایی و عاقبت همان رهبری آمریکا، تنها بخت و اقبال آنها در کسب آزادی است[۱]. بدان جهت است که، در تظاهرات و اعتراض‌های خیابانی در ایران در سال ۲۰۰۹، تظاهر کننده‌ها، پلاکاردی در دست داشتند که "اوباما، یا با اونا، یا با ما!"، و بدین علت است که حرکت‌های اصلاحی مسلمانان جهان از آمریکا برای مبارزه آنها علیه پوشش اجباری برای زنان مسلمانان (به نام اشتباهی حجاب، چون حجاب در بارهٔ پوشش هر عضو بدن زن مسلمان است)، حمایت می‌خواهد، بدان خاطر است که نیروهای مختلفی، در ســـوریه و عراق علیه دولت اسلامی (داعش) می‌جنگند، و آشکارا از آمریکا حمایت خواسته‌اند. ما، یعنی ایالات متحده، برای بسیاری از کُردها[۲] تا ارتش آزادی سوریه گرفته، تنها امید رهایی هستیم.

اما ما منتظر چه هستیم؟ تأخیر در جنبش و هدف ما خطرناک است.

مردم، ســـرانجام، تصمیم‌شان را در بارهٔ انجام انقلاب (آزادی بخش) یا همان جنگ‌های انقلابی، خواهند گرفت. حتی اگر جامعه‌های مســـلمان، حمایت و کمکی هـــم از آمریکا دریافت نکنند، آنها عاقبت با جهادی‌ها درخواهند افتاد!

جنگ علیه اســـلام رادیکال، باید از خانه و وطن خودمان شروع شود،

---

۱ - موحدی کرمانی، امام جمعه تهران، جمعه ۱۳ آذر، "مسئولان بیدار شوند و به آمریکا دل نبندند!".

۲- البته بخش‌هایی از کُردها، مانند پ ک ک، و بارزانی؛ همکار و هم‌پیمان رژیم جمهوری اسلامی ایران و بشار اسد در حمایت از رژیم سوریه بوده‌اند.

جایی که ما، از به چالش کشیدن دُکترین یا آئین و آموزهٔ آنها عتاب داریم و شکست‌های آنها را افشا نمی‌کنیم و (حتی) سرپوش می‌گذاریم.

همانطور که اندی مک کارتی[1]، دادســـتان سابق، که پروندهٔ «شیخ نابینا» بود که مبدع فکر اصلی بمب‌گذاری مرکز تجارت جهانی در سال ۱۹۹۳ می‌نویسد:

> برتری‌طلبی اسلام[2] (یا جهان‌بینی برتر پنداری اسلامی)، صرفاً، عقیده مجزا از افراطی‌گری خشـــونت‌آمیز نیست، بلکه کیش و آئینی است که صدها و میلیون‌ها مســـلمان، باورش دارند یا اقیانوســـی است که جهادی‌ها به راحتی در آن شنا می‌کنند.
>
> فرمانده اصلی که سازشـــی با این حقایق ندارد و یا نمی‌خواهد داشته باشد، حقایقی که برای مسئولیت‌های بسیار عمده او، نامناسب است. کله شقی و خیره‌ســـری‌اش، او را در جلب حمایت از کشور، ناتوان ساخته بود[3].

مـــا طبعاً در این جنـــگ، نمی‌توانیم پیروز باشـــیم اگـــر صرفاً تهدید تروریست‌های اسلام‌گرای رادیکال را به عنوان یک مشت احمق و دیوانه، تصور کنیم و یا در حد یک عملیات پلیسی ساده برای حفظ امنیت، با آن برخوردار داشته باشیم، فراتر از آن باید رفت و می‌توان جنگ و نبرد جهانی را به تنهایی با نیروهای نظامی، بُرد. زیر بنا و پایهٔ اعمال غیراخلاقی آنها، باید تخریب بشـــود. دیگر کشورهایی که این موضوع را تشخیص دادند، طبعاً بر همان منوال، عمل خواهند کرد.

در سنگاپور[4]، پس از آنکه دو جوان رادیکال دستگیر شدند، حکومت با

---

1 - Andy McCarthy.

2 - Islamic Supermacism.

3 - www.Pjmedia.com/andrewmccarthy/2015/12/22

4 - Singapore.

جامعه مسلمان کشور تعامل داشت، تا مشکل راهنمایی جوانان مسلمان با آموزش صحیح و درست اسلام، حل و فصل شود.!

دولت سنگاپور به درستی به اصل موضوع پی برد:

«تفکر جامعه باید با روایت‌های ضد ایدئولوژی داعشی، و خلافت دولت اسلامی و مهاجرت به خارج و... مسلح و آگاه باشد.

باید این تبلیغات ظاهراً جذاب و ماهرانه، خنثی شود.[1] که به دروغ، می‌گویند داعش ناجی معنوی - روحی مسلمانان محروم است که اهل کشورهای غیرمسلمان، تحت سلطه قوانین غیراسلامی گرفتارند و توسط بی‌خدایان و نامسلمانان رهبری می‌شوند و .... .

هدف حکومت، باید پذیرش جامعه مسلمان باشد که مسلمانان برای دیندار و متقی که در یک کشور سکولار زندگی می‌کنند، از حقوق برخوردارند. دیگر فضا و پایگاهی برای لجاجت مسلمانان محلی و یا فکر پیوستن به دولت اسلامی و جنگیدن برای خلق یکی از آنها در سنگاپور، باقی نخواهد بود. و همچنین نیازی به تحمیل قوانین شریعت، محلی از اعراب نخواهد داشت و امری نامربوط است.

تلاش‌های مشابهی در اندونزی[۲]، بزرگترین کشور مسلمان جهان، در حال انجام است. و بسیاری از کشورها، پوشش روسری را ممنوع کرده‌اند. نقدهایی چشمگیر و اساسی دیگری برای اصلاحات کامل در منطقه اسلامی نیاز است. و این مساله باید از داخل جامعه مسلمان و یا هر جایی دیگر، شروع شود، تا پیروزی به دست آید. البته، نیاز به اصلاحات مذهبی،

---

1 - News.asiaone.com/news

2 - Indonesia.

جمهوری اندونزی - در آسیای جنوب شرقی ۲۳۸ میلیون جمعیت، چهارمین کشور پرجمعیت دنیاست، ۸۶/۱٪ جامعه مسلمان هستند. اسلام توسط بازرگان‌های دریانورد مسلمان به این منطقه رسید. محمد سوهارتو، رئیس جمهور قبلی سال ۱۹۶۸ با خشونت پس از کودتای شکست خورده به قدرت رسید و ۵۰۰ هزار نفر را کشت.

بیشتر برای مقاصد و اهداف سیاسی است تا مذهبی، اسلام رادیکال، یک ایدئولوژی سیاسی تمامیت‌خواه و استبدادی است که در پوشش مذهب اسلامی پیچیده شده.

چرا بسیاری از قوانین اساسی در داخل جهان مسلمان‌ها بر اساس شریعت نوشته شده‌اند، که به عنوان یک جانشین برای مدل سکولار حکومت باشد؟! مدل‌های سکولاری که هم اکنون در جهان غرب داریم، همانطور که در باره ایران مطرح کردیم، زنان جامعه که توسط شریعت اسلام اداره می‌شوند، حقوق کمتری نسبت به زنان جهان غرب خواهد داشت.

در جامعه‌هایی با اکثریت مسلمان، با درجه‌های مختلف، که شریعت در داخل قوانین آنها گنجانده شده، امور خانواده‌های مسلمانان طبق قانون شریعت اداره می‌شود. در عراق و افغانستان، مشابه این موارد را دیده‌ایم، دیدگاه‌هایی مبنی بر قانون شریعت که مجازات قضایی تبهکارانه‌ای بر روی متهم‌هایی که از شریعت سواستفاده‌هایی کرده‌اند، تحمیل می‌کردند.

این مجازات (تبهکارانه)، شامل قطع اعضاء بدن، اعدام در ملاءعام و در بخشی از موارد بیمارگونه‌ای، در مقابل خانواده‌هایشان، سرشان را از تن جدا می‌کردند! در کشورهایی مانند، رژیم جمهوری اسلامی ایران، حکومت جمهوری اسلامی افغانستان، حکومت جمهوری اسلامی پاکستان و دیگر کشورهای مسلمان عرب، با فرم‌هایی از شریعت اسلام (رحمانی!) در قانون اساسی کشورشان[1]، انجام این اصطلاحات در ایدئولوژی‌های سیاسی چندان ساده نیست، ولی اصولاً ضروری به نظر نمی‌رسد، این جنبهٔ مهم تغییر رفتاری رادیکال شده است، که با سوءتعبیر و سوءبرداشت آنها و حداکثر تکذیب و انکار این ایدئولوژی که افرادی را فاسد و تخریب

۱ - در رژیم جمهوری اسلامی مشهور به اسلام ناب محمدی.

کرده‌اند.

سرانجام، فراخوان برای انقلاب و اصلاحات مذهبی در اسلام، بیان شد. در سخنان بسیار شجاعانه و جسورانهٔ رهبر مصر، عبدالفتاح السیسی[1] در روز آغاز سـال ۲۰۱۵ مطرح شد. سیسی، حمایت لفظی از نسخه جدید یا قرائت جدید از اسـلام داشت، و او باید بخاطر شهامت فکری‌اش در فراخوان برای اصلاحات در اسلام، در سطح جهانی مورد احترام و قدردانی قرار گیرد.

سخنانش و آنچه که گفت، قبل از الازهر - مرکز پژوهش اسلام سُنی - و وزارت اوقاف (مربوط به امور مذهبی)، باید به نوعی به عنوان موثرترین و تهییج شده‌ترین مشاجره که توسط یک رهبر مسلمان جهان، عنوان شده و برای اصلاحات اسلامی زمان تعیین کرد، توصیف شود.

در میان بسـیاری از نکات حیاتی دیگر، که او خاطرنشـان کرد، گفت "بدنه و مجموعهٔ نوشتاری (اسلامی) و عقیده ما در طی قرن‌ها، با ترس و تهدید اشباع شده، مخالفت و دشمنی با کل جهان است. و این امر ممکن نیست که ۱/۶ میلیارد مسلمان، مابقی ساکنین زمین را از بین ببرند - که ۷ میلیارد نفر هستند - و تنها خودشان زنده بمانند و زندگی کنند و مصر یا جهان اسلام به طور کل - در حال پاره شدن، گسست انحطاط و نابودی و شکست است!

و به دوستان خود ما مخابره می‌شود...

از دیگر قطعه‌های منتخب مربوط به سخنرانی مُهیج سیسی، که به توجه مُهم و واکنش نسبت به سخنان او در مابقی جهان اسلام انجامید، باید به این جهت اشاره کرد:

من در اینجا روی خطابم با روحانیون مذهبی است. باید در بارهٔ آنچه

1 - Abdel Fattah el-Sisi

که امروز با آن روبرو هستیم، بیشتر تفکر کنیم. و من، در واقع، این موضوع را چند بار قبلاً مطرح کرده‌ام. امری تصور نکردنی و غیرقابل ادراک است که ارزش و تفکری که ما داریم، موجب شده اُمت یکپارچه (جهان اسلام) به عنوان منبع تشویش، خطر، ترور و نابودی مابقی جهان، دیده شود. غیرممکن است!

آن نوع تفکر نمی‌گویم مذهب و یا دین، بلکه می‌گویم تفکر - که مجموعه نوشته‌ها و گفته‌ها و عقایدی است که در طی قرن‌ها با ترس و تهدید اشباع شده! به آن مرحله رسیده که ترک آن گاهاً غیرممکن به نظر می‌آید که همان، مخالفت و دشمنی با کل جهان است!

من این سخنان را اینجا در الازهر به زبان می‌آورم، جهان در برابر جمعی از علما و دین پژوهان، خدا، یا قادر مطلق، به صداقت شما در رور جزا شاهد است.

همه آنچه را که من به شما می‌گویم، نمی‌توانید احساس کنید، مگر اینکه در ذهن و اندیشهٔ خود از آن موانع گذشته و از آن حصارها رها شده باشید.

باید از خویشتن خویش دور شد، تا بتوان در آن نگریست و با دیدی روشن هم به آن توجه کرد. دوباره تکرار می‌کنم که ما به انقلاب مذهبی نیاز داریم.

شما امامان (جمعه)، در برابر خداوند مسئول هستید. دوباره می‌گویم که جهان و کل گیتی، چشم انتظار قدم بعدی شماست - چون این امت در حال اضمحلال و نابودی است و - به طور کلی - جهان اسلام در حال پاره شدن، گُسست، انحطاط، نابودی و شکست است - و با دستان خودمان نابود می‌گردد[1].

1 - www.raymondibrahim.com/2015/01/01egypt.sisi

اگر یک رهبر مسلمان در یکی از قدیمی‌ترین و بزرگ‌ترین کشورهای جهـــان امروز ما، خواهان انقلاب مذهبی اســـت، ما هم باید بپذیریم، آن رهبری را هم کمک کنیم، آن هم برای شکســـت جهادی‌گری در داخل مذهب و نظام سیاسی خودشـــان. سخنانش، قوی و محکم و صادقانه و عین واقعیت بود و برای ما هم، شکست دادن اسلام رادیکال و ائتلاف و یا شرکای آنها، جزو اصلاحات ضروری است.

جنگ عقیده: جنگ در میدان جنگی.

پیروزی در جنگ عقیدتی، مســـتلزم آنست که ما در میدان جنگی هم پیروز باشـــیم. هر دو به هم پیوسته و مرتبط‌اند. دشمنان ما تصور می‌کنند که آنها از حمایت سخت و قوی برخوردارند، که سودای بهشت باشد یا بنابه حکم تاریخ، و یا به رهبرانشان چنین توهمی به آنها، الهام شده باشد.

از روی نومیـــدی نمی‌توانند شکست‌شـــان را در برابر ما (همانطور که می‌بینید)، با این سیستم و نظام فاسد دمکراتیک امروز ما و رهبران بی‌اثر و سست عنصر تصور کنند. حکایتی قدیمی هست که اگر مارکس و لنین می‌توانستند شکست علنی کاپیتالیسم را متصور شوند و یا پیش‌بینی کنند، آن وقت به راحتی سقوط می‌کردند.

اگر نژاد آریایی، واقعاً نسبت به جمعیت ناخالص ما برتر است، پس بهتر است که خواندن زبان آلمانی را شروع کنیم و الآن این قاطعیت جدید از طرف جهادی‌ها شـــکل گرفته است که اگر الله، جهادی‌ها را علیه آمریکا می‌بخشاید، پس شکست ناپذیرند!...

به یاد داشته باشید که، همانطور که ژاپنی‌ها معتقد بودند می‌توانند بمب ویرانگر برای ما بفرســـتند تا در حمله به پرل هاربر[1]، سال ۱۹۴۱، منفجر

1 - Pearl Harber.

بشود، اسامه بن لادن هم تصور می‌کرد که ۱۱ سپتامبر، مشت محکمی بر (دهان) آمریکاست. و بعد خودش و جانشین‌هایش هرگز برای شکست ما، از هیچ تلاشی - تا به امروز - فروگذاری نکرده‌اند.

رهبران داعش و القاعده هم، سخت دلانه و بی‌رحمانه، آمریکا را هدف اصلی حملات خودشان قرار داده‌اند، و در سراسر جهان دعوت به جهاد می‌نمایند.

در این خلافت دولت اســلامی، خلیفهٔ آنها یعنــی ابوبکر بغدادی، در دسامبر ۲۰۱۵ در آستانه شکست تاکتیکی‌اش در رُمادی گفت:

> علیه حاکم ستمگر و سلطان ظالم و مردم مرتد وابسته، ائتلاف عربستان ســعودی به پا خیزید و از برادرانتان در شام، عراق، یمن، افغانستان، قفقاز، مصر، سومالی، فیلیپین، آفریقا، اندونزی، ترکستان، بنگلادش و سایر جاها... پشتیبانی کنید.

> رهبر خلافت، اصرار داشــت که همه مســلمانان با ائتلاف یهودی، صلیبی، صفوی[1] و با رهبری آمریکا و تدابیر یهودی‌ها مورد مواجهه و مقابله قرار گرفته‌اند.

> از دیدگاه بغدادی، صلیبی‌ها، شــامل آمریکا و اروپا و روسیه است و صفوی‌هــا هم واژهٔ توهین‌آمیز و خفت‌آوری برای نامیدن «شــیعه و ایران» است. همه این نیروها و طرف‌ها در یک ائتلاف جمع شده‌اند که بنا به فرض او، "جنگ با اسلام و مسلمین" را راه بیاندازند[2].

از سوی مرکز فرماندهی نظامی ژاپن (در عملیات هاوایی) صورت گرفت و حمله ناگهانی هواپیماهای جنگنده ژاپن به پایگاه دریایی آمریکا در بامداد یکشنبه ۷ دسامبر ۱۹۴۱ بود که موجب ورود آمریکا به جنگ جهانی دوم شد.

1 - Jewish - Crusader-Safavid.

2 - www.langwarjournal.org/archaives/2015/12/baghdadi

اینجا هم سخنان قاسم الریمی[۱]، رئیس القاعده در شبه جزیرهٔ عربی[۲] (جزیره العرب) را می‌آورم، که بطور همزمان، پیامی مشابه، صادر کرد:

جهادی‌ها نباید صرفاً به جنگ‌های محلی در این مناطق بیاندیشند... ما یک امت واحد (مسلمین سراسر جهان) هستیم و مردمانی مشابه همدیگریم، گرچه در جاهای مختلف قرار گرفته‌ایم... اگر کسی صرفاً به خودش و مومنان داخل مرز بیندیشد، در واقع، خودش را از جامعه مسلمین سراسر جهان، امت اسلامی و میدان جنگ وسیع‌تر جدا کرده!

همانطور که جنگ، شدت بیشتر می‌گیرد، جهادی‌ها باید، این نکته را در نظر داشته باشند که جنگ، مربوط به کل امت اسلامی است و باید دشمن واقعی را بشناسند... و نه از نقطه ثابت، مثلاً در میدان جنگی صرفاً واقع در افغانستان و عراق و سومالی و یمن یا جاهای دیگر، به موضوع بنگرند... از این دیدگاه، الریمی روشن‌تر می‌گفت که «دشمن اصلی، آمریکاست![۳]»

اما یک جنگ جهانی علیه ما، تحت نام الله، توسط همین اسلام‌گرایان رادیکال برپا شده است. اگر آنها شکست بخورند، چه خواهد شد؟ چه معنی و مفهومی دارد؟ شکست آنها، آن هم با دستان ما، موضوع چندان ساده‌ای بر آنها نیست. همانطور که ما القاعده در عراق و طالبان را در مهم‌ترین بخش‌های افغانستان شکست داده‌ایم.

القاعده – و شُرکای ایرانی آنها – در بین جهادی‌های بالقوه، توجه و طرفداری را از دست داده‌اند. آمار جذب نیروهای القاعده در عراق، با ریزش روبرو بود و جنگجویان طالبان در افغانستان در جستجوی پناهگاه

1 - Qasim al-rahmi
در کتاب اصلی بنابه اشتباه تایپی، اسم وی را به غلط آورده‌اند و Qasim al-raymi رهبر جدید القاعده یمن، درست است

2 - AQAP

3 - www.langwarjournal.org/archaives/2015/12

و منطقه بی‌خطر در پاکستان بودند. جایی که با نیروهایی مانند تفنگداران نیروی دریایی امریکا روبرو نشوند. باید تهاجم ایدئولوژیک داشته باشیم و بپرسیم که، در جنگ مقدس، خداوند قادر متعال جهت‌ها را به نفع چه کسی تغییر می‌دهد؟

پس از همه اینها، اگـــر پیروزی‌های قبلی، نتایج برکت و موهبت الهی باشـــد، آیا شکست‌ها بیانگر آن نیست که دلایل آنها نزد خداوند پذیرفته نیست؟!

همانطور که در قرن ۲۱، شکست نظامی رژیم‌های استبدادی و ولایت مطلق، ضربه شدید مهلکی به اصول و آیین آنها وارد کرده است. کمونیسم وقتی که اتحاد جماهیر شوروی فرو پاشید، تودهٔ مردمان هوادار را از دست داد. فاشیســـم ایتالیا، وقتی در میدان جنگ شکست خورد، مایه استهزاء و ریشخند جامعه شد.

موســـولینی از رهبری که همواره «حق با او بود»، به یک زندانی دولت ایتالیا در نیروهای ائتلاف مبدل شـــد، هیتلـــر هم جار زد که مردم جامعه آلمان، لیاقت داشتن او را نداشتند.!

جهادی‌ها هم این نکات را می‌دانند و به جنگجویانشان می‌گویند که نه شگفت‌زده شوند و نه روحیه‌شان را ببازند اگر با فشار عقب‌نشینی روبرو شـــدند، زیرا وعده داده شده که برای مومنان واقعی، نبردهای سختگیرانه و شـــدید وجود دارد!... و این به ما بســـتگی دارد که مطمئن شویم آنها واقعاً در این محک و آزمون شـــرکت جسته‌اند و باید جهادی‌ها را روی زمین (جنگ) شکست دهیم و نابودشان کنیم. همانگونه که در بارهٔ عراق و افغانستان اشـــاره کرده‌ایم، و نیز برای پیروزی، به اطلاعات (نظامی) و رهبران مصمم و قوی نیازمندیم. منحصراً با هواپیما (جنگی) و یا هواپیمای کنترل از راه دور، پیروزی ممکن و مقدور نیست... تعداد زیادی از سربازان

(نیروهای دوست ما)، مسلمانان هستند که بطور مفید می‌توان از وجودشان بهره جست - اما، بجز کُردها - که همگی آنها جزو مسلمانان محسوب نمی‌شوند[۱]!

پایگاه‌های القاعده در همه آن سرزمین‌هایی که به عنوان دولت اسلامی ادعا شده است، باید ویران و نابود شوند، و به دست افراد بومی همان مناطق بازگردانده شود و باید بر روی طرز حکومت خوب اصرار داشته باشیم، نه مانند آنکه اغلب تا امروز انجام داده‌ایم، به بومی‌ها بازگردانیم و گرنه باید شاهد ظهور جمهوری‌های اسلامی[۲] دیگری باشیم. صرفاً بحث تغییر رهبران بومی نیست، باید کل سیستم و نظام را تغییر داد، همانطور که قبلاً هم مشابهش را داشته‌ایم.

ما تنها در شرایطی در امن و امان هستیم که دیگران هم در امنیت و ایمنی بسر ببرند وگرنه باید با خرابی کامل نظم در منطقه روبرو شویم. تاریخ‌مان به ما می‌آموزد که یک ملت و کشوری هستیم که بر اساس فکر و اندیشه بنا شده‌ایم و آن، سهم فکر و اندیشه آزادی بوده، زندگی ما بر اساس آزادی، جستن شادی بوده و آنها، تنها و تنها در یک جامعه منظم (یا دارای انضباط) حاصل می‌گردد. هر چند این امید واهی و نقشه خیالی رئیس جمهور «مایل به بی‌خبری و نادانی» است که ما می‌توانیم دمکراسی کامل را به این منطقه، آن هم در آینده نزدیک، بیاوریم و اول از همه، باید نظم را نهادینه کنیم. همانطور که قبلاً انجام داده‌ایم، نیاز است که چند دیالوگ عاشقانه با رهبران کشورهایی که وانمود می‌کنند از دوستان ما هستند، داشته باشیم، کشورهایی که البته با دشمنان ما هم همدستی و همیاری دارند.

به کشورهایی مانند پاکستان باید گفته شود که وجود اردوگاه‌های

---

۱ - منظورش آن است که از نظر تاریخی، کردها به ادیانی دیگر مانند زرتشت و ... گرایش دارند.

۲ - مانند حمایت کارتر از خلق رژیم جمهوری اسلامی ایران در شورش ۱۳۵۷ ایران.

آموزشی تروریستی (جولانگاه‌ها و مناطق) امن و پناهگاه‌های طالبان و یا شبکه حقانی[1] و یا نیروهای طالبان را در آن کشور تحمل نمی‌کنیم، به بانک‌ها و نهادهای مالی آنها، اجازه ندهیم که بخاطر شبکه تروریستی منابع مالی خود را جابجا کنند. آنها باید خودشان گزینه دلخواه را انتخاب کنند، اگر به جهادی‌ها کمک می‌کنند، با خشونت با آنها رفتار خواهیم کرد، کمک‌های آمریکا به آنها را قطع می‌کنیم و علیه جولانگاه‌ها و مناطق امن تروریست‌ها - بهشت امن دشمنان ما - عملیات نظامی خواهیم داشت. رویکرد مشابهی را هم باید نسبت به تأمین مالی شبکه جهادی داشته باشیم. پس از سال‌ها، تروریست‌ها به پول (و منابع مالی) زیادی دسترسی پیدا کرده‌اند، که آن هم یا از طرف اعطا کننده‌های شخصی بوده (که به طور گاه شخصی تماس داشته و گاه به صورت آنلاین و الکترونیکی) و یا قسمت اعظم آن منابع مالی از راه فعالیت‌های جنایتکارانه به دست آمده است.

برخی از بهترین (عملیات) اطلاعات نظامی دولت آمریکا در این مناطق انجام شده است. باید از ادارهٔ مبارزه با مواد مخدر امریکا[2] و سازمان خزانه‌داری آمریکا[3] و نیز سازمان اطلاعات مرکزی[4] اداره تحقیقات فدرال[5] دیگر سازمان‌ها مانند پلیس نیویورک[6]، یکی از مهمترین سازمان‌های ضد تروریستی، تشکر و قدردانی کرد. اطلاعات آنها نشان داد که تروریست‌ها

---

1 - Haqqani

شبکه حقانی، یک گروه شبه نظامی در مناطق مرزی افغانستان و پاکستان است که عملیاتی را علیه نیروهای ناتو و دولت افغانستان سازماندهی می‌کند. رهبری آن، ارتباط نزدیکی با طالبان دارد و بر عهده جلال الدین حقانی و پسرش سراج الدین است. شبکه آنها بیشتر در وزیرستان شمالی است. در زمان ریگان، به کاخ سفید دعوت شدند تا در افغانستان عملیات کنند، بعدها آمریکا از پاکستان خواست، ارتباط خود را با آنها قطع کند.

2 - Drug Enforcement Agency (DEA)

3 - Treasury Department

4 - CIA

5 - FBI.

6 - New York City Police Department.

و جنایت‌کاران عادی هم با مهارت و سفسـطه عجیب، با همدیگر رابطه نزدیک و همکاری مشترک دارند.

مواد مخدر، پول و سـلاح بین شـمال و جنوب آمریکا و غرب و گاه شـمال آفریقا، خاورمیانه و اروپا جابجا می‌کنند. اگر به این فعالیت‌های زیرزمینی توجه کنید، شما مظنون‌هایی مانند تروریست‌ها، کشورهایی که حامی آنهاست و یا کارتل‌های مواد مخدر و یا جنایتکاران فرصت‌طلب و سودجو از هر قماشی را خواهید یافت.

یک مقاله قابل توجه در اوایل ۲۰۱۰، نوشته سیمون لدن[1] در بارهٔ ترکیب و ادغام قاچاقچی‌های مواد مخدر، جنایتکاران سـازمان یافته و متشکل و تروریسـت‌ها، که برای امکان دسترسی به پول و منابع مالی درست شده بودند، انتشار یافت.

کار آنها قاچاق مواد، سلاح، انسان، سلاح کشتار جمعی و... بود. لازم و ضروری است که این نوع گروه‌ها از امکان دسترسی ساده و آسان به پول (و منابع مالی) محروم بشوند، آن هم در جهت تضعیف و سرانجام نابودی ائتلاف کشـنده بین تروریست‌ها، جنایتکاران قراردادی و کشورهایی که همه آنها را حمایت می‌کنند.

باید از رژیم جمهوری اسـلامی ایران پرسید که سال‌ها بطور جداگانه سعی در شکستن قُلاب تحریم‌ها بر روی بانک‌ها و شرکت‌های تجاری داشته است. مخصوصاً نماینده تروریست رژیم جمهوری اسلامی ایران، حزب الله، در شبکه‌های ترور و جنایت فعال بوده است و با فعالیت‌های شرکت برادران برکت[2] در مناطق هم مرز آمریکای جنوبی[3] در بهار ۲۰۱۴، پلیس برزیل، حمزی احمد برکت را دستگیر کرد و اتهام وی عبارت بودند

1 - Simone Ledeen.

2 - Barakat Brothers.

3 - Tri-Boder Area.

از اینکه: پول از مهاجران لبنانی اختلاس کرده بود، سپس سندسازی کرده و شرکت جعلی ثبت کرده تا پوششی برای قاچاق مواد و سلاح درست کند.

بنابه اعلام مطبوعات، برکت، عواید و درآمد فعالیت‌های مختلف غیرقانونی‌اش را به (سازمان تروریستی) حزب الله فرستاده است. بین یک دسته مشهور از جنایتکاران برزیلی[1] با دلال‌های اسلحه در منطقه ۳ مرز، بین برزیل[2]، آرژانتین و پاراگوئه[3]، روابطی ایجاد کرده بود، جایی که حدود ۷ تا ۱۳ میلیون لبنانی وجود دارند. منطقه‌ای با طبیعت وحشی، بدنام، بخاطر فساد، بدون کنترل مرزی که مملو از سازمان‌های مافیایی است.

اسد، برادر حمزی[4]، در سال ۲۰۱۴ در برزیل دستگیر شد و مجرم را به خاطر فرار از مالیات به پاراگوئه مسترد کردند و به ۷ سال زندان محکوم شد. اسد برکت که توسط سازمان خزانه‌داری آمریکا به عنوان یکی از مشخص‌ترین و پرنفوذترین اعضاء (سازمان تروریستی) حزب الله شناخته شده بود (در حقیقت، پلیس پاراگوئه، وی را به عنوان فرماندهٔ یک گروه ترور در منطقه شناسانده بود)، که ۵۰ میلیون دلار برای سازمان‌های تروریستی در ۵ سال قبل از ۲۰۰۱، پرداخت کرده بود. (که تا آن زمان، حدود ۱۰۰ میلیون دلار برای (سازمان تروریستی) حزب الله ارسال کرده بود).

داستان برادران برکت یکی از داستان‌ها در سلسله روابط و پیوندهای بین جنایتکاران و خلاف کاران و ترورهای سازمان یافته است. در کار و بار فعالیت‌های تروریستی، پول زیادی بدست می‌آیند، که محرک و انگیزه‌ای به مراتب بزرگتر و بیشتر از آیین و اصول اسلام رادیکال است.

---

1 - First Capital Command.

2 - Brazil.

3 - Paraguay.

4 - Hamzi

در عراق، در آغاز این دهه، سه محل مربوط به شبکه ترور را کشف کردیم که بیشتر در داخل آنها پول بدست آمد تا یافتن چیزی که نشانگر اعتقاد راسخ و عقیده به خدا باشد. علاوه بر آن، در نگاهی به میدان جنگ، من حتی به روابط روسیه هم پی بردم. وقتی که شوروی سقوط کرد، تعداد زیادی از افسران بیکار (شده) ک گ ب[1]، تقلا می‌کردند تا زندگی‌شان را بگذرانند. بهترین جا هم شبکه‌های تروریستی بود، پشیمانی و ندامت کمتری هم داشت، چون، نوعی همکاری با سازمان‌های خشن ضد آمریکایی بود (و سال‌ها چنین می‌کردند)، پس از گذشت چند سال و وجود این خانه‌های امن مربوط به ک گ ب، پایگاه‌های فرماندهی و شبکه‌های ارتباطی امن، عاقبت در دسترس و اختیار گروه‌های تروریستی قرار گرفت.

پیوستن افسران سابق ک گ ب، به شبکه تروریستی و جنایی، نوعی تقویت و پشتیبانی حرفه‌ای بود، اما می‌دانستیم که یک معامله بزرگ در بارهٔ افراد درگیر صورت گرفته و همچنین خبر داشتم که آمریکا، آدم‌های خودش را دارد که در ردیابی مسیر انتقال پول‌ها، منابع مالی، جابجایی سلاح، یا مواد مخدر و زنان اسیر شده، بسیار کارکشته و خبره بودند.

قطعاً نخواهم گفت که روابط با ک گ ب، در شناخت شبکه دشمن به ما کمک کرد، اما به روی ما روزنه‌های بیشتری را گشود تا نسبت به جهان آنها، دید بهتری داشته باشیم و همچنین برای ما فرصت‌هایی را خلق کردیم که اکنون باید با قوت از آنها استفاده و بهره‌برداری کنیم.

هر چند اطلاعات (نظامی) آمریکا و اقدام‌های قانونی دیگر، جزئیات روابط بین تروریست‌ها و قاچاقچیان مواد مخدر، پول شوها و قاچاقچی‌های انسان را ثبت و مستند کرد. علاوه بر آن، زرادخانه‌های ما علیه آن آماده بود،

1 - K.G.B

هر دو بخاطر اقدام قانونی و نیز جنگ عقیدتی، در کنار هم قرار گرفتند.

کشـــف چُنین روابط ناگوار و ناخوش‌آیندی، به شدت ادعاهای اسلام رادیکال مبنی بر "تقوی، خداترسی، اعتبار اخلاقی موعظه‌ای" را کم رنگ می‌کند و حتی از بین می‌برد. برای آنها مشـــکل است که ادعا کنند "الله" تلاش آنها برای قاچاق مواد مخدر و امثالهم را می‌بخشـــد. همانطور که جنایت‌ها بین آنها افزایش پیدا می‌کند و محبوس می‌شـــوند، باید علنی و آشکارا افشا کنیم که هیچ فضیلت و پرهیزکاری و تقوایی در این نوع اعمال شرورانه وجود ندارد. همانطور که در اواخر ۲۰۱۵، اساساً دولت اسلامی (داعش) بر پایه چنین اعمالی و یا فعالیت‌هایی، تأمین مالی می‌شد، مانند، غضب، اخاذی، قاچاق نفت[۱]، آدم ربایی و ...

خیلی کارهای دیگر هم هســـت که باید انجام بشوند، اما نشانه‌هایی از پیشرفت هم مشاهده می‌شـــود. امروزه گروه بین‌المللی ضدداعش، فعال است و اولین جلسه‌های آن در مارس ۲۰۱۵ شروع شد که ریاست جلسه هم به عهده عربستان سعودی و آمریکا و ایتالیا بود.

احتمالاً اعضا از بررسی و مشاهده مدارک و اسناد اخیر، در بارهٔ گردش پول نقد در لندن، نیویورک و میامی اســـتفاده کنند و سود ببرند. اکثر این پول‌ها در معاملات ملکی مسکن سرمایه گزاری شده‌اند.

> اعداد، متناوب هستند و سالانه، حدود ۱ تریلیون دلار، توسط کارکنان فاسد از کشـــورهای مختلف در سراسر جهان به سرقت می‌رود. آن پول‌ها باید در جایی مصرف شوند و یا پول شویی شوند، و اکثر آن در معاملات بزرگ املاک و مسکن به صورت ناشناس رد و بدل می‌شوند، خصوصاً در انگلستان که ۱ میلیارد پوند در ورود سرمایه خارجی بطور

---

۱ - که دولت روسیه رسماً از روابط نفتی داعش و مسعود بارزانی و ترکیه پرده برداشت!

ماهانه، دیده شده است. منبع اصلی این پول‌ها کجاست!... روسیه[1].

سخت است که با اطمینان گفته شود چقدر از آن پول نقد - یک میلیارد پوند در ماه فقط در انگلستان - در تامین منابع مالی مربوط به شبکه ترور مصرف شـــده، اما با وجود یک تریلیون دلار اختلاس پول در ســـال، در کشـــورهای فاسد، می‌تواند متصور بود که رقم بالایی در آن زمینه صرف می‌شود.

همچنین مهارت‌های زیادی در جهان دیجیتال هست که باید سرو سامان بگیرد. قبلاً، درباره اعتقادم نسبت به غول‌های رسانه‌های جمعی چیزهایی را مطرح کردم که باید در نظر گرفته شوند. مدت‌هاست می‌دانیم که القاعده از اینترنت، برای توزیع و پخش ویدئوهای مربوط به جذب نیرو، ارسال پیام به طرفدارانش، نقد و یا ارعاب مخالفان و رقیبانش و توزیع دستورات رمزی برای تروریست، نهایت استفاده را می‌کند. القاعده، سابقه و یا سُنتی برای دیگـــر جهادی‌ها پدید آورده و داعش هم به نظر می‌آید که رشـــد چشـــمگیرتری در این زمینه داشته است. رشـــد و توسعه سریع داعش، بی‌ســـابقه و جدید بود و موفقیت آن به مهارت‌هایش به صورت آنلاین بستگی داشت.

طبق پژوهش مرکز بین‌المللی مطالعات تندروی و خشونت سیاسی[2]، منطقه تحت کنترل داعش، اکنون به عنوان جایی رتبه‌بندی می‌شود که بیشـــترین جنگجویان خارجی را از جنگ افغانستان در دهه ۱۹۸۰ را داراست،

بطور تقریبی، تعداد جذب نیروی خارجی‌اش به ۲۰/۰۰۰ نفر رسیده که حدوداً ۴۰۰۰ نفر از کشورهای غربی هستند. بسیاری از این افراد

---

1 - www.athanticcouncil.org/blogs/new

2 - International Centre for the study of radicalization & political violence.

جذب شده، اولین ارتباطشـــان با داعش و ایدئولوژی آنها، از طریق اینترنت صورت گرفته اســـت. دیگر پیروان آنهـــا، در خلال ماجرا، توسط تبلیغات آنلاین گروهی، تحت تاثیر قرار گرفته‌اند که عملیات تروریستی را بدون سفر به خاورمیانه، اجرا کنند![۳]

داعش و القاعده، از نظم تکنولوژی دیجیتال، (از وب سایت‌ها[۴] و چت روم‌ها[۵] (اتاق گفتگوها)، برای ویدئوهای ماهرانه و جذاب تولید شـــده و متن رمزی موثر و ...) نهایت اســـتفاده را کرده‌اند. فقط همین پارسال بوده است، که مثال‌هایی در باره کشتارهای خونین وجود دارند، که با ارسال پیام برای انجام حمله تروریستی صورت گرفته، همانطور که مقامات فرانسه در لوموند[۶] اظهار کردند، سلاخی وحشتناک پاریس، در ۱۳ نوامبر ۲۰۱۵، از یک موبایل در بلژیک هماهنگ شده بود، که منحصراً بدان منظور مورد استفاده قرار گرفته بود.

(شماره) مُبایل بلژیکی، روز قبل از وقوع جنایت، در ساعت ۱۰/۲۴ شب فعال شده بود و ساعت ۹/۲۱ غروب روز بعد، پیام کوتاهی از گروه پاریس دریافت کرد که به طرف محل برگزاری کنسرت می‌روند تا حمله را انجام دهند. «ما در راه هستیم، دارد شروع می‌شود!»، ظرف مدت ۲ دقیقه، تلفن خاموش می‌شود!... دستگاه تلفن فرانسوی هم در یک گاراژ بیرون از سالن کنسرت، جایی که مشخصاً گروه آمریکایی، عقاب‌های مرگ متال، بودند، یافت شد. سالن کنسرت مورد حمله قرار گرفت و همچنان دو جای دیگر در غروب همان روز در پاریس، از طریق پیام همان مبایل و شمارهٔ بلژیک، هماهنگ شد.

3 - www.altanticcuncil.org/blogs/news

4 - Website.

5 - Chatroom

6 - Le Monde.

تا لحظه نوشتن این متن (در آوریل ۲۰۱۶)، هنوز صاحب آن مُبایل، پیدا و یا شناسایی نشده است. حتی بهترین تکنولوژی‌ها نمی‌توانستند ما را از تروریست‌های مُجهز و آدمکش‌های خوب سازمان یافته، نجات دهند.

وقتی ارتباط‌های دیگر - از طریق وسایل ارتباطی - منجر به وقایع ۱۳ نوامبر، شد، هیچ تکنولوژی دیجیتالی وجود نداشت که مقام‌های امنیتی و پلیس پاریس نسبت به وجود یک عملیات هشدار بدهند. باید در خطوط دشـــمن (مانند این گروه‌ها) نفوذ کرد و از قبل در باره نقشه حملات آنها اطلاع یافت. اگر می‌دانســـتیم که چه کسی پشت آن خط تلفن در بلژیک بوده است، شاید این اتفاق ناگوار رخ نمی‌داد.

شـــما هم معتقد هستید که رهگیری تروریســـت‌ها - با نفوذ در شبکه ارتباطی آنها - کانال موثق و معتبر و قابل اتکایی برای فهم و قصد و نظر واقعی آنهاست. در جنگ علیه ترور، به عنوان مثال، بسیاری از تحلیلگران برجســـته ما بر این عقیده و باور هستند که رژیم جمهوری اسلامی ایران، عمـــداً به ما - از طریق آنچه که تصـــور می‌کنیم تماس‌های تلفن واقعی هستند - پیام‌های گمراه کننده می‌فرستد.

و تا وقتی که ایرانیان چنین تصور کنند که ما، اکثر مکالمات آنها را شنود کرده‌ایم، این به نفع آنهاســـت که در روند عملیات اطلاعاتی، آب را گل آلود کنند... تکنولوژی، بیشتر شما را آموزش می‌دهد و ذهن را پرورش و عادت می‌دهد که همیشه هم به این چیزها، نیاز مبرم هست. برخی معتقدند که باید، کاملاً شـــبکه ارتباطی داعش و القاعده را ترسیم بکنیم، بعد قادر هستیم که همه عملیات تروریستی محتمل و بالقوه را نظارت کرده و از قبل متوجه شویم، اما اگر هم رخ بدهد، این اعتقاد خیلی ساده‌نگرانه و خوش خیالی است. به طور عجیب و غریب، در آمریکا، جذب نیرو و یا آموزش تعالیم مذهبی و حتی حزبی به صورت آنلاین، مجازات و مُشکلی قانونی ندارد. باید تا هر وقت یک جنایت واقعی رخ داد، صبر کرد، یا عملی مانند

سفر - یا تنظیم سفر - از جهان غرب به اردوگاه‌های پرورش تروریسم در خاورمیانه، مرتکب شوند. آژانس‌های مربوط به اقدام حقوقی، باید با این نوع محدودیت‌ها کنار بیایند.

علاوه بر این، گاه در داخل جامعه اطلاعاتی هم در باره استفاده صحیح از اطلاعات دیجیتال، بحث‌ها و مناقشه‌های زیادی هست.

مشـــابه نوعی اختلاف‌ها و ناسازگاری‌ها اســـت که به ناچار، در میدان جنگ و جاسوسی (عملیات یا مراقبت از دشمن) رخ می‌دهند. برخی‌ها معمولاً می‌خواهند هر هدف مشـــخص دشمن را علناً نابود کنند و یا هر جاسوس و عامل دشمن را دستگیر کنند اما برخی، گمان می‌کنند که ارزش اطلاعاتی مراقبت از دشمن در حین عملیات، بیشتر از آن است که به طور موقت کار و بار آنها را خاموش کنیم. عملیات دیجیتالی دشـــمن، موارد خیلی زیادی از این مســـأله غیر قابل حل و بس دشـــوار هستند، و چون راه‌اندازی وب‌سایت‌های جدید در فضای اینترنت برای آنها ساده است.

دوباره، از دید شخص من بیان واقعیت و حقیقت بهترین سلاح کشنده علیه اســـلام رادیکال اســـت، در برخی از این میدان‌هـــای رزم دیجیتال (با شکســـتن کد و رمز، به عنوان وبســـایت تاریک شناخته می‌شوند) که ارتباطات بین تروریست‌ها را مسیریابی می‌کند که باید محرمانه و مخفی صورت گیرد. بخش عمده و قسمت اصلی آن، به جنگ ایدئولوژیکی و عقیدتی مربوط است. و با آشکار شدن‌شان، به سختی شکست می‌خورند. وقتی که پیروان بالقوه آنها و افراد جذب، شـــده آگاه و مطلع باشند که ما وب‌ســـایت‌های آنها را تحت نظارت داریم که می‌دانیم به چه چیزهایی جذب شده و توجه دارند، می‌ترسند و می‌گریزند.

دانســـتن و باور به اینکه، اسلام رادیکال تحت نظارت پیوسته و مستمر هســـت، به جاذبه آنهـــا ضربه می‌زند، و اعتبار و وجهـــهٔ آنها را تخریب

می‌کند. در آن لحظه، موسسه‌های مستقل و مختلف حکومتی، به خلق یک استراتژی منظم برای شکست جهادی‌ها در جهان دیجیتال، می پردازند.

این نهادهای مستقل شامل، یکان عمده سایبری آمریکا، در امنیت ملی، وزارت خارجه، اف بی آی، با ازدیاد اختیارات قانونی، تحت عنوان‌هایی از قوانین ۱۰ (نیروی‌های نظامی)، ۵۰ (نیروهای نظامی و دفاع ملی) و ۲۲ (روابط خارجی) فعالیت داشته و خواهند داشت.

هر کدام، دانش خود از قانون و احکام مربوط و تا جای ممکن نظارت خود را بر روی تعرفهٔ اداری (پول فدرال) خواهند داشت. این روند باید متوقف بشود و ما باید به عنوان یک تیم واحد و منسجم روی یک هدف واحد تمرکز کنیم[1]. تا در جنگ علیه اسلام رادیکال و شُرکای آنها پیروز شویم.

جنگ دیجیتالی، لزوماً، درگیر بخش‌های خصوصی است. بدون شک بسیاری از مردم تعجب خواهند کرد اگر بدانند که مجموعه ابرداده‌ها یا اطلاعات[2] مشروح، آژانس امنیت ملی که در واقع توسط شرکت‌های خصوصی نگه داری می‌شود، و شاید (اصلاً) نتوانیم یک کارزار موثر و مفید علیه ایدئولوژی اسلام رادیکال بدون همکاری شرکت‌هایی مانند گوگل(Google)، فیس‌بوک (Facebook)، توئیتر (twitter) داشته باشیم. ارتش سایبری ما از اینرو، شامل نیروهای دولتی و خصوصی خواهد بود، در کنار دیگران، بخش‌های نظامی و غیرنظامی هم قرار خواهند گرفت.

اما همه این افراد چه خواهند کرد؟ کسی شگفت‌زده نخواهد شد اگر بدانند فعالیت بسیاری از آنها مشابه همدیگر است، و بطور آشکار، گاه به گاه، اشتباهات خجالت آوری هم مرتکب می‌شوند. به عنوان مثال، در

1 - www.defenseone.com/ideas/2015/12/us

2 - Metadata فراداده، داده نما

اواخر سال ۲۰۱۵، شرکت تویتر(twitter)، یک دعوی و دادخواست جعلی را در نیویورک‌پســـت[۱] دنبال کرد. حساب شخصی به نام ایاد البغدادی[۲] را مسدود کرد، که نویسنده، بلاگر مشهور و رهبر بهار عرب[۳] بود. آن روزنامه و تویتر، وی را با خلیفهٔ دولت اســـلامی (یا داعش) اشـــتباه گرفته بودند. این تشـــابه فاحش، فوراً تصحیح شد و وقتی کاملاً شرمسار شده بودند، من گمان کردم که لااقل تأثیر مثبتی خواهد داشـــت و موجب می‌شود تا فهم درســـت و درک جدی از دشمنی که با آن مقابله می‌کنیم، پدید بیاید. با این مجموعه بازیگران عمده و موثر، به شدت نیازمند سازماندهی موثر و رهبری ماهرانه هستند، در غیر این‌صورت، سازمان‌ها به طور پیوسته، در مسیر هم دست‌انداز ایجاد می‌کنند.

کســـی باید این مأموریت اساسی را تعیین کند و تصمیم بگیرد که چه کسی، چه کاری را باید انجام بدهد. همانطور که قبلاً گفتم، یافتن رهبری موثر و کارآمد و گذاشـــتن او در راس مسئولیت ضروری است و اگر به درســـتی کارش را انجام نداد، از شرش خلاص شد و کنارش گذاشت و شخص مُفید و قابل برای آن کار یافت و جانشین کرد.

نمونه جنگ داخلی آبراهام لینکلن[۴] بهترین مثال تاریخی اســـت. وقتی اولیس ســـایمن گرانت[۵] را یافت، ژنرال‌هایش را مرخص کرد، که او هم رفت و در جنگ پیروز شد او سرانجام هجدهمین رئیس جمهور ما شد)[۶]. لینکلن، یکی از بهترین رئیس جمهورهای آمریکا بوده، و کاش امروز هم چنین رهبری می‌داشتیم.

---

1 - New York Post.

2 - Iyad al-Baghdadi.

3 - Arab Spring

4 - Abraham Lincoln

5 - Ulysses S.Grant.

۶ - ۱۸۶۹ – ۱۸۷۷: قهرمان جنگ آمریکا از حزب جمهوری‌خواه

پرسشی جدی باید پاسخ داده شود و آن اینکه آیا باید اکثر وب‌سایت‌های رادیکال را مســدود کنیم؟یا تلاش‌هایمان را در افشاء آنها متمرکز کنیم و آیین و اصول آنها را به چالش کشید؟

> کثرت و تعدد بازیگران شــرکت کننده در ماجرا، شرایط را پیچیده و بغرنج‌تر می‌کند. به عنوان مثال، مســدود کردن و شبکه‌های اینترنتی دشمنان و تخریب تبلیغات و اصول آنها. پای بخش خصوصی شامل شبکه‌های اجتماعی و رساننده (یا تامین کننده) خدمات اینترنتی[1] و ... را پیش می‌کشد. این ایده، نهادها و موسسه‌های مستقل غیرحکومتی را برای کســب و جمع‌آوری اطلاعات مربوط تشــویق می‌کند که شرکت‌های رساننده خدمات اینترنتی (و واسطه دسترسی کاربران به اینترنت) را به طور صحیح مدیریت و اداره کند، که از این راه به آنها کمک کند تا برجســته‌ترین محتوی‌ها را تحلیل نهایی کند...، واحد جدید ارجاع اینترنت اتحادیه اروپا[2] به برخی عبارات بالقوه در تخطی و تخلف‌های خدماتی اشــاره دارد تا حجم قابل توجهی از محتوی مفاهیم تندروانه آنلاین را کاهش بدهد.[3]

شکســت دادن حرکت‌های توده‌ای تــوام با تعصب و تندروی، بخش مهمی از مأموریت‌های ما در قرن ۲۱ بوده است. با همه آنها در هر سطحی و با هر وسیله‌ای مبارزه کرده و جنگیده‌ایم. ارتش آنها را درهم شکسته‌ایم و بهتر است بگوییم که شکست‌شان بدیهی و چاره ناپذیر بود و آن قدرت نژاد برتر اما پســت تاریخ، در مقابله با ایالات متحده، حرفی برای گفتن نداشتند.

ما، برتری خودمان را در زمینه اعتقادی، نظامی، سیاســی نشان داده‌ایم

---

1 - ISP.

2 - EU:European Union.

3 - www.derseane.com/ideas/2015/12/us

و پیروزی‌مان را به رخ کشیدیم که برخی افراد بسیار هوش معتقد بودند - البته لااقل می‌شود گفت برای ایامی - که تاریخ به پایان رسید. زیرا که برتری مدل آمریکایی به حدی رسیده که چالش‌های پیش رو، غیرقابل تصور است و از این پس، خود جنگ‌ها به خاطر رقابت اقتصادی، محدود و محدودتر خواهد بود.

البته اسلام گرایان رادیکال و شرکای آنها نه معتقد هستند که تاریخ پایان گرفته است و نه باور دارند که مدل آمریکایی، مقصد معین مُقتدر برای سلطه بر جهان است - در واقع، در پایان جنگ سرد، در بسیاری از مواقع که امپراتوری جماهیر شوروی با شکست مواجه می‌شد، اعتقادشان را سازمان می‌دادند که البته ما معتقد بودیم شکست حتمی آنان بدست خودشان صورت می‌گیرد.

القاعده اولین سازمان بزرگ جهادی و اسامه بن لادن باور (خام) داشتند که ما به عنوان یک ابرقدرت در اولین ضربه نابود می‌شویم. امروزه هم بسیاری از این نوع سازمان‌ها و نهادهای تروریستی - خصوصاً داعش - که صرفاً در رجزخوانی و ادعا، تخصص دارند را می‌شود به‌راحتی تحت نظارت گرفت و تعقیب‌شان کرد. آنها از منابع مالی، پشتیبانی تسلیحاتی - آموزشی گسترده عملیات تروریستی برخوردارند و دلگرم اند که می‌توانند مثلاً علیه ما کاری موثر انجام بدهند. بسیار احمقانه است اگر ما صرفاً دست روی دست بگذاریم و ببینیم که کی ژست و قیافه تهدید جدی و مشهود بخودشان می‌گیرند آنگاه برای اقدام قاطع، عمل کنیم. چنین امری صرفاً به خون و خونریزی بیشتر منجر می‌شود و ذیقیمت است اگر امروز، قدمی در این راه برداریم.

به طور غیرشگفت آوری، پیش نویس مجوز کنگره برای استفاده از

نیروی نظامی (یا اجازه استفادهٔ از نیروی نظامی علیه تروریست‌ها)[1] - یک جزء کوچک از استراتژی جامعه مورد نیاز ما -، نشانه و علامت آن بود که ما مشتاق ظهور عملی و وجود عینی آنها هستیم. مجدداً باید گفت، این امر، بی‌مسئولیتی و تفکری خطرناک است. بلکه، به جای آن، باید از این مجوز به طور سریع و گسترده، به زبان ساده‌تر و قاطع‌تر و بی‌قید و محدودیت (با اعمال محدودیت‌های غیرضروری) استفاده کرد.

همین محدودیت‌ها و قیدها موجب بسیاری از ناکامی و محروم سازی‌ها در جوامع امنیتی و نظامی ما شد. حتی به طرز قابل توجهی روند تصمیم‌گیری ما را در بسیاری از موقعیت‌ها و هدف‌های متحرک و زورمند) را کند کرد. اگر این مساله به علت عدم اطمینان در رهبری نظامی و امنیتی ما است، از شر این رهبران و مسئولان باید خلاص شد و افراد جدید و کارآمد را جایگزین‌شان ساخت.

اگر این یک استراتژی روشن، منسجم و جامع و شامل همه اجزاء قدرت ملی و دولت آینده نیست، آنگاه باید هیچ مجوز جدید هم در کار نباشد، و همین هم که هست، را کنار گذاشت. اما طبعاً راه‌حل‌هایی برای این مشکل وجود دارند. هر چند، حل مشکلات پیچیده مانند نابودی اسلام رادیکال در کره زمین به رهبری، شهامت و درک و خرد فوق‌العاده‌ای نیاز دارد.

رهبری فقط کسب اجماع آرا[2]، آن هم به شیوه نابخردانه، نیست، بلکه رهبری، واقع بینی، خردمندی، تفکر، میهن‌پرستی و در موقع لزوم، قاطعیت است. باید برخی از آیین و اصول را که در سال‌های اخیر، ما را بزور و فشار وادار به انجام کارهایی کردند، پوست انداخته و کنارشان بگذاریم.

---

1 - AUMF: Authorization for use of military force

۲ - تصویب شده به عنوان قطعنامه مشترک ۲۳ از سوی کنگره در ۱۴ سپتمابر ۲۰۰۱ و بوش این اجازه را در ۱۸ سپتامبر ۲۰۰۱ امضاء کرد تا دسامبر ۲۰۱۵ این اجازه، به عنوان مجوز علیی گروه‌های تروریست اسلامی به کار گرفته شده.

یکی از همین آیین و اصول ناموفق، چیزی مانند دکترین پاول بود، منظورم ژنرال کالین پاول[۱] است!

طبق نظر او، ما نباید از نیروی نظامی تا زمانی که اتفاق آرا و اجماع قوی در محل پدید نیامده، اســتفاده کنیم. این فکر ژنرال پاول، به شدت امکان حرکت ضد جنگ در مقیاس بزرگ را فلج می کند و آشکارا ایجاد مانع در مقابل تلاش جنگی ما است. کالین پاول یک آمریکایی مهم و ماهر است اما دکترین او عقب مانده و نشان از کودنی است.

در آغاز جنــگ، پدید آمدن اتفاق آراء و اجماع در برخی از مســـایل، وجود خارجی ندارد، ممکن اســـت در اواخر جنگ، پدید بیاید. (آن هم اگر بیاید). اگر ما پیروز شدیم، رهبران‌مان تکریم و اگر شکست بخوریم، تحقیر می‌شوند.

در اینجا اختلاف چندانی با گفته ماکیاولی نمی‌بینیم که "اگر شما پیروز و فاتح باشـــید، آنگاه مردم و قضاوت‌شـــان، آن است که هر آنچه شما به کار برده‌اید، شایســـته و بجا بوده"، برنده‌ها همیشه قهرمان‌اند و بازنده‌ها همواره بازنده... برای رهبران نظامی، باید گفت که، برنامه و طرح اهمیت بســـزایی دارد، آغاز هیچ طرحی با خصومت و عداوت، منجر به پیروزی نیست. ما رهبرانی را می‌خواهیم که بپذیرند زندگی سرشار از شگفتی‌ها و حیرت‌هاســـت و ما همواره با اشـــتباه و لغزش همزاد و همراه هستیم. یکی از بزرگ‌ترین و بهترین روسای جمهوری ما در ایام جنگ، فرانکلین روزولت[۲] بود که اظهار داشت وقتی در زندگی، اوضاع بر وفق مراد نیست، باید استراتژی‌ات را به دور بیاندازی و طرحی نو دراندازی!

هر چند، او تأکید دارد که تصمیم گیری دولت برای یافتن اســـتراتژی

---

1 - General Colin Powell

2 - Franklin Delano Roosevelt.

درســـت، امری ضروری و حیاتی اســـت. ما از این نوع رهبرها در تاریخ جهان داشته‌ایم و در هنگام مشقت و لحظات خطیر، مردم حضور داشته‌اند. مثال‌های زیادی از این نوع داریم... از جرج واشـــنگتن، آبراهام لینکلن، تا روزولت و ریگان.

وقتی که با تهدید و خطر در زندگی خود و دوســـتان و هم پیمانان‌شان در سراسر جهان روبرو شدند، به رهبری برخاستند. یعنی اینکه با تحمیل ارادهٔ خود بر دشـــمنان و پیش افتادن از آنان با قوه تعقل و تصورات‌شان پرداختند. آنها با واقعیت دشـــواری روبرو شـــدند. گرچه جرج بوش، به عنوان یکی از بزرگ‌ترین روســـای جمهوری تلقی نمی‌شود، اما بینش و شهامت تغییر استراتژی را در عراق داشت. رهبران فعلی ما – مانند اوباما – هنوز نپذیرفته‌اند که تصمیم‌های اولیه آنها اشتباه بوده، و حتی اقدام‌ها و کنش‌ها و رفتارشان هم بالطبع تصحیح نکردند[1].

این امتیاز و افتخار را داشته‌ام که تحت فرماندهی یک رهبر مهم، مانند ژنرال ســـتانلی مک کریستال، خدمت کنم. و البته هنوز بدرفتاری‌های او برای من، غیرقابل پذیرش است. صادقانه تصور می‌کردم که افراد خونسرد و غیر احساساتی، قدرت مسلط و صاحب نفوذ در واشنگتن خواهد بود و وقتی که او با توبیخ‌های شفاهی و سرزنش‌ها روبرو شد، گفت که به میدان جنگ بازگردیم و از دســـترس رسانه‌ها برای مدتی به دور باشیم (گرچه اصولاً او در رسانه‌ها آفتابی نمی‌شود) مقاله‌ای در نشریه رولینگ ستون[2] بر اساس برخی نظریات و سخنان افسران جزء نوشته شده بود که کاملاً غلط و به دور از واقعیت است. نه به علت فضایی که مک کریستال ساخت)

اگر هر چه هم چنین چیزی رخ داده باشـــد، ستان، یکی از بهترین افراد

---

۱ – بیژن کیان در مصاحبه با صدای آمریکا (VOA) اظهار داشت: اوباما دچار شیدایی سیاسی است!

2 - Rolling Stone

اهل انضباط است که تا بحال به عمرم دیده‌ام. طاقت و بردباری و حرفه‌ای بودن‌اش در هر زمان، قابل قیاس با کس دیگری نیست.

هرگز در مزاح‌های ســـاده، به کسی اجازهٔ تمسخر و استهزاء دیگری را نمی‌دهد و خودش روحیه تواضع و لطیف خاصی دارد. اجازه صحبت در باره سیاست‌مداران را به سادگی نمی‌دهد، آن سخنان منتشر شده در بارهٔ او گمراه کننده‌اند و اما بر خلاف منش وزیر خارجه قبلی آمریکا، هیلاری کلینتون)، ستان، مسئولیت هر آنچه را که در مرکز تحت فرماندهی‌اش رخ داده، با شهامت پذیرفت.

هر کســـی که با ستان آشنا باشـــد، با واقعیت و حقیقت هم آشناست. دبیر کل ناتو، آندرس راسموســـن[۱]، قبل از آنکه اوباما تصمیم به برکناری مک کریســـتال داشته باشند، ســـخنان عالی و دفاعی جانانه از ستان ارائه کرد. بسیاری از ما توقع داشتیم که رئیس‌جمهور به نتیجه‌ای مشابه برسد، خصوصاً وقتی متوجه شد که وزیر دفاع، رابرت گیتس[۲]، و مایک مولن[۳]، رئیس نیروهای ستاد مشترک، هم می‌گویند او را باید در مقامش ابقا کرد.[۴]

ما در افغانستان، کارهایی را شروع کرده بودیم که تأثیرات بسیار عمده‌ای داشت، اما دیگر جدیدترین طرح‌های کارزار، دست نخورده ماند و همه چیز متوقف شد. رئیس جمهور، به هر حال، ملاحظات دیگری داشت. هر چند راسموسن، دبیر کل ناتو، علناً تضمینی نداشت مبنی بر اینکه کدام یک از فرماندهان آمریکا انتخاب خواهد شد، اما در بارهٔ خلع ید و کنار گذاشتن

1 - Anders Fogh Rasmussen.

2 - Robert Gates

3 - Admiral Mike Mullen

۴ – در آن ایام سناتور Mike Pompeo مایک پمپئو از اوباما انتقاد شدیدی کرد که در دولت جدید ترامپ به عنوان رئیس سیا CIA برگزیده شد. فردی ضد اسلام رادیکال و ضد رژیم جمهوری اسلامی ایران که اوباما را بخاطر قرارداد صوری فرجام با ایران به شدت به باد انتقاد گرفت.

مک کریستان، اطلاع چندانی هم نداشت.

وقتی به افغانســتان برگشتم، آن لحظه که تصمیم مبنی بر خلع ید مک کریستال اعلام شد، خیلی‌ها در ستاد فرماندهی می‌گریستند. به نظر می‌آمد دیگر همه چیز را باخته‌ایم. ولی جنگ را نباختیم، هر چند فرمانده‌مان را از دست دادیم. (مدتی بعد متوجه شدیم که ژنرال پترایسن فرماندهٔ برجسته و لایق، به جای او نشست)

ترس و هراس بسیاری از فرماندهان ارشد در افغانستان این بود که مبادا پترایس، استراتژی‌ها را تغییر دهد، و مانند عراق، سیاست عقب‌نشینی را در پیش بگیرد (و باید توجه داشت که در آن ایام، او تجربه مختصری در افغانستان داشت).

من یک دوست را از دست دادم و یک ملت، فرمانده‌ای بزرگ را، کسی که بهتر از هر کس دیگری - در این مدت اشاره شد - می‌دانست چگونه باید دشمنان را شکست داد (و درهم کوبید).

آمریکا، کشــور بزرگی است و رهبران بزرگ، قطعاً در بین حدود ۳۰۰ میلیون نفر جمعیت، یافت می‌شــود. در تقابل بــا این بحران بزرگ، باید امیدوار باشــیم که روند سیاسی گزینه‌های خوبی در اختیارمان بگذارد تا انتخاب کنیم و انتخاب کنندگان آمریکایی، آنگاه، انتخاب عاقلانه داشــته باشند!*

* کتاب در اول ژوئیه ۲۰۱۶ منتشر شد. دونالد ترامپ، در انتخابات ۲۰۱۶ ماه نوامبر آمریکا پیروز و ژنرال فلین، در ۱۸ نوامبر ۲۰۱۶، به عنوان مشاور امنیت ملی رئیس جمهور آمریکا برگزیده شد و در ۲۰ ژانویه ۲۰۱۷، ترامپ به عنوان ۴۵ مین رئیس جمهور آمریکا یاد می‌کند.

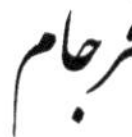

شاید عدم هراس و وحشت از دیدن صحنه‌های وحشتناک سلاخی بی‌گناه‌ها، توسط تروریست‌های جهادی[1]، خوب باشد که دیگر وحشت‌زده نمی‌شویم (و انگار امری عادی شده است). چه بسیار ویدئوها، عکس و توصیف‌ها از بمب‌گذاری انتحاری، سر بریدن، اعدام علنی، قتل و عام گروهی، حتی سنگسار وجود دارند، که دیگر جزئی از همهمه‌های پس زمینهٔ جهان امروز ما شده‌اند.

بارها و بارها از آنها شنیده‌ایم که «ما، خواهان مرگ هستیم و شما شیفتهٔ زندگی[2]» و یا چه بسیار آهنگ شعارهای «مرگ بر آمریکا» به گوش‌مان خورده است. و ظاهراً هنوز، آن‌طور که باید و شاید و بقدر کفایت، رهبران ما و چه بسا حتی اکثر مردمان ما، به جنگ قطعی علیه این مردمان وحشی (و احمقان پرگو[3]) که چنین کردار و رفتاری دارند، برنخاسته‌اند.

(مثلاً) «سیاست سنجیده‌روی سیاسی» ما را منع کرده که علیه آنها اظهار کنیم که اسلام‌گرای رادیکال (تندرو و افراطی) هستند، و سرآمدهای اندیشه‌ورز، نخبگان دانشگاهی، قدرت حاکمه، زبدگان سیاسی از جنگ و کارزار علیه آنان، طبعاً، دست شسته‌اند.

دیگر جای شگفتی و تعجب نیست اگر ما شکست نخوریم. آنها مجانی

---

1 - Jihadi Terrorists.

۲ از قبل از هجمهٔ شورش ۱۳۵۷، گروه‌های تروریستی اسلامی یا کمونیستی - مارکسیستی در پی تبلیغ فرهنگ شهادت در ایران بودند

۳ - در لغت‌نامه دهخدا (به نقل از ناظم‌الاطبا) برای معنی واژه بربر، «احمق پرگو» آمده است.

ســـوارند (و بازخواستی هم نیست!). گویا، اگر ما به حوادث اولیهٔ جنگ بازگردیم، حداقل به نیم قرن پیش، می‌توانیم ماهیت و جوهر واقعی آن را درک کنیم، و آن اینکه در برابر تهدیدی که روبرو شده‌ایم باید اقدام فوری و مبرم داشته باشیم.

کاملاً متقاعد شـــده‌ام، که بدون درک و حس مطلوب به ضروری بودن امر، ما عاقبت شکست خواهیم خورد، و بر ما چیره خواهند گشت و بطور محتمل نابودمان می‌کنند و باید در مغز و اندیشه جهادی‌ها نفوذ کنیم. باید از خیلی وقت پیش به چنین کاری همت می‌گماردیم، زیرا هدف آنها از حدود نیم قرن اخیر، مشهود و روشن بوده است.

در ۲۸ نوامبر ۱۹۷۱، نخست‌وزیر اردن[1] توسط تروریست‌های وابسته به ساف[2] در هتل قاهره[3] ترور شد. وقتی که جنازه به زمین افتاده بود. «یکی از تروریست‌های، بالای سرش رفت و (زانو زد) و خون او را که (روی کف سنگ مرمر) می‌پاشید، لیس می‌زد».

آن‌طورکه لاورنت مارویک[4] در کتابش «تفکر جهاد یا ذهنیت جهادی[5]»

---

۱ - وصفی التل (Wasfi al-Tal) وی در سپتامبر ۱۹۷۱ و در جریان سرکوب فلسطینی‌ها تروریست و مسلح وابسته به یاسر عرفات و الفتح در اردن - مشهور به سپتامبر سیاه - نخست‌وزیر و وزیر دفاع اردن بود. وی (بعد از شاه و عبدالله اول، هزاع المجائی) سومین مقام عالی‌رتبه سیاسی اردن بود که در طول سال‌های ۱۹۵۱ تا ۱۹۷۱ ترور شد. البته گروه یاسر عرفات آن را «مقاومت» نامید!

۲ - PLO: (یا منظمه التحریر الفلسطینیه) سازمان آزادی‌بخش فلسطین (یا بطور مخفف: ساف)، کنفدراسیونی از احزاب فلسطینی که در ۱۹۶۴ تاسیس شده است.

۳ - در لابی هتل شرایتون قاهره (Sheraton Cairo Hotel)، ۴ تروریست وابسته به سپتامبر سیاه (Black September)، وقتی که وصفی برای دیدار اتحادیه کشورهای عرب وارد قاهره شده بود، و در لحظه مرگ گفته، آنها مرا کشتند. قاتل‌هایی که فقط به گلوله و ویرانی باور دارند.
(Shair, Kamal A.(2000) out of the Middle East, P.240); Bruce Hoffman (Dec.2001), “All you need is love: How the Terrorists stopped Terrorism”, The Atlantic.

4 - Laurent Murawiec.

5 - The mind of Jihad, Cambridge University Press, Aug.11.2008.

نوشته است:

"امری تفکیک ناپذیر است"... از تروریسم اسلام معاصر که بت‌سازی و پرستش خون است تا ستایش و تقدیس وحشیگری، هوس و جنون کشتار تا پرستش و مدح مرگ...

بلندمرتبه‌ترین مراجع مذهبی هم آن را به رسـمیت شناخته‌اند و (و به دیده اغماض بدان می‌نگرند). روشـنفکران و رسانه‌ها هم تعریف و تمجیدشان می‌کنند... تا آخر جهان، که یک مسلمان باقی باشد این حکایت باقی است.

آیا می‌خواهید یک انسان مشتاق خون آشامی (که در پی لیسیدن خون دشمنانش هست)، بر شما حکمرانی کند؟ گاه چنین پرسش‌هایی، هرگز پرسیده نمی‌شوند. هنوز هم، اگر شما اسناد قابل دسترس عموم مربوط به داعش را بخوانید که در بارهٔ قصد و نیت آنان اسـت، بدون شک در پی آنند که بر ما مستولی شوند و خونمان را بیاشامند. این جنگ و نبرد، صرفاً بخاطر تسلط بر چند صد کیلومتر مربع، شن و ماسه در بیابان‌های سوریه، عراق یا لیبی نیست.

آنها، همه چیز را می‌خواهند. آن‌طور که در نوشته‌هایی از افراد داعش، به طور مشهود و مشخص آمده است:

«باید این حقیقت را پذیرفت که این خلافت، باقی می‌ماند و کامیاب می‌شـود تا بر کل جهان، مسلط شود و گردن آخرین کسانی که علیه "الله"، تمرد و یاغی‌گری کرده‌اند، از تن جدا شود... حقیقتی تلخ است، اما آن را هضم کنید (و بپذیرید)[1].

(آنگاه) زندگی ما، اگر این جنگ را ببازیم، چگونه خواهد بود؟ حقیقت امر اینکه، پاسـخ به این پرسش، ساده است. زندگی ما بسان مردم بخت

1 - www.usatoday.com/news/world/2015/07/28

برگشته (و سیه روزی) است که تحت حکمرانی "خلافت" داعش هستند و یا مردمان جور کشـــیده و ستم چشیده ایران که تحت فرمانروایی رژیم جمهوری اســـلامی امروزه، روزگار بسر می‌برند، در سیطره دولت و نظام اســـتبدادی (و زیر لوای حکومت مطلقـــه‌ای[۱]) که قرائت و نگرش بدون انعطاف و سختی از شریعت[۲] هم تحمیل شده است.

دولت‌های اســـلامی که مانند «ک گ ب»[۳] روسی یا نازی «اس اس»[۴]، شهروندانش علیه همدیگر جاسوسی و خبرچینی می‌کنند، و سهم رژیم هم آن اســـت!یا به قتل و عام آنان می‌پردازد و یا مجازاتی کمتر برای آنها (که چندان وفادار شناخته نشده‌اند)، در نظر می‌گیرد.

چنین سیستم و نظامی را هم در رژیم جمهوری اسلامی ایران و هم در خلافت داعش می‌بینیم. حقایق در بارهٔ ایران، شناخته شده و مشهورند. در مورد داعش هم می‌دانیم که این سیستم از اول به طور هدفمند، ساخته و پرداخته شده است. در تابستان ۲۰۱۵، نشریه اشپیگل آلمان، مجموعه‌ای از طرح‌های مربوط به ایجاد خلافت منتشر کرد که با اعمال کنترل و تسخیر محورها و روستاهای موجود فعلی شروع می‌شد.[۵]

روند ایجاد سیستم امنیتی داخلی، خیلی مفصل و پر از جزئیات است. افراد زیادی برای بخش‌های (خدمات) مذهبی در نظر گرفته می‌شـــوند، و یک یـــا دو نفر از زاهدان متقی و دیندار (برای این منظور) اســـتخدام

---

۱ ولایت فقیه

۲ - گاه مترادف دین اسلام است. و معتقدند که این راه و روش و آیین (ساخت بشر!) را خداوند برای بندگان خود وضع و روشن ساخته و چنین تبلیغ می‌کنند که ظاهراً قانونی است که پیغمبران (که جملگی از منطقه خاورمیانه سر برآورده‌اند!) از جانب خداوند عالم برای مردمان آورده‌اند و البته شریعت هر پیغمبری بر حسب مقتضیات زمان و مکان و امت و قوم او با شریعت دیگری فرق دارد. اما می‌گویند همه این شریعت‌ها از جانب خدا نازل گردیده است!

3 - KGB

4 - Nazi SS.

5 - www.spiegel.de/international/world/islamic.state-files

می‌گردند.

به آنها تعلیم داده می‌شود که اطلاعات لازم را از همسایگان خودشان به این صورت جمع‌آوری کنند!

- تهیه فهرست و شناسایی خانواده‌های قدرتمند و بانفوذ
- نام بردن و شناسایی افراد بانفوذ در داخل این خانواده‌ها
- کسب اطلاعات در بارهٔ منابع مالی و درآمد آنها
- نام بردن افراد و میزان با نفوذ دسته و تشکیلات (یاغی‌ها) در داخل روستا
- نام بردن افراد رهبران و فرمانده‌های تشکیلات این یگان‌ها و تعیین گرایش و تمایل سیاسی آنها
- نام بردن افراد دارای فعالیت‌های غیرقانونی‌ها (البته طبق شریعت اسلام) که ممکن است در صورت نیاز (با تهدید) از آنها اخاذی کرد.

به جاسوس‌ها و خبرچین‌ها گفته می‌شود که این جزئیات دقیق را در نظر بگیرند که آیا، کسی مُجرم، بزهکار، هم‌جنس‌باز، افراد دارای روابط مخفی (روابط پنهانی و غیرشرعی)، و یا دارای مهمات است، (اطلاعات جمع‌آوری شود) که بتوان در وقت لزوم از آنها باج‌خواهی کرد.

حاجی بکر می‌گفت: "ما باهوش‌ترین‌ها (از متقاضیان) را به عنوان "شیخ شریعت" برمی‌گزیدیم... برای مدتی به آنها آموزش می‌دادیم و سپس، به مناطق مورد نظر، اعزام‌شان می‌کردیم. "مانند یادداشت الحاقی و پیوست، به گفته‌اش می‌افزاید که "برخی از برادران(!) در هر شهری انتخاب می‌شدند تا با خانواده‌های صاحب نفوذ ازدواج کنند تا (برای حفظ امنیت) در چنین خانواده‌هایی که اطلاع و آگاهی کافی و وافی هم نداشتند، نفوذ کنند".

کسی که این نمودار و الگوی دولت اسلامی یا داعش را ترسیم می‌کند[1]، حاجی بکر[2] است، که خوب برای مأموریت‌اش تعلیم دیده بود و سرهنگ دایره حفاظ اطلاعات نیروی هوایی صدام حسین بود، که بدان معنی است، او با بلوک شرق، همتای روس، همکار داشته.

این مدارک، توسط نشریهٔ اشپیگل افشا شد، مدارکی که به سبک تولید ک.گ.ب بود، و حاجی بکر، بدون شک و تردید، کُد شریعت را پذیرفته و شرایط لازم در ورع و تقوی و خداترسی هم داشته که صدام در دو دهه آخر حکومت استبدادی و ستمگرانه‌اش، او را فردی مجاز و مُختار تشخیص داد.

داعش، از قتل و عام افراد خودش حتی جنگجویانش هم ابائی نداشته است، در صورتی که (خیانت) اثبات بشود، برای مأموریت خلافت اسلامی، شایستگی و لیاقت ندارند.

۱۱ نفر از تروریست‌های داعش که پس از شکست در رمادی[3]، قلعه نظامی و دژ گروه‌های تروریست عراقی در موصل[4] فرار کردند، طبق

---

۱ - طبق اعلام اشپیگل: ۳۱ صفحه جدول و فهرست دست‌نویسی شده با توضیحات دست‌نویس و طرح و نقشه تشکیل یک کشور

۲ - حاجی بکر اسم مستعار، افسر سابق اطلاعاتی صدام حسین با نام سمر عبد محمد الخلیفاوی، طراح اصلی و مغز متفکر تشکیل سریع گروه داعش و انتشار و سیطره آن بر شمال سوریه بوده است. در ایام صدام تجربه و تکنیک‌هایی را به اشکال مختلف به دست آورده بود. طبق گزارش اشپیگل فردی تندخو و انعطاف‌ناپذیر، دقیق، شرور، خستگی‌ناپذیر با صورتی پوشیده از ریش پرپشت و سفید بود. که پس از ۲۰۰۳ بیکار بود. در سالهای ۲۰۰۶ – ۲۰۰۸ در بازداشتگاه‌های آمریکایی‌ها مانند زندان ابوغریب در کنار افرادی با تفکرات تکفیری هم سلول بوده و تاثیر گرفته است. پس از آزادی به فلوجه می‌رود.
سال ۲۰۱۴ در درگیری ارتش سوریه با داعشی‌ها در حلب سوریه کشته شد. مدارک وی در خانه کوچکی در منطقه جنگ زده شمال سوریه بود. بعد از ماه مارس ۲۰۱۴، در ماه آوریل آن اسناد قاچاقی به ترکیه رفت و اشپیگل منتشر کرد.
حاجی بکر در خانه‌ای کاملاً معمولی در شهر کوچک تل رفعت در شمال حلب ساکن بود.

3 - Ramadi.

4 - Mosul.

منبع خبری فاکس نیوز[1]، در میدان اصلی شـــهر، زنده زنده سوزانده شدند، تا یک پیام خالی از اشتباه و سوءتفاهم برای جنگجویانی باشد که به‌زودی باید از شهر شمالی در مقابل نیروهای حکومتی دفاع کنند.

برخی از افراد ساکن شهر موصل، حکایت‌های وحشتناکی را دربارهٔ داعش توصیف می‌کنند که چگونه وقتی این جهادی‌های سیاه پوش به شهر موصل رسیده‌اند، چه استقبال مهلک و کشنده (از مردم بی‌گناه و غیرمسلح) شهر داشته‌اند.

حدود ۲۵۰ مایل از شـــمال شهر در عملیات نیروهای عراقی بازپس گرفته شـــده اســـت که از حمایت و کمک نیروی هوایی آمریکا هم برخوردار بوده‌اند.

فاکس نیوز، روایت یکی از ســـاکنان ســـابق شمال عراق که الان در آمریکا بســـر می‌برد، و می‌خواهد به نزد خانواده‌اش باز گردد، پخش می‌کند که وی می‌گوید:

«بصورت گروهی بودند و حلقه‌ای تشکیل می‌دادند» و سپس شلیک می‌کردند (و مردم را می‌کشتند)!

برخی از عراقی - آمریکایی‌ها و آوارگان فعلی با داشتن فامیل و آشنا در موصل می‌گویند که داعـــش در رمادی گفته "اگر مقاومت کنید، اعدام خواهید شد"!

این همان بلایی اســـت که در صورت شکست در این جنگ، بر سر ما هم می‌آید. با وجود همهٔ این نوع سانسورهای شوم و ترسناک[2]، ما متوجه گروه‌هایی مانند داعش، القاعـــده و طالبان یا رژیم‌هایی مانند "جمهوری اسلامی ایران، کُره شمالی، کوبا" هستیم!

---

1 - Fox News.

۲ - منظور سانسورها در ایام اوباما است.

در ســـرزمین‌های اســـلام‌گرایان، آواز و نغمه‌ای نیست، زنان باحجاب (اسیر)، اکثراً در خانه‌ها نگه داشته می‌شوند، به هیچ زنی در انظار عمومی (آزادانه) اجازه حضور داده نمی‌شود. مگر اینکه به همراه یک مرد باشد.

هیچ گردهمایی عمومی غیررسمی، هیچ نقدی از حُکام و هیچ آزادی یا قدردانی از آزادی وجود ندارد، بلکه اعلام علنی برای نگه داشتن همگان در ترس و رعب و نیز حملات تروریســـتی یا یورش مسلحانه تمام عیار علیه مخالفان و منتقدان) در خارج از خلافت برقرار است. زندگی ما بطور عمیق وابسته به این، نمایش و سرگرمی است، اما این رژیم‌های اسلامی، از این دست دشمنان ما هستند که قصد و نیت‌شان، تحمیل (افکارشان) بر ماست، زیرا (فقط) علاقمندند تا لذت، شادی و زیبایی را نابود کنند.

به یاد داشـــته باشید که طالبان وقتی بر افغانســـتان، حکمرانی می‌کرد، موســـیقی، حرام بود و امروزه هم در (زیر ســـایه حضور رژیم جمهوری اســـلامی) ایران، شهروندان ایرانی از آواز و موسیقی و نغمه (و رقص) در خیابان (و کوی و برزن شـــهر) ممنوع هستند، و حتی چامه و شعرها هم در بسیاری موارد تبعید می‌شوند! و چامه‌سرایان و شاعران هم به مجازات می‌رسند.

در اکتبر ۲۰۱۵، دو شـــاعر (پُســـت مُدرن) ایرانی – که یکی از آنها زن بود – به زندان افتادند و به ۶ و ۱۱ ســـال و ۱۰۰ ضربه شـــلاق محکوم شدند، به خاطر سرودن شعرهایی، که قاضی (و حاکم) دوست نداشته و یا نپسندیده است!... (البته) قُضات اسلامی و پیگرد کنندگان، برای مجازات چنین افرادی به شـــواهد مســـتدل و محکمی نیاز ندارند، همین که آنان می‌توانند فکر نویسندگان را بخوانند، کافی است!

هر چند، قاضی اسلامی (دادگاه انقلاب) در تهران، اصرار دارد که فاطمه

اختصاری[۱]، شعرهایی مبهم و دوپهلو دارد، که بدان معنی است که بیانگر «یک پیام سیاسی خطرناک است که مردم را تشویق می‌کنند که از دین و ایمان واقعی فاصله بگیرند.»

«او چیزی می‌نویسد اما منظورش چیز دیگری است». حیله و حقهٔ او آن است که چیزی را مستقیم نمی‌گوید، یک فاصله‌ای با این تفکر خطرناک ایجاد می‌کند و...»[۲]

علاوه بر مجازات زندان، کتاب‌های این شاعران هم جمع‌آوری و توقیف شـــدند و شاعران خودشان را از جامعه (وسایل ارتباط جمعی و) مجازی دور نگه داشتند. در افکار عمومی، نمی‌شود نام‌شان را بُرد، در رسانه‌های داخلی چه کاغذی، چه اینترنتی هم، نمی‌شـــود اسم و عکس‌های‌شان را منتشـــر کرد[۳]. اما به قول نویسنده و شـــاعر برجسته و مشهور انگلیسی، ساموئل جانسون[۴]، با فصاحت و بلاغت می‌گوید که، "شاعری، هنر ترکیب لذت و واقعیت است".

امروزه روز، مردمان ایران نمی‌توانند دربارهٔ وجود شـــیاطین شـــریر در داخل رژیم جمهوری اسلامی - حقیقت و واقعیت را ابراز دارند - و این ناتوانی در گفتن، آنها را (و نیز ما را) به آنجا رسانده که نتوانند (شادی و)

---

۱ - فاطمه اختصاری. دانشجوی اخراجی دکتری رشته مامایی، متولد خرداد ۱۳۶۵، کاشمر، از شاعران پست مدرن. در ۲۱ مهر ۱۳۹۴ به همراه مهدی موسوی (دکتر داروساز، متولد ۱۳۵۵تهران، شاعر) که با حکم دادگاه انقلاب تهران به ترتیب به ۱۱ و نیم و ۹ سال حبس و ۹۹ ضربه شلاق محکوم شدند. سپس از کشور خارج شدند. دادگاه، آنها را همکار شاهین نجفی (خواننده) می‌دانست. قاضی مُقیسه، حکم اولیه آنها را توهین به مقدسات اسلام و شرع اعلام کرد!...

۲ - مطلب امیر طاهری در www.english.aawsat.com در ۲۰۱۵/۱۱

۳ - البته نویسنده توجه ندارد که در فضای رسانه‌های داخل و خارج از کشور سانسور حکمفرماست. حتی در صدای آمریکا (VOA)، بی بی سی فارسی (BBC) و رادیوفردا و ... فضای محفلی برقرار است. و سخن منتقدان رژیم ایران، یا اپوزیسیون و یا تجزیه‌طلبان و ... بایکوت می‌شوند.

4 - Dr.Samuel Johnson.

لذت واقعیت ره‌آورد زندگی را بچشند.

قصد و هدف دولت اسلامی، توسط نویسنده ایتالیایی، موریز و مولیناری[1]، نویسنده بهترین کتاب[2] در باره داعش، به‌درستی و زیبایی توصیف و تشریح شده است:

> خلافت با سه مشخصه تعریف و توصیف می‌شود: "ارجاع به منشاء اسلام" ... "سرزمین اعراب در خاورمیانه" و ایدئولوژی و مسلک اصلی در استفاده از خشونت مطلق، علیه دشمنان (که شیعه، مسیحی، یهودی و همه سنی‌ها آنها را یا پروژه دولت (اسلامی)، و یا تشکیل دولت را نمی‌پسندند[3]...

اسلام رادیکال در پی آن است که دولت اسلامی بزرگتری بر اساس دستور و فرمان کهن اسلام رادیکال بسازد و آنها کاملاً آماده به کارگیری اوج خشونت و قساوت برای به دست آوردن آنچه می‌خواهند، هستند. دولت اسلامی و جنبش‌های تروریستی متحد و شریک آنان، از بسیاری جهات، بسیار منظم هستند. هر چند که آنان، خصوصاً در حیطه قلمرو و پهنهٔ خودشان، در هنگام کشتار و سرکوب دشمنان‌شان بسیار ناکارآمد و بی‌کفایت‌اند.

امری اتفاقی نیست که اسلام گرایان رادیکال در آمریکا، خیلی جدی تشویق شده‌اند که با یک اسلوب معین، موقعیت ثابت و معتبر برای شریعت به دست بیاورند، تا هر انتقادی از اسلام را ممنوع کنند، بلکه همه این‌ها، قدم‌هایی در جهت خلق یک دولت اسلامی در همین جا، داخل خاک آمریکا می‌باشد.

---

1 - Maurizio Molinari.

2 - il Califfato del Terror:Perchélo stato Islamico minaccia l'occidente

3 - www.cmc-terrasanta.com/video/the-caliphat-history-and-the-threat-of-terrorism.

بایـــد ضمن عقیم و خنثی کردن این تلاش‌ها و اقدام‌ها، فضای انتقادی علیه حامیان آنها ایجاد کنیم و همانطور که پیش‌بینی می‌شـــد، بسیاری از مسلمانان آمریکایی هستند، که علناً علیه رشد و توسعه اسلام رادیکال در آمریکا سخن می‌گویند، (پیروان) توسط اسلام رادیکال در داخل کشورمان تحت نظر گرفته می‌شوند، و تا حدی توسط افرادی که داخل حکومت ما، از نظر سیاسی تحریک شده‌اند، بایکوت می‌شوند!

با در نظر گرفتن همه جوانب امر در این کارزار، (چنین مسائلی) صرفاً موضوع بحث روشنفکری نیســـت. آیان هیرسی علی[۱]، یک زن مسلمان واقعاً شـــجاع و نویسنده برجسته و فعال، مجبور شد که محافظ شخصی استخدام کند، آن هم به خاطر وجود دشمنان (مسلمان) رادیکال، که مبادا از بی‌شمار تهدیدهای مرگ علیه او، یکی عملی شود.

اگر ما نتوانیم از اسلام رادیکال در داخل کشور خودمان انتقاد کنیم، نه می‌توانیـــم با آنها در آمریکا و نـــه در خارج از آن مبارزه کنیم. هر چند ما نمی‌توانیم یک صحنهٔ نبرد با مسلک و آرمان موثر در آمریکا پدید بیاوریم. تا توانیم (به نحو مؤثر) جهادی‌ها را در میدان‌های جنگ، در جاهای دیگر، شکست دهیم. زیرا ما نمی‌توانیم سرشت و ماهیت (واقعی) دشمنان‌مان را بشناسیم. مدت‌ها پیش، سان تزو[۲]، به نسخه‌ای برای شکست دادن قطعی اشاره کرد.

می‌توانیـــد با نگاهی به قوانین مربوط جنگ‌هـــای ما در جاهایی مانند افغانســـتان، به تصمیم ما برای جلوگیری و ممانعت از هزینه‌های «اسلام هراسی[۳]» پی ببرید. الی لیک[۴]، نویسنده جدی و پیگیر، در این باره می‌نویسد:

---

1 - Ayaan Hirsi Ali.

2 - Sun Tzu

3 - Islamophobia.

4 - Eli Lakes.

"ممنوعیت واقعی علیه حضور داعش در افغانســـتان وجود دارد." و مک تورنبری[1]، مسئول کمیته نیروهای نظامی در بارهٔ نحوهٔ درگیری با دشمن توسط نیروهای آمریکای، توضیحاتی می‌دهد. و می‌گوید که "قوانین مربوط به درگیری با دشـــمن، شامل مدیریت جزئی از کاخ ســـفید هست که به افسران نظامی می‌گوید، قبل از شلیک به دشمن، انجام چند مرحله ســـنگین و غیرضروری (و در قدم اول بار شلیک اقدام نکنند)

فهم من آنست که (چنین رویه‌ای) خیلی مغشوش و گیج کننده، بزرگ کردن مجموعه نیازهاست. به گمان من این مراحل غیرضروری برای افراد من، انجام مأموریت‌شـــان را با مشـــکل روبرو می‌کند... به طور مشـــخص به آن مراحل اشاره ندارد و می‌گوید: «اگر عموم مردم این همه محدودیت و ممنوعیت در ســـر راهِ ســـربازان ما را بدانند، قطعاً رضایت نخواهند داشـــت و اگر دشمن هم بویی ببرد، جلوتر خواهد آمد![2]

تا جایی که من می‌دانم، این امر، بســـیار مخاطره‌آمیز و خطرناک است. قوانین درگیری با دشمن، بنابه خصلت‌شان، برای دور نگه داشتن دشمن از شـــناخت استراتژی ما طبقه‌بندی شده‌اند. تا دشمن، کشف نکند که آیا ما آنها را می‌کشیم یا تنها به زخمی کردن سطحی آنان اکتفا می‌کنیم. این قوانین درگیری با دشمن، باید بسیار ساده و قابل فهم باشند.

این موضوع مربوط به میدان جنگ یا عرصه نبرد امروز ما نیســـت اما بسیار نامطلوب و پرخطر است؛ چون سربازان و تفنگداران و تکاوران ما را در نابودی دشمنان ملت ما محدود می‌کند و می‌شود گفت که دست و پای آنها را در اقدام‌هایی که تعلیم دیده‌اند، می‌بندد.

---

1 - Mac Thrnberry.

2 - www.blombergview.com/articles/2016=01-12/ruls of enagement

جمله‌ای مشـــهور از جنگ ما در بانکرهیل[1] باقی مانده هســـت[2] که تا ســـفیدی چشمان آن‌ها را ندیده‌اید، شـــلیک نکنید!» بدان معنی است که باروت خود را تا زمانی که واقعاً به شما نزدیک نشده‌اند، حرام نکنید!» و این مشابه همین قوانین (دست و پا گیر) درگیری با دشمن است. و یقین دارم، همانطور که آن دســـتور اعلان شده در این یگان‌های مختلف اجرا می‌شود، افراد ایستاده بر خط آزادی، همگی به روشنی فهمیده و می‌دانند که برای نابودی دشمنان‌شان در روز موعود، چه نیاز است و چه باید کرد.

آن‌ها که با شـــهامت و دلیری، آن روز را در میدان جنگ و عرصه نبرد، رهبری خواهند کرد. لزوم وضوح و روشـــنی هدف و زبان ساده برای آن سربازان، را تشخیص خواهند داد و امروزه هم ما بدان وضوح و روشنی در هدف نیازمندیم. بطور خلاصه، ما برای پیروزی در افغانستان یا هر میدان جنگ دیگر، نجنگیدیم ما افراد محلی را تعلیم دادیم، (مستشـــارهای ما) مشاوره دادند و وقتی سربازان ما، وارد جنگ شدند، با این قوانین (دست و پاگیر) دیگری در جنگ روبرو شـــدند که کارآیی‌شان را در دفاع کاملاً محدود کرد.

وقتی موضوع به ایران می‌رسد، به ظاهر ما خوشحال بودیم از دیدن این صحنه که در اواسط ژانویه ۲۰۱۶، نیروی دریایی وابسته به سپاه پاسداران (رژیم جمهوری اســـلامی) ایران، دو کشـــتی ما را متوقف و ۱۰ ســـرباز امریکایی را دســـتگیر کردند و حتی آنها را وادار کردند تا زانو بزنند، تا به دست‌شان از پشت، دستبند زده شود[3].

---

1 - Bunker Hill (Boston, 1735)

2 - www.bloombergview.com/articles/2015-01-12

۳ - در ۲۳ دی ۱۳۹۴ در خبرگزاری تسنیم، روابط عمومی نیروی دریایی سپاه پاسداران انقلاب اسلامی از توقیف به شناور رزمی آمریکایی و دستگیری سرنشینان آن توسط، واحدهای شناور رزمی این نیرو در خلیج فارس خبر داد که روز ۳ شنبه ۹۴/۱۰/۲۲ در ساعت ۱۶/۳۰ با دستگیری ۱۰ نفر تفنگدار مسلح رخ داد. که البته بعدها بطور رسمی اعلام شد. علت اشتباه در مسیریابی بوده است. اما سردار فدوی و ۴ فرمانده دیگر سپاه، نشان فتح دریافت کردند!

ایرانیان علناً اعلام کردند که این نشانه "اثبات بزرگی قدرت" آن کشور است، در حالی که کاخ سفید و وزارت خارجه، گفتند این نشانه عقل و دیپلماسی آنها و استراتژی آنان در قبال (رژیم جمهوری اسلامی) ایران بوده است. از آن قبیل اقدام‌های شرم‌آور و ننگین، می‌تواند به تشویش دشمنان ما برای برداشتن قدم‌های دیگر علیه ما بیانجامد. اگر آنها، هیچ هراسی از نیروی دریایی آمریکا نداشته باشند، آن وقت چه چیزی آنها را مهار خواهد کرد؟

رئیس سپاه پاسداران گفت که ناو هواپیمابر ترومن[1] و نیز شارل دوگل فرانسه "در تیررس موشک‌های ما بودند و اگر کار غیرحرفه‌ای خود را ادامه می‌دادند، انهدام قطعی آنها را به دنبال داشت و فاجعه‌ای رخ می‌داد که در طول تاریخ برای آنها اتفاق نیفتاده بود. آنها در معرض شلیک‌های ما بودند، و موشک‌های ساحل به دریا و قایق‌های تندرو موشک‌انداز نیروی دریایی سپاه، در آمادگی کامل بودند"[2].

علاوه بر این، تلاش سربازان و نیروهای ما، (اوضاع را) خرابتر می‌کرد. چه کسی می‌خواست اعزام ناو به مأموریت را انجام بدهد و یا آرایش نظامی بگیرد؟ (آن هم وقتی که فرمانده کل (قوای) شما، باراک اوباما، دستگیری‌تان توسط بدبین‌ترین دشمن‌مان را جشن گرفته!).

چه کسی در نیروی نظامی ما داوطلب می‌شد که برای نیروهای ما که توسط تروریست‌ها (آنهم توسط رژیم حامی پیشتاز در حمایت از تروریسم در جهان) نابود یا جمع شده‌اند خدمتی انجام بدهد؟! بحرانی واقعی بود. با بحرانی مشابه در عراق (سال ۲۰۰۹) هم روبرو شدیم و آن هنگامی بود که کاخ سفید، استراتژی و راهبردش را از "ضربه" به "عقب‌نشینی کردن"

---

1 - Truman.

۲ – در اینجا عین سخنان علی فدوی از سایت «خبرگزاری ایران» گرفته شده است. (۲۳ دی ۱۳۹۴)

تغییر داد.

منابع نظامی لازم و مورد نیاز را هم تدارک ندیده بودند، که امنیت واقعی برقرار باشد و یا پیروزی سخت بدست آمده (همچنان) باقی بماند. جامعه امنیتی، بطور مطلوب و سـریع، موافق نبود. و به دلایل سیاسـی و اداری یا اجرایی هم امروز، تعدیل نشـده است. یک استراتژی و راهکار جدید باید وجود داشته باشد و امنیت باید آن را کنترل کند، همانطور که از سال ۲۰۰۱، آمریکایی‌ها با تلاش‌هایشان در میدان‌های جنگ، موفق بوده‌اند.

اطلاعات درسـت و موثق، با تعریف و تشخیص درست و شفاف این دشمنان شروع شده است. باید در فرض‌های خودمان، تردید کنیم - آنها واقعاً و علناً فرضیاتی غلط بودند، چون چیزی انجام ندادیم که نشانگر و بیانگر استراتژی پیروز و موفق باشد. الان، اعتبار ما وجود خارجی ندارد. شـهرت ما، به خاطر نیروی نظامی و توانایی ما در تعلیم نیروهای جنگی موثر و کارآمد در خاورمیانه، با تردید روبرو شده و حتی برآورد و ارزیابی اطلاعاتی (و امنیتی ما) در هاله‌ای از ابهام قرار گرفته.

بسیاری از افسران ارشـد اطلاعاتی ما متهم شده‌اند که تصویر غلط و تحریف شده از جنگ عراق، سوریه، افغانستان ارائه داده و در تشخیص‌شان اشـتباه کرده‌اند، در ابتدا، مربوط به بزرگ‌ترین اردوگاه تعلیمی القاعده در تاریخ افغانستان بود. و حتی انتخاب‌مان بهتر نبود.

[سه سال قبل از حمله تروریستی بنغازی[1] به محوطه دیپلماتیک ما که در عالی‌ترین نوع ممکن، افکار عمومی را بسوی خود جلب کرد و حوادث اصلی هم بصورت فیلم درآمد] و نه، تحقیقات تهاجمی کنگره توسـط آدم‌کش‌های سفیر آمریکا، وسیله تضمین بود[2].

---

1 - Benghazi Terrorist Attack.

۲ - در شامگاه ۱۱ سپتامبر ۲۰۱۲، تروریسم اسلامی به مجموعه دیپلماتیک آمریکا در بنغازی (لیبی) حمله کردند. و سفیر امریکا (کریستوفر استیونز) و شان اسمیت (مسئول مدیریت

و الآن، پس از نزدیک به ۱۵ سال پایداری و ایستادگی در جنگ بی‌پایان در موقعیت و جایگاه خوبی نایستاده‌ایم. باید، همکاری توام با بی‌مبالاتی را متوقف کنیم، مرتباً آرایش نظامی درست با اعزام به مأموریت - یک سال در داخل و یکسال در خارج - داشته باشیم، و باید پیروز شویم!

باید در مراکز و نهادهایمان تغییراتی بدهیم و این تغییر و دگرگونی هم مستلزم شجاعت و توان فکری به همراه شهامت و توان فیزیکی سربازان ما در میدان جنگ است که بتوانیم به نمایش بگذاریم. رهبران (سیاسی) در واشنگتن، از کاخ سفید تا پنتاگون و تا ستادهای فرماندهی (نظامی)، نشان دادند که اهل عمل نیستند.

ما با دشـــمنی می‌جنگیم که قصد پیروزی (و چیرگـــی) دارد، و بطور مشروع (البته به‌زعم خودش) معتقد است که برنده میدان است، و این امر موجب گشودن جبهه در داخل خاک وطن ما خواهد شد. (پس)، ضروری است که استراتژی بُرد و راهبردی برای پیروزی، داشته باشیم.

وقتی این استراتژی و خط مشی در نظر گرفته شد، باید:

۱. بطور کامل محیط خود را ارزیابی کنید و آشکارا دشمن‌تان را مشخص و تعریف کنید.

۲. با واقعیت روبرو شوید، هر چند که برای سیاستمداران، چندان کار سهل و ساده‌ای نیست.

۳. مفهوم اجتماعی و بافت محیط عملیاتی خود را درک کنید.

۴. شناسایی کنید که چه کسی مسئول نیروهای دشمن شما است.

اطلاعات سرویس خارجی آمریکا) را کشتند. و سناتور مایک پمپئو (Mike Pompeo) سرانجام تحقیقات گسترده‌ای انجام داد و هیلاری کلینتون را به اهمال و بی‌مسئولیتی در این زمینه متهم کرد که موجب نقاط ضعف او در ایام انتخابات ریاست جمهوری ۲۰۱۶ بود، بعدها مایک پمپئو، توسط ترامپ به عنوان رئیس سیا CIA انتخاب شد.

ما هیچ کدام از آن کارها را درســـت انجـــام نمی‌دهیم. پس نمی‌توانیم دشمن‌مان را مُشخص و تعریف کنیم، نه بدان خاطر که ناتوانیم بلکه بدان خاطر که رهبران سیاسی ما اجازه آن را نمی‌دهند. و تا سالیان سال، به طور حیرت‌انگیز (که تاثیر این مسئله باقی) خواهد ماند.

حوادث ســـال ۲۰۱۵ پاریس[۱]، ســـان برناردینو[۲] (کالیفرنیا)، و همچنین در اســـرائیل و یا حوادث اول ســـال ۲۰۱۶ و بمب‌گذاری‌های انتحاری در جاکارتا[۳] (اندونزی) و اســـتانبول[۴] (ترکیه) و بروکسل[۵] (بلژیک) به ما می‌گوید که شیوه قدیمی برای احاطه و محاصره تروریسم، دیگر مُضمحل و متلاشی شده، علاوه بر آن، اعتبار رهبرانی را هم که آن را مطرح می‌کنند، از بین رفته است.

بیش از ۳۰۰۰۰ نفر از مردم در این حوادث تروریســـتی، فقط در سال ۲۰۱۴ کشته شدند، با تعداد کمتر از ۸۰۰۰ نفر در سال ۲۰۱۱ مقایسه کنید.

مثال دیگر مربوط به سال ۲۰۱۵ است، وقتی که مدیر امنیت ملی اظهار می‌دارد که تقریباً ۲۰۰۰۰ جنگجو خارجی، از حدود ۸۰ کشور، در سوریه حضور دارند و تنها یکسال بعد، مأمور - تعیین شده و مخصوص ریاست جمهوری آمریکا در ائتلاف بین‌المللـــی ضدداعش[۶]، برت مک گورک[۷]، در مصاحبه اول ژانویه ۲۰۱۶، اظهار می‌دارد که «جهان، هرگز چنین چیز مشـــابهی به خود ندیده است. بالغ بر ۳۵۰۰۰ نفر نیروی جنگی جدید از ۱۰۰ کشور مختلف در سراسر جهان، در همه رسانه‌های اجتماعی (مانند

1 - Paris - France
2 - San Bernardino - California
3 - Jakarta - Indonesia
4 - Istanbul - Turkey
5 - Brussels - Belgium
6 - Global Coalition to Counter ISIS
7 - Brett McGurk

توئیتر و...) پراکنده شده‌اند. چیزی که هرگز (مشابه آن را در گذشته) ندیده بودیم."

بطور جدی (و خطرناک) چیزی اشـــتباه رخ داده اســـت. و استراتژی آمریکا برای شکست داعش، علناً و آشکارا موفق و موثر و شفاف نیست. باید با این واقعیت روبرو شـــویم که ما در بحران به ســـر می‌بریم. مردم (جامعـــه) آمریکا، به اندازهٔ کافی هراســـیده‌اند، و یا حداقل در باره نتیجه ماجرا، مشـــکوک هستند (فقط به رشـــد باور نکردنی سلاح، برای دفاع شخصی توجه کنید). حملات در کشـــور ما، بارها و بارها اتفاق خواهد افتاد. تا زمانی ما این دشمن غدار را شکست بدهیم و بر زمینش بزنیم.

باید مشارکت در سخن‌های بی‌پایه و اساس و نامربوط را متوقف کنیم، دشـــمنان خود را تعریف و مشـــخص کنیم و بگوییم "اسلام رادیکال یا افراطی" چیست، با آن بجنگیم و بعد پیروز شویم!

حمله به هم‌پیمان‌های دشمن

دو عضو قوی و فعال ما، یا هم‌پیمان‌های دشـــمن، کشورهای روسیه و رژیم جمهوری اسلامی ایران هستند و ما می‌توانیم درجه تأثیر آنها را در آسمان و زمین کشورهای عراق و سوریه، قضاوت کنیم.

یک مشـــارکت عجیب و غریب است، مطمئناً، زمانی ولادیمیر پوتین[۱] در روسیه خواهد دانست که رژیم جمهوری اسلامی ایران، حامی اصلی (و واقعی) تروریســـم در جهان است که با خطری جدی از سوی اسلام رادیکال در داخل خاک و مرز کشـــورش، روسیه، روبرو شود. در واقع، پوتین، خودش به بدنامی و رسوایی در سلاخی وحشیانهٔ رادیکال اسلامی توسط نیروهای امنیت روسیه نظارت داشت؛ افرادی که در اوایل سپتامبر

1 - Vladimir Putin

۲۰۰۴، حمله‌ای وحشیانه به یک دبیرستان در اجتماع کوچک بسلان[۱]، در شمال اویستا، داشتند.

جایی که ۱۱۰۰ نفر، شامل ۷۷۷ کودک توسط یک گروه مسلح تروریست اسلامی که اغلب اینگوشی[۲] و چچنی بودند به گروگان گرفته شدند، این محاصره، توسط اسلامی‌ها، سه روز طول کشید و عاقبت با حمله به مدرسه به پایان رسید و ۳۸۵ گروگان، سلاخی شدند که ۱۸۶ نفرشان کودک بودند.

دیوید ستر[۳] (خبرنگار اسبق وال استریت ژورنال[۴] که در همه جا بطور پیوسته در باره روسیه می‌نوشت)، خیلی شرورانه در انستیتوی هادسن[۵] نوشت که: اراده و تصمیم رئیس جمهور پوتین، درهم شکستن مقاومت چچنی‌هاست، به هر قیمتی که باشد، حتی به قیمت خودکشی اخلاقی؛ که مبادا آنها، دمکراسی باقی مانده در روسیه را نابود و یا که همه جهان را تهدید کنند!... هر چه که پوتین بیشتر در جنگ سوریه و عراق، با رژیم جمهوری اسلامی ایران همکاری کند، و یا در موضوع برنامه اتمی تهران مشارکت کند، تعداد بیشتری از مردمانش، داوطلب جذب به نیروهای داعش خواهند شد.

کمتر از یک سال پیش، یوگنی سیسویف[۶]، معاون مدیر آژانس امنیت

---

1 - Beslan - North Ossetia (Beslan School hostage Crisis)

گروگان‌گیری مدرسه (SNO) بسلان یا قتل و عام مدرسه بسلان، در اول سپتامبر ۲۰۰۴ که در طی ۳ روز گروگان‌گیری بیش از ۱۱۰۰ نفر رخ داد که نهایت با مرگ ۳۸۰ نفر به پایان رسید. (از جمله ۱۸۶ کودک) یک گروه شبه نظامی چچنی این کار را انجام دادند. خواست آنان، پایان جنگ دوم چچن و خروج نیروهای روسیه از چچن بود.

2 - Ingush

3 - David Satter.

4 - Wallstreet Journal

5 - Hudson Institute.

6 - Yevgeny Sesoyev

روسیه[1]، علناً اظهار داشت که حدود بین ۲۰ تا ۲۵٪ از ۲۰۰۰۰ نیروی خارجی جنگجو که در سوریه به داعش پیوسته‌اند، جزو کشورهای پس از فروپاشی شوروی سابق هستند و بیشترشان اهل کشورهای فدراسیون روسیه می‌باشند.

مانند کارشناسان خبره ما، روس‌ها هم اسلام رادیکال را نمی‌دانند و نمی‌شناسند و جهادی‌ها از این فرصت استفاده کرده و این غفلت را مُغتنم می‌شمارند؛ که کارشناسان واقعی یک کشور در زمینه اسلام، به سیاست واقعی حکومت خود، جوهرهٔ رشد سازمان‌های رادیکال را نشان نمی‌دهند.

آلکسی گریشین[2]، رئیس بخش اطلاعات و تحلیل اجتماعی - مذهبی، در مصاحبه‌ای منتشر شده، در یک نشریه مسکو[3]، گفت که:

> متاسفانه بسیاری از مقامات روس آشنایی اندکی با مذهب دارند که موجب شده افراطی‌ها آنها را با انگشت‌شان بچرخانند (و بازی‌شان دهند)، حتی روسیه را هم برای حمایت مالی و یا حمایت از فعالیت‌های افراطی مد نظر بگیرند.

اسلامی‌های رادیکال، بطور معمول به این نوع مقامات هم پیشنهادهایی می‌دهند. مقامات غافل و بی‌توجه یا در برخی موارد فاسد، موافقت می‌کنند و نتیجتاً، تندروها و افراطی‌ها، با دولت، اختلاط کرده و حتی مورد حمایت هم قرار می‌گیرند! و نتیجه آن می‌شود که سازمان‌های اسلامی در مشکوک‌ترین ارتباط‌ها با قلمرو (دولت) روسیه، کلام تندروها را در نظر می‌گیرند، و بعد تحت عنوان عملیات براندازی علیه فدراسیون روسیه و خرج محکمه‌ها را هم بر عهده می‌گیرند. اسلامی‌ها، بیشتر در کارشان مورد حمایت قرار می‌گیرند. امروزه، بزرگترین دوران حضور و وجود اکثریت

---

1 - (Russian Intelligence Service (FSB)

2 - Aleksey Grishin.

3 - Moskovsky Komsomolets.

ملاهای روستایی و امام‌ها (و کثرت رقابت بین مدیریت روحانی مسلمین) است.

تقریباً ســه چهارم، مُلاهای روسیایی و امام‌های مناطق مسلمان روسیه سالمند هســتند، (افرادی بین ۷۰ تا ۷۵ سال) و تندروهای افراطی از آنها استفاده می‌کنند. در روستاها ظاهر می‌شوند، اعتماد امام (مسجد) پیر را به دست می‌آورند، کتابی را پیشنهاد می‌دهند، نماز می‌خوانند، و از همکاری عادی در جامعهٔ مســلمان بومی برخوردار خواهند شــد. این امر موجب می‌شود تا افکار تندروانه خود را از طریق (شبکه) مساجد پخش و منتشر کنند. وقتی هم که امام مسجد مُرد، چه کسی جانشین او می‌شود؟ مسلماً افرادی از این قبیل و قماش![1]

در روســیه هم نوعی مشابه از گسستگی و تناقض (اینجا)، بر عملیات ضد تروریسم پوتین حکمفرماســت، با ترکیبی از آژانس‌های مختلف و وزیران گوناگون، در راه‌های، (فلج) مختلف می‌مانند.

و این آشفتگی و نابسامانی، شــانس و فرصتی را برای حضور و نفوذ جهادی‌ها در توسعه و رشد مرگ در سراسر قفقاز شمالی، فراهم می‌کند.

«رسول کدیف[2] در مقاله‌ای در سایت همان نشریه روسی می‌گوید که حوادث اخیر در دربانت[3] فشــاری بود، که از سوی بخشی از داعش، موجب مرگ تعدادی از مردم بومی آن منطقه شــد. و آن اتفاق، تأیید کننده اشتباهات امنیتی بود و منعکس کننده مشکلات حاکم بر مقامات روس، که در عملیات ضدترور هماهنگ هستند.

در نتیجه، وی اظهار داشــت که مجموعهٔ سازمان اطلاعات روسیه،

1 - www.interpretmag.com/russia

2 - Rasul Kadiyev.

3 - Derbent.

کمیته ملی ضدترور، مقامات دفاع، با گروه‌های مختلف و مخصوص و پرسنل و ستاد منطقه‌ای، با حکومت منطقه‌ای و سراسری، آژانس نظارتی اطلاعات روسیه گاهاً دچار سؤتفاهم هستند و به جای داشتن یک هدف مشترک، چندین هدف جداگانه دارند![1]

با وجود آنچه که گفته می‌شود روسیه یک شریک قابل قبول در جنگ علیه اسلام رادیکال می‌باشد، ضروری است که همواره این نکته مهم را به یاد داشته باشیم که روسیه در داخل خاک قلمرو خودش، در جنگ علیه جهادی‌ها موفق و موثر نبوده است و در تبانی با رژیم جمهوری اسلامی ایران هستند.

در سوریه، دو شریک منطقه‌ای، ایران و روس، علناً و با صدای بلند گفته‌اند که آنها در جنگ علیه داعش شرکت جسته‌اند، اما در واقع، قسمت عمده تلاش آنها، هدف قرار دادن دشمنان و مخالفان رژیم بشار اسد در سوریه است. در واقع امر، آنها علیه تروریسم در خاورمیانه نمی‌جنگند، حضورشان در جنگ برای نجات شریک‌شان و بقای او در دمشق است.

هر چند معتقدم که آمریکا و روسیه می‌توانند زمینه‌های مشترک در جنگ علیه اسلام رادیکال داشته باشند، اما دلیلی وجود ندارد که پوتین را باور کرد که مثلاً از همکاری با ما استقبال خواهد کرد. در واقع، عکس این موضوع صادق است. در اواسط ژانویه ۲۰۱۶، کرملین، اعلام کرد که قصد و نیت‌شان، ساخت پایگاه نظامی جدیدی در مرز غربی برای آمادگی و استقرار انرژی هسته‌ای، خودشان است. این عملیات و اقدام‌ها مربوط به کشوری نیست که در جستجوی «تشنج‌زدایی و یا آشتی» با دنیای غرب باشند.

نسبتاً، این کارها نشانگر آن است که پوتین کاملاً در صدد انجام کاری

1 - www.interpretermag.com/moscow_struggling.

مشـــابه و مانند رژیم جمهوری اسلامی ایران است. در مسابقه‌ای دو گانه با ایرانیان که علیه ما اقدام کردند البته، هم پیمانان دیگر هم چنین قصد و نظری دارند.

ایرانیان، قلب این هم‌پیمانان هســـتند، و آنها در معرض آسیب (جدی) هستند. طبق نظر ماکیاولی[۱] که اصرار دارد، حکومت استبدادی، کوچکترین دکترین سیستم با ثبات است، چون مردم به راحتی و سرعت می‌توانند علیه حکومت استبدادی قیام کنند. خامنه‌ای هم آن را می‌داند و در هراس دائمی از انقلاب مخملی[۲] به ســـر می‌برد. یک قیام سراسری که تخت بختش را سرنگون می‌کند (و نظام ولایت فقیه او را از میان برمی‌دارد). مانند سیستم ورشکسته و نظام اسلامی شکست خورده ماقبل خودش (یعنی خمینی). می‌توانیم به بهترین صورت به ائتلاف دشمن و ضعیف‌ترین نقطه آن حمله کنیم و آن شکست خوردگی انقلاب ایرانیان است[۳].

آن حمله باید سیاسی باشد تا نظامی. موثرترین سلاح ما هم، آن است که خامنه‌ای از آن چیزی که بیشترین هراس و وحشت را دارد، حمایت کنیم، آن هم درد و رنج (و نارضایتی) تودهٔ مردم ایران است.

این که آمریکا، به شیوهٔ نظامی به عراق حمله کرد. خطای استراتژیکی و راهبردی غلطی بود. همانطور که قبلاً اظهار کردیم، ای کاش مأموریت واقعی و اصلی ما پس از ۱۱ سپتامبر، شکست تروریست‌ها و کشورهای حامی تروریســـم می‌بود و آنگاه، هدف اصلی و اولیه‌مان تهران می‌بود تا بغداد. (و سرنگونی حکومت مُلایان به جای صدام را شاهد می‌بودیم.)

---

1 - Michiavelli

2 - Velvet Revolution.

۳ – همهمهٔ بی‌هدف گروه‌های اسلامی – مارکسیستی در سال ۱۳۵۷، و پیروی از ملایی به نام روح الله خمینی که نظام استبدادی ولایت مطلق فقیه را حکمفرما کرد. ر.ک: به مقالهٔ "شبکه فراملیتی ترور" در شورش ۱۳۵۷، «عرفان قانعی فرد» آژانس ایرانشهر.

البته اصول و شیوه ما باید سیاسی باشد، و آن همانا حمایت از نیروهای اپوزیسیون داخلی ایران است. آیا اپوزیسیون ایرانی بطور قطعی خرد و خمیر و فلج شده‌اند؟ که بسیاری چنین تصوری دارند. اما، بسیاری، خصوصاً در ۲۰۰۹ که قبل از فوران تظاهرات توده‌ای و عظیم ضدرژیم (مُلایان) بعد از تقلب (گسترده) در انتخابات[۱]، تصورشان چیز دیگری است. شاید مردم ایران، جرأت و شهامت دوباره به چالش کشیدن (این) رژیم آخوندی را داشته باشند. باید توجه ما، حداقل، بر این نکته متمرکز باشد که چگونه می‌توان از داخل، ایران را تغییر داد. به یاد داشته باشیم که این در مورد فروپاشی شوروی سابق، صادق بود، مطمئناً این مأموریت درباره فروپاشیدن رژیم جمهوری اسلامی، خیلی سهل و ساده‌تر است.

اگر اپوزیسیون داخلی بتواند به نقش آخرین رئیس جمهوری اتحاد شوروی، میخائیل گورباچف[۲] پایان دهد، چرا نباید در بارهٔ خامنه‌ای همین موضوع صادق باشد؟

دولت اوباما، هیچ کدام از این نوع کارها را متقبل نخواهد شد، زیرا این رئیس جمهوری (فعلی)، می‌خواهد به عنوان مردی در یادها بماند که رژیم جمهوری اسلامی را در آغوش گرفت، تا به عنوان رئیس جمهوری آمریکا که این رژیم را به پایین کشید. چالش فعلی ما با (رژیم) مُلایان (در تهران) و شُرکای آنها در کاخ کرملین (روسیه)، انتظار برای آمدن رهبری جدید در واشنگتن است (که امور را به دست بگیرد). مهارت و پیشه آن رهبران جدید[۳] در استراتژی جدید، برای (کسب) پیروزی است. و اینکه

۱ – مشهور به جنبش سبز که علیه تقلب در انتخابات و برگزیده شدن دوبارهٔ احمدی‌نژاد بود و خامنه‌ای (رهبر ولایت فقیه) عنوان ساخت که نظرش به نظر او نزدیک‌تر است! و چه بسیار افرادی از تظاهرات کنندگان هم توسط حکومت به خاک و خون کشیده شدند! و بعدها احمدی‌نژاد هم معترضان را خس و خاشاک نامید! و افراد مشهور رهبران داخلی در حصر خانگی گرفتار شدند.

2 - Mikhail Gorbachev

۳ – در دولت ترامپ، چندین چهره مهم ضد رژیم فعلی ایران حضور دارند: مایک پمپئو در

برای ایران و مردم آن، دمکراسی و آزادی را به ارمغان بیاورد، جاه‌طبی‌های پوتین در خاورمیانه و اروپا را عقیم بگذارد و ائتلاف جهانی دشمنان (ما) را در هم بشکنند.

اجماع و هماهنگی در نیروهای ما

ما بدون منابع (و ابتکار) نخواهیم بود. گرچه دشمنان ما قوی و قوی‌تر می‌شوند، اما قدرت نظامی و اقتصاد ما در این سال‌های اخیر تحلیل رفته است، ما می‌توانیم بر این مشکلات فائق آئیم. اما تنها با رهبران خوب، توانایی عایق کردن کشور را داریم، که با بازگرداندن معنویت، روحیه و نیز امنیت خوب و فعال به ارتش و جامعه اطلاعاتی - امنیتی، ائتلاف بین‌الملل جدیدی را پدید بیاوریم و یا (ساختار سیاسی - نظامی - امنیتی‌مان) ترمیم کنیم.

رهبران جدید ما نمی‌خواهند که با رفقای سنتی از اروپا و خاورمیانه تا جنوب آسیا و آمریکای لاتین، ناهمبستگی و بیگانگی داشته باشند. دیپلماسی به تنهایی کافی نیست. در این زمان، کسی آن را چندان جدی نمی‌گیرد. مجبوریم که توانایی‌مان را اثبات کنیم و تصمیم بگیریم که دشمنان‌مان را خرد کنیم و شکست دهیم.

باید با تقویت روابط‌مان با اسرائیل و اردن و مصر شروع کنیم. اسرائیل، تنها کشوری در جهان است که بطور معمولی از خودش علیه حملات تروریستی دفاع می‌کند. وقتی که اکثر جهان نمی‌خواهند آن‌ها را تروریسم بنامند. اسرائیلی‌ها در نزدیکی کشوری تروریست زندگی می‌کنند و مرتب مطرح می‌شود که مثل تروریست با آنها تعامل نشود و امتیازهایی کلی هم

CIA، ژنرال فلین (در NSA) و جیمز متیس (دفاع)، دن کُتس (Dan Coats)، رئیس امنیت ملی (NI)، و تیلرسن (در وزارت خارجه) و...

به آنها هم اعطا بشود.[۱]

اسـرائیل، فوق‌العاده برای ما با ارزش است. سازمان اطلاعات و امنیت اسـرائیل[۲]، به طور استثنایی، عالی است. فهم آنها از اسلام رادیکال بسیار عمیق است و تکنولوژی آنها در این زمینه، شاید در جهان بی‌نظیر باشد. در کنار خیلی از اشـتباهات در دوران ریاست جمهوری اوباما، ضدیت و خصومت علنی با اسرائیل یکی از مخرب‌ترین کارها، علیه امنیت ملی ما بود.

برایم بـاور کردنی نبود که رئیس جمهور آمریکا، باورش این باشـد، همکاری استراتژیک با رژیم جمهوری اسلامی ایران، جذاب‌تر از پذیرش سـنتی (و تعامل و همراهی با) اسرائیل اسـت. رهبران جدید ما سریعاً، نیازمند لغو آن (عدم انسـجام و همبستگی) و معکوس کردن جهت آن هستیم. ما اگر می‌خواهیم که اسلام رادیکال و علاوه بر همه اینها (رژیم جمهوری اسـلامی) ایران را شکسـت دهیم، به اسرائیل نیاز مبرم داریم. مصر، بزرگترین کشور عرب است، که خود را از چنگال اخوان‌المسلمین[۳] رهانیده است. عبارتی از سخنان شجاعانه السیسی، رئیس جمهور مصر را می‌آورم که مسلمانان را به "اصلاحات" دعوت کرد. و او متوجه، ضرورت نابودی ارتش جهادی‌ها در لیبی، غزه، سینا و یمن شد، و همچنین کاری کرد در حد توان تا به جنگ اخوان‌المسلمین در داخل مصر برود.

اگر ما بخواهیم القاعده و داعش را در شـمال آفریقا شکسـت دهیم، وجود "مصر" ضروری است. آنجا هم باید سیاست‌مان را تغییر دهیم. یکی از کشورهای عربی است که واقعاً با اسرائیل در پی برقراری صلح بوده و

۱ – سوریه و لبنان که تحت نفوذ شدید رژیم جمهوری اسلامی ایران است.

2 - Mosad.

۳ – سازمان تروریستی اخوان المسلمین (Muslim-Brotherhood) یک جنبش افراطی اسلام‌گرای سنی. به تاثیر (اندیشه‌های منحطه افراطی‌هایی مانند سید قطب و محمد غزالی و سید جمال اسدآبادی. توسط حسن البنا تاسیس شد. (۱۹۲۸)

مصر هم در آن سطح قرار دارد. عبدالله، پادشاه[1]، از دو طرف مورد تهدید قرار دارد. صدها هزار آواره از سوریه و عراق به سمت آن (کشور) روانه شـــده‌اند و دیگری نبود منابع مالـــی و امکانات کافی در اختیار حکومت اردن می‌باشد که با آنها تعامل کنند، دوم اینکه، ایرانی‌ها و سوری‌ها، حامی حملات تروریســـتی هستند، هر چند اردن، از یک جامعه امنیتی درجه ۱ برخوردار است[2]، اما طبعاً به کمک اضافی و مهارتی نیاز دارند.

ما نیازمند حمایت از اردن هستیم به طریق ممکن که امکان‌پذیر باشد و استراتژی ما در خاورمیانه باید همکاری با این ۳ کشور باشد. همچنان ما نمی‌خواهیم که یک آسیب جدی به روابط‌مان با سعودی‌ها وارد بشود، که باید با تقویت تعامل در جهت نبرد با (رژیم فعلی) ایران در آینده نزدیک، اقدام کنیم.

همچنین نیازمند، بازبینی (مجدد) همکاری با کشورهایی مانند لهستان، مجارستان و چک و هند و آرژانتین هستم. در بارهٔ دوستان قدیمی مانند، استرالیا، بریتانیا، فرانسه، آلمان، ایتالیا امور ساده‌تر است، اما کارهای بسیاری هنوز هستند که باید نخست در پی انجام آنها باشیم. البته، دیپلماسی قوی و ضروری و ناگزیر است، اما نمی‌توان سال‌ها با دودل بودن و انزوا را، هیچ کاری را جز حرف زدن انجام نداد.

باید قدم‌های حقیقی و جدی برداریـــم، در میدان جنگ، عمل (موثر) داشته باشیم. نمی‌خواهم که در این جا، توصیهٔ تاکتیکی مشخص را مطرح کنم، زیرا شرایط به سرعت تغییر خواهد کرد، و رهبران حزب، همیشه به خاطر امور محتمل و نویدبخش، آمادهٔ رها کردن استراتژی شکست خورده

---

۱ – عبدالله بن حسین، پادشاه پادشاهی اردن هاشمی از ۷ فوریه ۱۹۹۹ تا امروز.

2 - General Intelligence Directorate (GID)

دایره مخابرات عمومی (دایره المخابرات العامه) یا سرویس امنیت و اطلاعات اردن هاشمی، در سال ۱۹۵۲ تاسیس شد. از مهم‌ترین و حرفه‌ای‌ترین آژانس‌های اطلاعاتی – امنیتی در خاورمیانه و جهان عرب است. رئیس فعلی آن ژنرال (فیصل الشوبکی) Faisal Al Shoubaki است.

و ناموفق هستند.

اگر فرمانده کل نخســـت ما، ژنرال جرج واشنگتن[1]، نمی‌خواست یک مجموعه کارهایی چشـــمگیر و نوین را در روزگاران تاریک جنگ‌های انقلابی انجام بدهـــد، دیگر امروزه به هیچ وجه کشـــوری برای ما باقی نمی‌ماند در آغاز ۱۹۸۱، بریتانیا علناً پیروز شده بود، فرانسه را در ردآیلند و آمریکا را در جنوب شکست داد و نیویورک را هم در اختیار و کنترل خود داشت. واشنگتن ورشکسته بود. قادر به تأمین نیازهای سربازانش نبود، اما اطلاعات موثق در اختیار داشت که فرانسه در صدد ترک صحنه است.

گزارش‌های داخلی اشتباه بودند - عبارتی آشناست! - فرمانده فرانسوی، کُنت دو روشامبو[2]، به واشنگتن، گفت که پول از پاریس می‌رسد. همچنین پیشنهادهایی مبنی بر تغییر استراتژی نظامی ارائه کرد، که به جای تمرکز روی نیویورک، برای آمریکایی‌ها بهتر است با نیروهای دریایی فرانسه در خلیج چســـپیک[3] همکاری کند و البته این فرمانده، نیروهای زمینی خود را علیـــه ژنرال چارلز کورنوالیس[4] آرایش داده بود. در طی چند ماه، ژنرال کورنوالیس نیروهای سربازان بریتانیا که خود را به جنوب پورک تاون در ویرجینیا و واشنگتن حرکت داد و سریعاً با فرانسوی‌ها، ساخت و پاخت کرد و تله‌ای گذاشت که:

اول، ناو فرانسه با مرخص کردن کوردایس تلاش‌های نیروهای بریتانیا را خنثی کرد.

دوم: مارکس دولافایت[5]، کورنوالیس را در قصر زندانی کرد.

---

1 - George Washington.
2 - Count de Rochambea.
3 - Chesapeake Bary.
4 - Charles Cornwallis
5 - Marquis de Lafaytte.

سوم: واشنگتن، سربازانش را به عملیات مشترکی با روشامبر فرا خواند. و آن هم جنگ یورک تاون بود، و به طور قطعی نیروهای آمریکایی - فرانسوی در اکتبر، پیروز شدند. و این پایان موثر و مهم برای جنگ‌های انقلاب بود.

این سیاست، نشانگر رهبری خوب و درست است. (با دولت جدید) از جهان خواهیم خواست، و بیشتر از همه از ملت خودمان، که بدانیم در چه جاهایی موثر هستیم و چگونه در جهت مسلط شدن و پیروزی گام برداریم. هر آنچه را که در جهت کسب پیروزی است انجام خواهیم داد، در هر حال، آمادهٔ تفکر و اندیشه نو در استراتژی‌مان هستیم.

اگر آن را مشاهده کردند، آنها که ارزش‌های‌مان با هم مشترک هستند، به ما خواهند پیوست تا در نبرد جهانی علیه اسلام رادیکال و هم‌پیمانانش پیروز میدان باشیم. مانند جرج واشنگتن در جنگ یورک تاون، نیازمند کمک (و دست یاری) هستیم. و ما که به عرصه نبرد وارد می‌شویم، نباید فراموش کنیم که دشمن ما اعتقاد راسخ و عقیدهٔ سرسختانه‌ای دارند.

ابومصعب الزرقاوی، مردی که القاعده عراق را تأسیس کرد، و زمینه را برای حضور (گروه تروریستی) داعش فراهم ساخت، شعارشان را نوشته بود:

> جرقه در اینجا، از عراق، زده خواهد شد و گرمای آن به وحدت می‌انجامد - و به یاری الله - عامل نابودی و سوزاندن همه لشکریان جنگ‌های صلیبی در دابق[1] (یا دبیق) می‌شود.

دابق، شهری است در سوریه که مشهور است جنگ امپراتوری عثمانی

---

1 - Dabig

طبق احادیث جعلی، بین سپاه اسلام و روم نبردی در آخر الازمان در آنجا برپا می‌شود که علی‌رغم کشته شدن تعداد زیادی از مسلمانان، به پیروزی نیروهای الهی بر دجال و رومی‌ها منجر می‌گردد و اسلام پیروز است و ...

(و مملوکان در نزدیکی حلب) در آنجـــا در (۲۴ اوت) ۱۵۱۶ رخ داد، و رهبران دولت اسلامی توقع دارند، جنگ قطعی بین آنها و غرب در آنجا رخ خواهد داد.

و حتی بدان منظور یک نشـــریه تبلیغاتی ماهانه (و الکترونیکی) به نام دابق هم داشتند. البته ما او را در عراق از هستی ساقط کردیم، اکنون باید این تخم "جهاد جهانی" را که او کاشت، از ریشه نابود کرده و بسوزانیم!...

نمایه

نمایه

(الف-آ-ا)

THE FIELD OF FIGHT

Terrify Us; How to Defeat It. Mountain Lake Park, Md.: Mountain Lake Press, 2015.

Hopkirk, Peter, *The Great Game.* New York: Kodansha International, 1992.

Ledeen, Michael, *Accomplice to Evil: Iran and the War Against the West.* New York: Truman Talley Books, 2009.

———, *The Iranian Time Bomb: The Mullah Zealots' Quest for Destruction.* New York: Truman Talley Books, 2007.

———, *The War Against the Terror Masters: Why It Happened. Where We Are Now. How We'll Win.* New York: St. Martin's Press, 2003.

——— and W. H. Lewis, *Debacle: The American Failure in Iran.* New York: Knopf, 1981.

Murawiec, Laurent, *The Mind of Jihad.* Cambridge, Mass.: Cambridge University Press, 2008.

Nakash, Yitzhak, *The Shi'is of Iraq.* Princeton, N. J.: Princeton University Press, 2003.

Naylor, Sean, *Relentless Strike: The Secret History of Joint Special Operations Command.* New York: St. Martin's Press, 2015.

Patai, Raphael, *The Arab Mind.* Tucson: Recovery Resources Press, 2010.

Quataert, Donald, *The Ottoman Empire: 1700–1922.* Cambridge, Mass.: Cambridge University Press, 2005.

Rashid, Ahmed, *Descent into Chaos: The U.S. and the Disaster in Pakistan, Afghanistan, and Central Asia.* New York: Penguin, 2009.

Weiss, Michael and Hassan, Hassan, *ISIS: Inside the Army of Terror.* New York: Regan Arts, 2015.

Zakaria, Fareed, *The Future of Freedom: Illiberal Democracy at Home and Abroad.* New York: Norton, 2003.

Suggested Reading

Ansary, Tamim, *Destiny Disrupted: A History of the World Through Islamic Eyes*. New York: PublicAffairs, 2010.

Bar, Shumel, *Warrant for Terror, The Fatwas of Radical Islam and the Duty to Jihad*. Lanham, Md.: Rowman & Littlefield, 2006.

Beck, Glenn, *It Is About Islam: Exposing the Truth About ISIS, Al Qaeda, Iran, and the Caliphate*. New York: Threshold, 2015.

Cleary, Thomas, *The Art of War: Sun Tzu*. Boulder, Co.: Shambhala, 1988.

Finkel, Caroline, *Osman's Dream: The History of the Ottoman Empire*. New York: Basic Books, 2007.

Gabriel, Brigitte, *They Must Be Stopped: Why We Must Defeat Radical Islam and How We Can Do It*. New York: St. Martin's Press, 2008.

Gertz, Bill, *The China Threat: How the People's Republic Targets America*. Washington, D.C.: Regnery, 2002.

Gorka, Sebastian, *Defeating Jihad: The Winnable War*. Washington, D.C.: Regnery, 2016.

Hamid, Tawfik, *Inside Jihad: How Radical Islam Works; Why It Should

Acknowledgments

Thomas O'Connell, a great American hero who suddenly and unexpectedly died while we were writing *The Field of Fight*. He will have a special place in our hearts, and in Arlington National Cemetery.

—Michael Ledeen

describe and give thoughts to key aspects of my life, leading up to and over three decades of proud service in the United States military.

There are many incredibly courageous friends I also want to thank, who must go unnamed here due to their continued service to our country in the intelligence, law enforcement, and military communities. Still others who are now out of service to our country, yet served in critical assignments and places with me and believe as I do, that this country is the greatest country on the planet. But to stay strong and on top, we must remain vigilant against the relentless and steady assault on our value system as well as our way of life. A way of life I will forever be thankful for, and why I believe we must start winning again.

—Lt. Gen. Michael T. Flynn

Much of the information in this book came from those who trained, worked, and fought alongside Lt. Gen. Flynn on foreign battlefields and within the American military and defense agencies. Dozens of interviews were conducted in the second half of 2015, with the promise that interviewees' anonymity would be respected. Some of the sources were top officials, while others were junior officers, noncommissioned officers, and intelligence analysts. We thank them all for their time and their candor.

We extend particular gratitude to the late Colonel (Ret.)

Acknowledgments

I have so many people to thank in helping me achieve this milestone in my life. To Michael Ledeen, after our many lengthy and late night debates about the nature of the threats America faces. Michael encouraged me to put my thoughts to paper and start typing. His total commitment to this effort and dedicated support, as well as his enormously courageous and effective writing and research skills, got me through this first book, *The Field of Fight*. He helped me precisely describe my own passions, fears, and beliefs for our country and our future generations.

I also want to thank my entire family. My wife and sons, as well as their families for putting up with endless requests to read and reread, edit, and opine on critical parts of the manuscript during the rough draft period. To my other siblings, relatives, and friends for their time and contributions in helping

Contents

We want to dedicate this book to all intelligence professionals who willingly sacrifice everything they have to protect and defend the United States of America.

THE FIELD of FIGHT. (In English Language)

For information, address St. Martin's Press, 175 Fifth Avenue, New York, N.Y. 1000,

www.stmartins.com

The Library of Congress Cataloging-in-Publication Data is available upon request.

ISBN 978-1-250-10622-3 {hardcover)
ISBN 978-1-250-10623-0 (e-book)

The views expressed in this book are those of the authors and do not reflect the official policy or position of the Department of Defense or the U.S. Government.

The FIELD OF FIGHT
By: Michael T. Flynn
And Michael Ledeen

First Edition - 2017
Published by: Ketab Corp. USA
Translated by: Erfan Q Fard
I S B N: 978-1-59584-607-5

Manufactured in the United States of America
Subject: Politics & Social Sciences

Ketab Corp.
1419 Westwood Blvd.
Los Angeles, CA 90024 U.S.A.
Tel: (310) 477-7477
Fax: (310) 444-7176
www.Ketab.com
Ketab1@Ketab.com

THE FIELD OF FIGHT

How to Win the Global War Against Radical Islam and Its Allies

Lt. General
Michael T. Flynn
and Michael Ledeen

Translated By:
Erfan Q. Fard

شرکت کتاب
Ketab Corp

St. Martin's Press New York

“The Field of Fight is a book worth reading by anyone concerned about the future security of America. It is both an engaging personal memoir by a great American soldier and military intelligence officer, General Mike Flynn, and a strategic plan by General Flynn of how to win the global war against Radical Islam and its big, power supporters. The leaders of the next American administration would benefit from reading The Field of Fight.”

—The Hon. Joseph I. Lieberman
United States Senator, Connecticut (1989-2013)

THE FIELD OF FIGHT